키르케고르, 나로 존재하는 용기

키르케고르,
나로 존재하는 용기

진실한 삶을 위한 실존주의적 처방

고든 마리노

강주헌 옮김

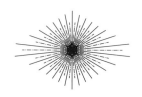

김영사

키르케고르,
나로 존재하는 용기

1판 1쇄 발행 2019. 4. 17.
1판 2쇄 발행 2020. 3. 10.

지은이 고든 마리노
옮긴이 강주헌

발행인 고세규
편집 이승환 | 디자인 조은아
발행처 김영사
등록 1979년 5월 17일 (제406-2003-036호)
주소 경기도 파주시 문발로 197(문발동) 우편번호 10881
전화 마케팅부 031)955-3100, 편집부 031)955-3200 | 팩스 031)955-3111

값은 뒤표지에 있습니다.
ISBN 978-89-349-9536-4 03160

홈페이지 www.gimmyoung.com   블로그 blog.naver.com/gybook
페이스북 facebook.com/gybooks   이메일 bestbook@gimmyoung.com

좋은 독자가 좋은 책을 만듭니다.
김영사는 독자 여러분의 의견에 항상 귀 기울이고 있습니다.

이 도서의 국립중앙도서관 출판시도서목록(CIP)은 서지정보유통지원시스템 홈페이지
(http://seoji.nl.go.kr)와 국가자료공동목록시스템(http://www.nl.go.kr/kolisnet)에서
이용하실 수 있습니다.(CIP제어번호 : CIP2019012822)

내가 사랑하는 유일한 사람,

수전 엘리스 마리노에게

이 책을 헌정한다.

한국의 독자들에게

이 책에서 확인하겠지만, 실존주의는 스토아 철학처럼 실질적이고 현실적으로 생각하는 방법을 우리에게 가르쳐준다. 이 책의 주인공은 덴마크의 철학자이며 시인인 쇠렌 키르케고르Søren Kierkegaard (1813-1855)이다. 키르케고르는 심리 치료사가 아니지만, 우리에게 내적인 삶에 대해 성찰하는 강력한 방법을 알려준다. 일반적인 철학자와 달리, 키르케고르를 비롯해 이 책에서 언급되는 철학자들은 추상적인 의문이나 철학적 사변, 즉 이성의 위치를 파헤치는 데 주력하지 않았다. 이들은 더 나은 삶을 사는 방법을 우리에게 깨닫도록 도와주는 지혜, 즉 '중요한 진리'를 찾아내려 애썼다.

어떻게 덴마크의 선각자가 21세기의 한국인에게 말을 걸며 더 나은 삶을 살게 해줄 수 있을지 궁금한 독자도 많을 것이다. 키르케고르의 열정적인 생각을 사로잡은 쟁점들은 보편성을 띠며, 1840년대의 코펜하겐보다 요즘처럼 시끌벅적하고 요란한 세상에 훨씬 더 가깝다.

덴마크인과 미국인이 그렇듯이, 한국인도 불안과 우울을 이겨내려고 안간힘을 다한다. 또 우리 인간은 죽음을 피할 수 없는 유한한 존재라는 사실도 달갑지는 않다. 키르케고르가 우리를 끌어당기는 장점 중 하나는, 내가 과문한 탓일지 모르지만 어떤 철학자보다 키르케고르가 '행복한' 삶과 더 중요하게는 올바르고 가치 있는 삶을 방해하는 내면의 장애물을 직접적으로 다루었다는 것이다.

우리 자신을 이해하고, 동요하는 내적인 삶을 치유하는 데는 기본적으로 세 가지 방법이 있다. 종교적, 심리적, 신경화학적 방법이다. 즉 각각 기도, 심리치료, 약물에 의존하는 방법이다. 세 접근법은 결코 상호배타적이지 않지만, 실존주의자들은 우리가 약물에 의존하든 그렇지 않든 간에 우리에게 내면의 신경과민과 두려움과 불안감을 꿰뚫어보는 방법에 관한 중요한 교훈을 가르쳐준다.

키르케고르의 주된 저서들은 거의 빠짐없이 한국어로 번역되었지만, 그 북유럽의 천재는 보편적인 문제를 다루었기 때문에 동양의 구도자들에게도 관심의 대상이다. 정말이다! 키르케고르의 핵심 사상은 아시아의 전통적인 철학과 종교에서도 거의 그대로 찾을 수 있다. 예컨대 '윤회'라는 불교의 가르침을 생각해보라. 세상은 이런저런 즐거움으로 가득하지만 그런 즐거움은 덧없는 것이고, 세상은 고통으로 가득하고 결국에는 죽음을 맞이하는 곳이다. 따라서 고통과 죽음의 세계에서 벗어나기를 바란다면, 우리를 이 세상과 우연적 현상에 붙잡아두는 탐착貪着을 추구하는 삶을 살지 않으려고 노력해야 한다.

키르케고르는 불교의 이런 가르침을 약간 바꾸어, 이 세상에서 진실하고 성실하게 살아가는 유일무이한 방법은 "이 세상을 버리는 것"이라고 주장했다.

키르케고르는 "이 세상을 버리면" 다양한 효과를 기대할 수 있다고 말한다. 이 책에서 우리는 그중 몇 가지를 살펴볼 것이다. 그중에서도 가장 주목할 만한 효과는 우리 자신을 끊임없이 다른 사람과 비교하는 강박증에서 해방되는 것이다. 이웃의 성공이나 소득을 기준으로 우리 자신의 삶을 평가해서는 안 된다는 가르침에서도 키르케고르와 부처는 똑같다. 두 현인의 가르침에 따르면, 우리는 다른 기준, 즉 우리가 어떤 유형의 사람이 되었느냐를 기준으로 삼아야 한다. 충직한 사람인가? 정직한 사람인가? 자애로운 사람인가? 나는 학생들에게, 더 나아가 독자들에게 이 의문—우리 실존의 근원적인 문제—을 마음속으로 깊이 묵상해보라고 권하며, 나 자신도 이에 대한 묵상을 게을리하지 않는다.

이 책에서 나는 우리를 서글프게 만들고, 인간인 것을 부끄럽게 만드는 어두운 주제만을 다루지는 않았다. 이 책은 '생존 지침서'(이 책의 원제는 '실존주의자의 생존 지침서', 부제는 '가식의 시대에 진실하게 살아가는 법'이다.옮긴이)이지만 생존에 머물지 않고 당신의 더 나은 삶에도 기여해야 한다. 예컨대 '사랑'은 다양한 문화권에서 많은 개념과 이미지를 떠올려주지만, 사랑을 다룬 7장에서는 우리의 모든 흠결까지 아는 사람에게도 사랑받는 특별한 방법에 대해 살펴보았다. 자신있게 말하지만, 이 책에서 소개하는 사랑에 대한 사색은 지리적이고 문화적인 경계를 초월한다.

키르케고르는 철학자들이 자신의 실존을 망각한 채 사색한다는 불평을 멈추지 않았다. 키르케고르의 생각에 따르면, 삶에 대한 철학자들의 사색은 그들 자신의 삶과 전혀 연계되지 않았다. 이 책에서 내 개인적인 경험을 자주 언급한 이유도, 자신의 실존을 망각하지 말라는 키르케고르의 경고를 따르고 싶었기 때문이다.

수년 전, 한 친구가 어떤 의학 치료를 받을 바에야 차라리 죽겠다고 단호히 말했다. 그렇게 말할 때만 해도 그는 상당히 건강했다. 하지만 세상은 변하는 법. 최근에 그를 진료한 의사가 그에게 바로 그 치료를 받지 않으면 장례식을 당장 준비해야 할 것이라고 단도직입적으로 말했다. 그는 조금도 망설이지 않고 그 치료를 받았다. 그 친구가 메스에 굴복할 바에야 차라리 죽겠다고 단언했을 때는, 그런 생각을 자신의 실존과 전혀 연계하지 않고 입 밖에 내뱉었을 것이다. 회고록이자 실존주의 입문서이기도 한 이 책에서 나는 때로는 직설적으로 때로는 행간에서, 줄거리와 장면의 변화와는 다르게 생각할 수도 있다는 걸 기억하는 게 좋다고 이야기했다. 실존주의자들은 삶에 대한 생각도 삶의 변덕스런 상황에 따라 바뀐다는 걸 인정하기 때문에, 상상력이 도덕적이고 종교적인 사색에서 중요한 역할을 한다는 걸 강조한다. 진실한 신앙인이든 열렬한 무신론자이든 실존주의자들은 이성에 대한 계몽주의적 환상을 한목소리로 부정했는데, 특히 우리가 관점 없는 관점perspectiveless perspective에서 삶에 대해 생각할 수 있다는 생각을 철저히 거부했다.

이 책을 통해 여러분이 더 나은 삶을 살아갈 수 있기를 바란다. 그러나 내 바람대로 그렇게 되더라도 어떤 의미에서는, 이 책에서 소개하는 많은 저자가 여러분에게 생경한 방법으로 생각하고 느끼고 행동하라고 가르친 탓에 삶이 더 어려워진 것일 수 있다. 이것이든 저것이든, 여러분의 삶을 자극하려는 사상의 전시장을 나와 함께 걷게 된 것에 대해 고맙다는 말을 남기고 싶다.

차례

일러두기

본문에 인용된 실존주의 작가들의 글은 옮긴이가 직접 번역한 것이다.

세상의 눈으로 보면 모험은 위험한 것이다. 어째서인가?
모험을 하면 잃는 것이 있기 때문이다.
모험하지 않는 것, 그것이 현명하다.
그러나 모험을 하지 않으면 자기 자신을 잃는다.
모험을 했다면 무슨 일이 있어도
결코 잃어버리는 일이 없었을 자기 자신을,
마치 아무것도 아닌 양 너무도 쉽게 잃는다.

_《죽음에 이르는 병》

나는 정직한 책을 쓰고 싶다. 과거의 사상을 한데 모아 아무렇게나 쓰는 작가들에게 무례하게 굴고 싶은 마음은 조금도 없지만, 지적 역사를 그런 식으로 되풀이해서 먹기 좋게 차려내는 게 아니라, 쇠렌 키르케고르를 비롯한 실존주의자들을 오랫동안 연구하며 내가 깨달은 지혜를 세상에 전달할 수 있기를 바란다는 의미에서 정직하고 싶다는 것이다.

스토아 철학자 세네카(기원전 4-기원후 65)는 "철학을 공부하는 사람이면 매일 좋은 생각을 품고 귀가해야 한다. 예컨대 매일 집에 돌아갈 때 더 나은 사람이 되었거나, 더 나은 사람으로 변해가는 과정에 있어야 한다"라고 말했다. 키르케고르와 그의 사상을 이어받은 철학자들을 연구하며 수십 년을 보낸 나 같은 사람도 마찬가지이다. 따라서 내가 더 나은 사람이 되지 않았다면 쓸데없이 시간을 낭비한 셈이 된다. 다행히 더 나은 사람이 되었다면 괜찮은 지혜들을 주변 사람들에게 전해줄 수 있겠지만, 반대로 내 시간을 낭비했을 뿐이라면 입을 꼭 다물고 실존주의 사상의 역사를 정리하는 데 만족하며 살아야 할 것이다.

실존주의는 철학이 통합된 한 상태이고, 철학은 지식이 아니라 지혜를 사랑하는 학문이다. 이때 지혜는 이론적으로 배우지 않아도 어떻게 살아야 하는지 깨닫는 것으로 이해할 수 있다. 나는 평소에도 신경과민이지만, 이 책을 쓰기로 작심했을 쯤에는 내가 간접적으로도 주변 사람들에게 알려줄 만한 것을 알고 있지 않다는 불안감이 몰려왔다. 하지만 작가라면서 책을 쓰는 게 너무 어렵다고 푸념하는 사람만큼 짜증스러운 게 또 있겠는가! 나는 워드프로세서 사용법조차 까맣게 잊어버린 기분이었다. 더구나 키보드 앞에 앉았을 때는 하얀 모니터에 위압되어 숨조차 제대로 내쉴 수 없었다. 개인적으로 말하면, 나는 글을 쓰려고 할 때마다 항상 내 안의 빈 공간, 공허와 맞닥뜨리는 기분이다.

나는 많은 축복을 받은 존재이지만, 상대적으로 불안감에 시달리는 사람이다. 삶의 스펙트럼에서 나는 불행한 쪽에 훨씬 더 가까울 것이다. 임상적으로 말하면, 나는 전형적인 우울증 환자이다. 나 자신을 두둔하자면, 나는 친절한 사람이 되려고 노력했다. 거의 범죄자가 될 뻔했던 날들 이후로는 학생들과 지인들의 삶에 조금이라도 보탬을 주려고 애썼지만, 나는 현명한 도덕군자도 아니고, 밤에는 숙면을 취하고 아침에 기분 좋게 일어나 그날의 약속들을 원만하게 처리하는 유능한 사람도 아니다.

이 책의 목적은 삶의 질을 높여주는 실존주의자들의 통찰력을 명확히 소개하는 데 있다. 하지만 그들의 번뜩이는 천재성을 제외하면, 여기에 언급되는 인물들이 행복과 도덕성에서 나보다 훨씬 우위에 있는 것은 아니다. 사실, 남성이든 여성이든 실존주의자는 진정한 신경증 환자이다. 그렇다면, 삶의 처방전을 주변에 널리 알려야 하는 실존주의자들, 혹은 그들의 충실한 사도인 나는 대체 어떤 사람일까?

이쯤에서 이 책을 읽을 때 '한편'이나 '하지만'이란 부사에 주목할 필요가 있다. 달리 말하면, 내가 이 책의 핵심을 훼손하더라도 계속 읽어가라는 뜻이다. 항상 '하지만'이 있기 때문이다. 나는 내 모든 약점과 문제점을 견디는 데 실존주의자들, 특히 쇠렌 키르케고르로부터 많은 도움을 받았다. 과장되게 들리겠지만, 키르케고르가 내 어깨를 움켜잡고, 대들보에 묶은 동아줄에서 나를 끌어내린 적도 있었다.

키르케고르, 니체, 도스토옙스키 등 실존주의 사상가들은 눈 하나 까딱하지 않고 삶을 직시했고, 그럼에도 침착함을 잃지 않고 냉정을 유지하며 진실한 삶을 꾸려갈 수 있었다. 다른 어떤 계파의 철학자들보다, 실존주의자들은 우리 내면에서 제기되는 문제들, 예컨대 불안과 우울 및 죽음에 대한 두려움 등을 정확히 파악했다. 오늘날 이런 내면의 동요들은 의학적인 용어로 분류된다. 그러나 실존주의자들은 이런 괴로운 감정들을 다른 식으로 해석하는 방법, 아무나 흉내낼 수 없는 그들만의 독특한 방법들을 우리에게 알려주었다. 이 책에서 나는 그 방법들을 되살려내려 한다.

물론 환경 재앙에 따른 '실존적 위협existential threat'이란 표현에는 익숙해도 실존주의는 낯설게 여기는 독자도 적지 않을 것이다. 고개를 갸우뚱하며 "실존주의가 뭔가요?"라고 물을지도 모를 독자들을 위해 실존주의에 대해 개략적으로 설명해보겠다.

내 삶을 유지하는 데 많은 도움을 주었던 실존주의는 원래 개인성을 강조한다. 이렇게 접근하는 학자들은 실존을 내면에서, 즉 일인칭 시점에서 접근한다. 실존주의 철학자들의 명단에 대해서는 많은 논란이 있다. 단기간이었지만 실존주의라는 이름표를 유일하게 인정한 학자였던 장폴 사르트르Jean-Paul Sartre(1905-1980)를 제외하면, 실존주의자 명단에 공식적으로 동의할 학자는 거의 없을 것이다. 예컨대 내가 편찬한 《실존주의란 무엇인가Basic Writings of Existentialism》는 일종의 선집으로, 알베르 카뮈Albert Camus(1913-1960)는 당연히 포함되었다. 실제로 카뮈는 거의 모든 모음집에서 예외 없이 인용된다.

그 후, 나는 영국 더럼대학교의 철학교수 데이비드 쿠퍼David Cooper의 《실존주의Existentialism》를 훑어볼 기회가 있었다. 놀랍게도, 쿠퍼 교수는 카뮈가 실존주의자라는 걸 부정하며 "다른 작가들과 달리, 세상과 일탈된 느낌, 즉 소외감을 극복하거나 줄이는 것은 카뮈의 목적이 아니었다"[1]라고 그 이유를 설명했다. 나 자신도 이런 소외감을 명확히 표현하려는 시도를 실존주의자의 기준으로 보았기 때문에 쿠퍼 교수의 분류가 나에게는 이상하게 느껴졌다.

게다가 실존주의자로 분류되는 작가들 중 다수는 자신이 철학자라는 생각조차 하지 않았지만, 지금도 대학교 철학과의 실존주의 강의에서는 그 이름이 언급되는 경우가 적지 않다. 반면에 키르케고르와 같은 시대에 활동한 헨리 데이비드 소로Henry David Thoreau(1817-1862)는 실존주의자로 분류되어야 마땅하지만, 소로가 실존주의 선집이나 강의 개요에 포함되는 경우는 극히 드물다.

이처럼 실존주의를 명확히 규정할 만한 일련의 원리와 원칙은 없지만, 이 지적인 이단자들을 이어주는 몇 가지 공통점은 있다. 실존주의자들은 삶의 의미에 대해 끊임없이 묻고 관심을 기울여왔다. 우리가 관례화된 일상의 덫에서 풀려날 때, 이 의문은 수면 위로 떠오르곤 한다. 한편 과학의 발전으로 막스 베버Max Weber(1864-1920)가 '자연의 탈주술화the disenchantment of nature'이라 칭한 것이 신앙을 대신하기 시작하면서 실존주의가 시작되었다는 주장도 있다.[2] 에덴동산이 지구의 중심에 있고, 지구는 우주의 중심이며, 하느님이 그 밖에서 인류가 역사를 만들어가는 공연을 지켜보고 있다는 몽상에서 인류를 깨어나게 한 코페르니쿠스에서 실존주의가 시작되었다는 것이다. 실존주의자들을 고민에 빠뜨리며 머리를 긁적이게 만든 또 하나의 원인은 서유럽에서 탄생한 국민국가들nation-states이다. 국민국가의 탄생과 더불어, 모두가 우주와 사회에서 자신의 위치를 이해하고 있어 안정적이던 봉건사회 질서가 와해되었기 때문이다.

현대에는 시기별로 대격변이 거듭되며 실존주의를 부추겼다. 예컨대 인간 도살장이던 제1차 세계대전 후, 삶이 이성적으로 결정되는 게 아니라는 걸 깨달은 작가들에게 많은 사람이 눈을 돌렸고, 그들의 글을 통해 시대의 광기를 이해하기를, 적어도 시대의 광기와 맞서 싸우는 데 도움을 받기를 바랐다. 그 이후, 제2차 세계대전과 홀로코스트로 인간이 어떤 짓까지 할 수 있는지가 입증되자 실존주의에 대한 관심은 더욱더 치솟았다.

20세기 중반, 실존주의는 여전히 인기를 얻고 있었으나 영미권 대학에서는 분석철학이 대세였다. 분석철학은 논리실증주의logical positivism의 지원을 받아 발전했다. 논리실증주의는 루돌프 카르나프Rudolf Carnap(1891-1970)를 중심으로 오스트리아에서, 검증할 수 없는 명제는 생각할 가치도 없다는 신념으로 시작된 철학 사상이다. 논리 구조와 명료성을 광적으로 강조한 학문, 형식논리학formal logic의 발달도 이 냉철한 철학, 즉 분석철학에 활력과 자극을 주었다.

성경과 성령을 구분하듯이 우리가 언어와 영혼을 구분한다면, 분석철학의 영혼은 형이상학적인 면을 철학에서 배제하는 것이었다. 달리 말하면, 존재 자체의 본질과 근원에 대한 답 없는 의문들을 철학에서 배제하는 것이었다. 분석철학을 신봉하는 학자들에게, 명확히 규정되지 못하는 것은 그대로 내버려두거나 시인에게 넘기는 게 더 나은 허튼소리에 불과했다.

1980년대 초 분석철학의 보루인 펜실베이니아대학교 대학원에서 열린 세미나가 아직도 기억에 생생하다. 강의가 시작되기 전, 우리의 저명한 교수는 키르케고르의 문장을 크게 낭송했다. 이 책에서도 여러 번 인용하겠지만 "자아는 자기 자신과 관계하는 관계이다. 달리 말하면, 관계가 그 자신과 관계를 맺는 관계에 있는 것이 자아이다"[3]라는 문장이다. 교수는 책을 내려놓고 싱긋 웃고는, 정말 우리를 불쌍하게 생각하는 듯한 표정을 지으며 물었다. "합리적인 사람이라면 난해한 말로 스파게티처럼 뒤죽박죽된 이 문장을 어떻게 진지하게 받아들일 수 있겠나?" 당시 나는 그 덴마크 철학자에 푹 빠진 풋내기 학생이었지만, 스파게티 비유는 너무도 적절해서 키르케고르도 그 비유에 빙그레 미소를 지을 것만 같았다.

실존주의자들을 하나로 묶어주는 끈이 있다면, 그것은 학문적 철학에 대한 반감이다. 물론 마르틴 하이데거Martin Heidegger (1889-1976)처럼 학계에서 활동하며 존경받은 철학자들도 있었다. 키르케고르는 신학으로 박사학위에 버금가는 학위를 받았지만 교수로 일한 적은 없었다. 학계의 철학자들이 개집에서 살아가면서 고상한 개념들로 추상적인 성을 쌓는다고 생각하며 키르케고르가 그들을 경멸했던 것은 사실이다. 키르케고르는 교수들을 촌충 같은 존재, 즉 자신만의 고유한 의견 없이 창의적인 사상가들의 생각으로 먹고사는 사람들이라고 업신여겼다. 실존주의의 세 거두, 장폴 사르트르와 시몬 드 보부아르Simone de Beauvoir(1908-1986), 알베르 카뮈는 대학에서 밥벌이하지 않고, 부지런히 글을 쓰고 발표한 작가들이었다. 바젤대학교 교수직을 초기에 사임하며, "나는 인간이 아니다. 나는 다이너마이트다"[4]라고 그 자신을 정확히 평가한 프리드리히 니체Friedrich Nietzsche(1844-1900)는 손에 분필을 든 교수들을 용기와 창의력이 부족한 사람들이라 꾸짖고 "개념을 미라화하는 사람들"이라고 모욕을 퍼부었다.

실존주의에는 적어도 두 갈래가 있다. 하나는 실존적 현상학existential phenomenology이다. 실존적 현상학은 우리가 알 수 있는 것과 알 수 없는 것에 대한 인식론적 불안감에 그 근원이 있고, 학문적으로는 유대계 독일인 철학자 에드문트 후설Edmund Husserl(1859-1938)의 획기적인 연구에서 시작되었다. 그러나 현상학의 탄생에 발판을 놓은 통찰은 후설의 스승 프란츠 브렌타노Franz Brentano(1838-1917)에서 나왔다. 브렌타노의 주장에 따르면, 물질적 세계에 존재하는 사물과 달리, 의견과 생각, 느낌처럼 정신과 관련된 것은 지향적intentional 이어서, 항상 사물 너머의 것을 가리킨다. 예컨대 내가 창문 옆에 서 있는 소나무에 대해 갖는 이미지는 의식 밖에 존재하는 것과 관계가 있다. 반면에 소나무 자체는 그저 존재하는 것일 뿐이며 어떤 것과도 관계가 없다. 대략적으로 말하면, 의견은 어떤 대상이 사물 그 자체로서 존재하는 어떤 상태를 가리킨다.

그러나 외적으로 존재하는 어떤 사물에 대한 인상과 의견이 우리가 그 사물에 대해 알 수 있는 전부라면, 그 사물이 존재한다는 걸 어떻게 확신할 수 있을까? 결국 세상과의 접촉은 의견을 통해 이루어진다. 따라서 우리가 어떤 사물에 대한 자신의 생각, 즉 의견을 무시하면, 그 의견이 이른바 현실 세계에 존재하는 사물과 일치하는지 확인하고 점검할 수 없다. 이런 딜레마를 철학자들은 '자아중심적 곤경ego-centric predicament'이라고 일컫는다. 이런 일련의 의문들을 둘러싸고 후설은 현상학을 창시했는데, 현상학이란 용어는 그리스어로 '나타남appearance'을 뜻하는 단어에서 만들어졌다. 후설은 우리에게 개념의 안경을 벗고 세상을 새롭게 보라고 촉구했다. 그의 메시지는 '사물 자체로 돌아가자!'이다. 후설은 사물의 존재라는 문제를 일단 고려 대상에서 배제하고, 사물 자체를 순전히 묘사하는 데 집중하자고 주장했다. 또 후설은 우리에게 개념의 창을 통해 세상을 가공하지 말고, 다시 어린아이처럼 순수하게 관찰하라고 호소했다.

후설의 열렬한 추종자였던 사르트르는 전통적 의미에서의 철학자인 동시에 픽션 작가, 즉 소설가였다. 소설《구토》에서, 사르트르는 세상을 후설 식으로 순수하게 관찰하는 많은 사례를 제시한다. 예컨대 소설의 중간쯤에서, 주인공 로캉탱은 주변의 마로니에를 뚫어지게 바라보며 "저 나무의 뿌리는 내가 도무지 설명할 수 없는 방식으로 존재했다. 울퉁불퉁하고, 힘이 없고, 이름도 없는 그 뿌리는 나를 매혹시켰고, 내 눈을 즐겁게 해주었으며, 줄곧 그 존재 자체로 나를 되돌려놓았다. …… 흡입 펌프와 비슷한 뿌리의 기능에서, 그것, 즉 물개 가죽처럼 딱딱하고 두꺼운 껍질, 혹은 매끄럽고 단단하며 뻣뻣한 모습을 생각해낼 수 없다는 것을 나는 잘 알고 있었다"[5]라고 생각한다. 흡입 펌프라는 개념은 모든 뿌리가 공통적으로 지닌 특징을 이해하는 데 도움을 줄 수 있을지 모르지만, 로캉탱 앞에 구체적으로 존재하는 특정한 뿌리, 즉 무척 다양한 방식으로 처리될 수 있는 특정한 것을 설명하지는 못한다.

후설은 구체적인 실존을 강조했기 때문에 실존주의의 선조라는 명성을 얻었다. 후설을 추종한 사르트르 같은 현상학자들은 의식의 구조를 밝히는 과제에 집중했다. 간혹 난해하게 읽히는《존재와 무》라는 책에서, 사르트르는 열쇠 구멍으로 한 여자를 몰래 훔쳐보는 남자를 묘사한다. 그 남자는 누군가 뒤에 다가온 듯한 인기척을 느낀다. 곧이어 그는 수치심에 사로잡히며, 주체에서 객체로 추락한다. 사르트르는 이런 추락을 정교하게 다듬어, 즉자존재卽自存在와 대자존재對自存在가 의식 구조의 일부라는 증거로 삼는다.

하이데거와 사르트르는 현상학적 방법론을 실천한 대표적 철학자였지만, 그 방법론이 영미계 철학자들에게 항상 환영받았던 것은 아니다. 믿기지 않겠지만 다음의 인용문은 사르트르의《존재와 무》에서 거의 무작위로 발췌한 구절이다.

> 의식은 추상적인 것이다. 왜냐하면 의식은 즉자卽自에 가까운 존재론적 기원을 그 자체에 내포하고 있기 때문이다. 한편 현상도 추상적인 것이다. 왜냐하면 현상은 의식에 '나타나는 것'이어야 하기 때문이다.[6]

사르트르는 거의 600페이지를 이런 식으로 채워가며, 의식은 의식의 대상으로 그 자체에 나타나기 때문에 추상적인 것이라 주장한다. 분석적 설득력을 자랑하던 우리 대학원 철학 교수들에게 이런 유형의 담론은 루트비히 비트겐슈타인Ludwig Wittgenstein(1889-1951)의 표현을 빌리면 '휴가를 떠난 언어'였다. 실존적 현상학자들이 이런 모욕적 비유를 들었다면, 철학계의 생기를 상실한 언어는 자체의 구속복을 벗어던지고 휴식을 취해야 한다고 주장하며 그런 모욕에 대응했을지도 모르겠다.

하지만 실존적 현상학자 말고 또 다른 부류의 실존주의적 사상가들이 있다. 그들에게 '실존'이란 개념은 현실과 동떨어진 추상적인 이론에 의존하려는 경향을 피하려는 구체적인 실존을 뜻한다. 이 책에서 인용되는 대부분의 사상은 쇠렌 키르케고르, 레프 톨스토이(1828-1910), 표도르 도스토옙스키(1821-1881), 미겔 데 우나무노Miguel de Unamuno(1864-1936), 알베르 카뮈 등 실존주의 전통을 주창한 문학인들과 관계가 있다. 다른 모든 것을 제쳐두더라도, 언어의 바다를 다스리며 혼란스러운 현실 세계와 격렬한 관계를 맺는 이 작가들의 노련한 솜씨만으로도 우리의 관심과 넋을 빼앗기에 충분하다.

소크라테스 이전에, 물론 플라톤의 《대화편》에서도 이야기·시詩인 '뮈토스mythos'와 설명·이성인 '로고스logos' 중 어느 쪽이 지혜를 전달하는 데 더 적합한가를 두고 지혜를 사랑하는 사람들이 오랜 토론을 벌였다. 뒤에서 보겠지만, 이 책에서 언급되는 실존주의자들은 시적인 요소와 이성적인 요소를 재밌고 즐겁게 결합했다. 내가 실존주의를 꾸준히 연구하며 많은 도움을 받았던 작가들은 대체로 상당히 논리적이었지만, 삶을 살아가는 방식에 대한 자신의 통찰을 이야기 형식을 빌려 전달하는 경향을 띠었다.

예컨대 쇠렌 키르케고르는 불꽃처럼 번뜩이는 철학적 사유 능력을 지닌 시인 철학자, 혹은 철학자 시인이다. 하지만 그는 자신이 괴테의 낭만주의 전통을 물려받은 시인이라 생각했다. 키르케고르는 다양한 글에서 많은 주장을 펼쳤지만, 로고스보다 뮈토스를 주로 활용했다. 키르케고르는 삶을 바꿔놓고 지탱해주는 진리들을 전달하는 방법을 고민하고 찾아낸 거의 유일한 철학자답게, 이른바 '간접전달 방법method of indirect communication'을 고안해 직접 실천했다.

키르케고르는 삶에서 반드시 필요한 것, 즉 반듯하고 충직한 사람이 되는 법에 대해 우리가 알아야 할 모든 것을 알고 있다고 믿었다. 예컨대 성실하려면 많은 조건을 충족시켜야 하지만 새롭게 알아야 할 것은 없다. 밥 딜런Bob Dylan의 노래처럼 '기상예보관이 없어도 바람이 어디서 불어오는지 알 수 있다'면, 옳고 그름의 차이를 반드시 윤리학 교수에게 배워야 하는 것은 아니다. 무엇보다 필요한 것은 자신의 생각과 열정적인 관계를 맺는 것이다. 그 생각이 지나치게 무미건조하고, 지나치게 추상적인 경우에도 마찬가지이다. 이런 관계가 형성될 때 뮈토스가 끼어든다.

키르케고르에 따르면, 윤리적이고 종교적인 가르침, 즉 도덕적이고 영적인 삶과 관련된 가르침은 생각에 담긴 내용thought contents을 전달하는 게 문제가 아니라, 양심을 자극하며 올바른 것에 대한 배려심을 더욱더 키우는 데 목적이 있다. 스물한 살 때 휴가 중에 쓴 일기에서 젊은 키르케고르는 "도덕성을 교화하는 진리만이 우리를 위한 진리이다"라고 되새겼다. 진리를 향한 갈망은 지적인 호기심을 넘어서는 것이 되어야 마땅하다. 또 우리를 더욱 성장시키는 진리, 요컨대 우리를 더 행복하게 해주지는 않더라도 더 나은 인간으로 키워주는 진리를 향한 갈망이어야 한다. 쓸데없는 설교로 들리겠지만, 우리는 그런 진리를 충실히 받아들여 우리 삶의 일부로 삼아야 한다.

철학자를 자처하는 사람들과 대화를 나누다 보면 얼마 지나지 않아 그들이 묻는다. "그래, 당신이 주장하려는 게 뭡니까?" 플라톤과 그의 스승 소크라테스는 기하학적인 증명이 논증의 본보기라 믿었다. 실존주의에서 주장은 흔히 이야기나 묘사의 형태를 띠는데, 그 이야기에 우리 자신이 포함되는 경우도 많지만 그렇지 않은 경우도 적지 않다.

스코틀랜드의 위대한 철학자 데이비드 흄David Hume(1711-1776)은 무척 난해한 문제를 적잖게 제기했고, 그의 사후에 많은 철학자가 그 문제들을 풀어보려고 애썼다. 하지만 흄 자신도, 해가 저물면 그 문제들을 연구실에 남겨두고 당구를 즐겼다고 한다. 그 까다로운 문제들이 잠을 설치며 고민해야 할 만큼 중대한 문제라고 생각하지 않았다는 뜻이다. 반면 스토아 철학자들이 그랬듯이 실존주의자들은 철학을 삶의 한 방식으로 보았다. 그들은 삶의 방식에 대해 반추하고 또 반추했다.

예컨대 카뮈의 유일한 철학적 논문 《시지프 신화》는 이렇게 시작
한다.

참으로 중대한 철학적인 문제는 오직 하나밖에 없다. 그것은 바
로 자살이다. 삶이 살아갈 만한 가치가 있느냐 없느냐를 판단하
는 것은 결국 철학의 근본 문제에 답하는 것이다. 그 밖의 모든
문제, 예컨대 이 세계가 3차원으로 되어 있느냐, 정신에는 아홉
개 범주가 있느냐 열두 개의 범주가 있느냐 등과 같은 문제는
차후의 문제이다. 이런 문제들은 장난거리에 불과하며, 우리는
먼저 답하지 않으면 안 된다.[7]

무엇에 답해야 한다는 것일까? 삶이 살아갈 만한 가치가 있느냐
없느냐는 문제에 답해야 한다는 것이다. 셰익스피어의 표현을 빌리
면 '살 것인가, 죽을 것인가?' 그것이 문제이다. 한 줄쯤 내려가면, 당
시 스물아홉 살이던 카뮈는 우리 가슴팍을 손가락으로 찌르며, '삶
이 살아갈 만한 가치가 없다'라는 대답이 나온다면 자살할 수밖에 없
다고 주장한다. 카뮈는 삶을, 의미를 갈망하는 본유적인 욕망이 있는
인간들 사이의 충돌로 묘사한다. 하지만 카뮈의 관점에서, 삶은 바
위처럼 무심하고 의미가 전혀 없는 우주이기도 하다. 그래도 상관없
다. 카뮈는 우리에게 권총을 서랍에 다시 넣어두라고 조언한다. 부조

리라는 의식도 그 나름대로 가치가 있다. 카뮈가 말했듯이 웃음이나 "모멸로 극복되지 않는 운명은 없기" 때문이다.

분석철학자 토머스 네이글Thomas Nagel은 카뮈의 부조리 철학을 논박했다. 네이글은 카뮈를 히스테리에 사로잡힌 진드기로 규정하며, 인간은 삶에 대해 완전히 다른 두 관점을 취할 수 있는 유일한 동물이란 단순한 사실에서도 부조리를 경험하게 된다고 냉정하게 설명한다. 두 관점 중 하나는 우리가 각자의 역할을 해내는 일상의 관점이고, 다른 하나는 우리가 각자의 삶을 '영원의 관점에서sub specie aeternitatis' 관찰할 수 있는 객관적이고 유리한 관점이다. 영원의 관점에서 보면, 세상의 움직임은 하찮고 공연한 법석으로 보일 수 있다. 분필 가루가 묻은 바지와 코르덴 재킷을 입은 네이글 교수는 불안을 조장하는 부조리라는 감정을 떨쳐내는 방법으로 약간의 역설을 처방했다.

거듭 말하지만 흄이나 네이글과 달리, 실존주의자들은 맥줏집을 찾거나 주사위 놀이를 하겠다고 근본 문제를 포기하지는 않는다. 《두 시대》에서, 키르케고르는 객관적인 사색가를 실질적으로 자살자라고 규정한다.[8] 우리는 '실질적으로' 영혼이기 때문이며, 삶을 객관적으로 생각하려고 끊임없이 노력하는 사람은, 자신의 영혼에 힘을 부여하는 이기심self-interest을 체계적으로 억누르기 때문이다.

앞에서 넌지시 암시했듯이, 의미의 문제는 전반적인 면(삶의 의미는 무엇인가 같은)에서나 특정한 면에서나 무척 중요하다. 예컨대 키르케고르는 요하네스 클리마쿠스Johannes Climacus라는 필명으로 발표한 글에서 죽음에 대한 객관적 사실들을 장황히 나열하지만, 결국 독자의 멱살을 틀어쥐고는 그런 사실들이 '내가 죽는다는 게 무엇을 뜻하는가'를 깨닫게 해주지는 못한다는 걸 거듭 강조한다. 과거에 둥글납작한 모자와 검은 복장으로 유명했던 작가들은 이렇게 '나'를 강조했다는 점에서, 안에서 바깥을 바라보는 일인칭 사색가였다. 이렇게 내 존재가 어디에 있는가를 안쪽에서부터 생각한다는 것이 실존주의적 관점의 특징이다.

이 책의 부제 '가식의 시대에 진실하게 살아가는 법'이 시사하듯, '진정성authenticity'이 여기에서 다루려는 보편적인 주제이다. 요즘에는 소셜미디어가 세계적인 유행병처럼 어디에나 존재하는 까닭에, 우리는 현상이 실재보다 더욱 중요한 시대에 살고 있다. 게다가 오늘날에는 진정성에 특별한 가치를 부여하지도 않는다. 예를 들어 설명해보자. 언젠가 점심 식사를 함께하기로 한 친구로부터 갑자기 병에 걸렸다며 약속을 취소하면 좋겠다고 사정하는 이메일을 받았다. 화면 아랫부분에 세 가지 답장 "저런, 몸조리 잘 하게", "알려줘서 고마워. 이해할게", "빨리 회복하면 좋겠군" 중 하나를 선택할 수 있게 되어 있었다. 나는 순간적으로 스크롤을 내려 엉겁결에 첫 번째 답장을 클릭했지만, 그처럼 인간미 없이 가식적으로 답장을 보낸 것에 당혹스럽기만 했다.

키르케고르는 '진정성'이란 단어를 극히 드물게 사용했고, 진정성은 니체가 추어올리던 미덕도 아니었다. 하지만 1950년대 말과 1960년대에 '진정성'과 '실존주의'가 상호 보완적인 용어가 된 것은 조금도 놀랍지 않다. 여하튼 거의 모든 실존주의자들은 자신에 대한 정직함과 언행일치를 강조하며 참된 자아가 되어야 한다고 역설했다.《호밀밭의 파수꾼》,《회색 플란넬 양복을 입은 남자》,《세일즈맨의 죽음》등은 미국인들이, 감언이설로 포장되었지만 실은 획일성을 강요하는 빅브라더의 감시를 받고 있는 듯한 기분에 시달린다는 사실을 입증해주는 소설이고 희곡이다. 우리는 개인주의를 공개적으로 천명했지만 가짜가 되는 것에 대한 고질적인 걱정, 그러니까 괜찮은 승용차를 갖고 그럴듯한 회사에서 일자리를 얻으려면 영혼을 팔아야 한다는 걱정을 떨치지 못했다.

1946년에 발표된 이후 이 문제를 다룬 시론으로는 가장 널리 읽힌《실존주의는 휴머니즘이다》에서 사르트르는, 인간의 삶에서는 "실존이 본질에 앞선다"라고 주장했다. 사르트르의 설명에 따르면 인간이 계획적으로 만들어낸 인공물에는 어떤 목적이나 의도가 있기 마련이다. 사르트르는 가위를 예로 들어 설명한다. 가위는 뭔가를 자르기 위해 만들어진다. 그것이 가위의 본질이다. 그러나 인간의 경우는 완전히 다르다. 사르트르는 우리가 하느님의 어떤 계획하에 창조된 것은 아니라고 굳게 믿는다. 따라서 우리는 각자의 선택에 따라 다른 존재가 된다. 달리 말하면, 각자의 선택에 따라 우리 자신이 정의된다. 자유와 더불어 이런 선택권은 실존주의자들의 또 다른 공통

분모이다. 이런 이유에서 실존주의자를 심리학자에 불과하다고 폄하하는 철학자도 적지 않다. 결코 잘못된 비난은 아니며, 상당히 진실에 가깝다. 미국 철학회American Philosophical Association 회원들보다는 실존주의자들이 정서와 감정을 훨씬 더 중요하게 취급하는 것은 사실이다. 소크라테스 이전의 철학자 헤라클레이토스는 "누구도 똑같은 강물에 발을 두 번 디딜 수 없다"라는 유명한 말을 남겼다. 쉽게 말하면 모든 것이 끊임없이 변한다는 뜻이다. 서구 철학에서 찾을 수 있는 대부분의 지혜는 내면의 나침반을 함양하는 방법, 즉 안팎의 세계가 끊임없이 변해도 우리를 변함없이 꾸준히 유지시켜줄 무언가를 찾는 방법에 맞춰져 있다.

소크라테스(기원전 469/470-기원전 399), 바뤼흐 스피노자Baruch Spinoza (1632-1677), 이마누엘 칸트Immanuel Kant(1724-1804) 같은 철학자들에게 이성은 나침반이며, 감정은 내면의 나침반 바늘을 왜곡하는 것이다. 기쁨과 우울함, 불안 등과 같은 감정들은 내면의 안정성을 해친다. 하지만 감정을 중요하게 생각하는 철학자도 적지 않다. 예컨대 중세 말에 어떤 수식어도 없이 간결하게 '철학자The Philosopher'로 지칭되었던 아리스토텔레스(기원전 384-기원전 322)는 "도덕적인 인간이 되기 위한 비법이 있다면 적절한 때에 적절한 정도로 적절한 감정을 갖는 것"이라고 주장했다. 철저한 경험론자로 냉철한 지성의 소유자였던 흄도 우리의 선한 천사에게 날개를 주는 것은 공감력이지 이성이 아니라고 믿었다.

하지만 실존주의자들은 삶에서 정서적인 면을 인정하는 수준을 넘어선다. 그들은 감정에 집중한다. 키르케고르와 하이데거, 사르트르 등은 불안 같은 감정을 자기 이해의 전달자라고 했다. 또 우울한 기분은 우리가 무력감에 시달리고 신에게 절대적으로 의존하는 상태에 있음을 말해주는 증거라고 키르케고르는 지적했다. 실존주의자들은 불안과 우울, 질투와 죄책감 같은 감정을 성가신 골칫거리로 무시하지 않고, 오히려 직접적으로 해결하려고 애쓴다. 사르트르의 대표적인 시론《실존주의는 휴머니즘이다》에서 지적하듯이 실존주의는 우리의 삶을 뒤틀어놓을 수 있는 불편한 감정들에 집중하기 때문에, 많은 평론가가 실존주의를 지나치게 부정적이고 음산하다고 투덜댄다.

물론 바람직한 삶을 향한 청신호만 있을 때 우리 대부분은 착한 사마리아인이 될 수 있다. 하지만 삶은 보통 그렇게 진행되지 않는다. 언젠가 나는 류머티즘 관절염 진단을 받았다며 크게 의기소침해서 한탄하는 젊은 운동선수와 대화를 나눈 적이 있었다. 그녀는 땀을 흘리고 멋진 복부 근육을 만들어가며 자신의 정체성을 확립하고 불안감에 대처하던 사람이다. 물론 몸을 단련하지 못한다고 세상이 끝나는 것은 아니다. 그러나 앞으로 선한 마음을 유지하려면 분노와 좌절을 견뎌내야 할 것이고, 체력 단련실에서 씻어내곤 했던 불안감과도 싸워야 할 것이다.

사도 바울은 '실존의 탄식'에 대해 언급했다. 이 책에서 다루는 사상가들도 우리가 삶의 과정에서 피할 수 없는 충격을 어떻게 흡수하느냐에 따라 우리 삶이 영향을 받는다는 걸 알고 있었다.

거듭 말하지만, 나의 생명줄이었던 실존주의는 일인칭 사고방식이다. 이런 이유에서, 키르케고르를 비롯한 실존주의자들을 삶의 동반자로 받아들일 수밖에 없었던 내 개인적인 상황을 간략하게 살펴보는 것도 적절할 듯하다.

나는 고함소리가 그치지 않는 가정에서 성장했다. 금요일이나 수요일 밤이면 어김없이 부모님의 말다툼이 있었고, 그 이후에는 얼음처럼 싸늘한 기운이 온 집안에 감돌았다. 어느 날 밤, 어머니가 술에 취한 아버지의 가슴을 칼로 찌르려 했다. 하지만 때마침 형이 집에 있어 어머니를 저지할 수 있었다. 물론 이보다 훨씬 힘든 역경을 이겨낸 사람도 많다. 여하튼 그렇게 끝없이 다투던 부모가 자식들에게 품었을 사랑, 자식들을 위해 기꺼이 바치는 희생에 대해 의문은 없다. 하지만 전쟁터와 같던 가정이 내 성장에 큰 도움이 되지는 않았다.

학창 시절에 나는 항상 불량 학생이었고, 때로는 경찰서에도 끌려갔다. 그래도 미식축구와 야구에 상당한 재능을 보인 덕분에 전미대학 체육협회의 디비전 I에 속한 볼링그린 주립대학교에 스카우트되었다. 그때가 1970년대 초였다. 다른 요인도 있었겠지만, 야구장과 미식축구 경기장에서 그럭저럭 성공한 덕분에 음울한 아버지의 그늘에서 벗어날 수 있었다. 하나의 안타도 허용하지 않고 경기를 끝낼 때마다, 터치다운을 기록할 때마다 아버지에게 인정받는 기분이었다. 그랬다. 실수하지 않아야 했다. 따뜻한 인정과 칭찬이 없는 가정에서 살아가기는 정말 힘들다.

대학교 1학년이었을 때, 서지 캐플러Serge Kappler라는 마법사 같은 교수 덕분에 나는 철학, 특히 소크라테스에게 완전히 매료되었다. 소크라테스는 "검토되지 않는 삶은 살 만한 가치가 없다"라는 주장으로 유명했지만《변명》의 소크라테스는 모든 사람, 모든 것을 검토하는 것도 똑같은 정도로 위급하다고 생각했던 듯하다. 의문 – 물음 – 대답이라는 소크라테스의 변증법적 방법론에서 물음은 나에게 새로운 장난감과 같은 것이었다. 나는 유치할 정도로 변증법적 방법론을 모든 것에 적용했고, 심지어 훈련장에서도 예외가 아니었다.

경기에서 진 어느 화요일 오후, 신입생 담당 코치는 우리 기운을 북돋우려 애썼고, 급기야 "너희가 당장 뛰어나가 누구에게든 분풀이하기를 바란다!"라고 소리쳤다. 그 코치는 정말 자상하고 다정한 사람이었다. 지금 생각하면 '누군가를 때려주라'는 뜻으로 말한 것이 분명했지만, 당시에는 코치의 말을 곧이곧대로 받아들였다. 그래서 나 자신이 미식축구 헬멧을 쓴 소크라테스라 자부하며 "코치님, 우리가 누군가에게 분풀이하기를 바라는 이유가 무엇입니까?"라고 물었다. 내 질문에 코치는 어리둥절한 표정으로 클립보드로 다리를 툭툭 치고는 뒤돌아 가버렸다.

두 번째 학기에 캐플러 교수는 나를 한쪽으로 데려가서는 나에게 똑똑하고 철학적 재능이 뛰어난 학생이라고 칭찬하며 나를 달래려고 했다. 하지만 나는 운동하면서 익숙해진 엄격한 규율로 내 정신까지 단련시키고 싶었다. 철학 강의실에서 나는 질문을 끝없이 퍼부어대며 술집의 불한당처럼 행동했고, 그 때문에 당시 20대 중반으로 박사학위를 갓 취득한 캐플러 교수의 눈에는 내가 상궤를 벗어난 것처럼 보였을 것이다. 대학 경비원들과의 몸싸움도 다반사였다. 대부분의 교수는 나를 전형적인 운동선수라 생각하며 마음속으로 무시했을 것이다. 하지만 캐플러 교수는 나를 면담하기 전에, 행정관을 일부러 찾아가 내 고등학교 기록과 성적을 확인하는 수고를 마다하지 않았다. 게다가 나를 번질나게 자기 집에 데려갔고, 당시 신입생에 불과하던 나에게 플라톤에 관한 대학원 강의에 참석하는 것까지 허락했다. 캐플러 교수는 또 힘든 절차를 차근차근 해결하고 결국에는 내가 컬럼비아대학교로 편입할 수 있도록 도와주기도 했다.

나는 걸핏하면 화를 내고, 온갖 못된 습관을 지닌 불안정한 십대 소년이었다. 뉴저지 해안 지역 출신이던 나는 그전까지 뉴욕에 발을 들여놓은 적도 없었다. 미숙하고 조급한 성격의 19세 소년답게 나는 도시의 해적처럼 차려입고, 알코올과 마약에 흥분하며 심지어 폭력까지 휘두르는 어리숙한 꼬마였다. 십대의 대부분을 보낸 뉴저지에서는 권투까지 배운 터였다. 나는 컬럼비아에서 정신 근육을 단련할 기회를 살리지 못한 채 아이비리그의 총명한 급우들에게 지레 겁먹고, 뉴욕의 권투 체육관에서 땀흘리며 내 몸을 학대했다.

뉴욕 시 아마추어 권투 경기의 결승전까지 진출한 선수와의 연습 경기에서 내가 그 선수를 압도하자, 체육관 관장은 나에게 프로 선수로 뛰자고 제안했다. 계약서에 서명한 4월의 그날 밤, 나는 영화 〈토요일 밤의 열기〉에 나온 존 트래볼타처럼 허리를 쭉 펴고 브로드웨이를 활보했다. 맞은편에서 긴 적갈색 머리카락과 날카로운 눈매를 지닌 아담한 체구의 소녀가 으스대며 걸어왔다. 어떤 블루스의 노랫말을 빌리면, 그녀는 "뒷마당에 유전油田을 가진 여자처럼 뽐내며 걸었다." 나는 만평의 한 장면처럼 깜짝 놀라 잠시 멍해졌다. 그녀는 배스킨라빈스 아이스크림 가게에 들어갔고, 나도 지체 없이 그녀를 뒤따라 들어갔다. 그녀는 차례를 기다렸다. 나는 그녀에게 쭈뼛쭈뼛 다가가, 제임스 딘 목소리로 "너와 꼭 결혼할 거야"라고 말했다. 그때 그녀가 어떤 반응을 보였는지 정확히 기억나지 않지만 "꺼져"가 일반적인 반응일 것이다.

이 동화 같은 엉뚱한 이야기를 읽은 독자라면 누구라도 예측할 수 있겠지만, 2년 후에 우리는 결혼했다. 나는 여전히 정서적으로 불안정했다. 니키에게도 꼬마 악령들이 있었고, 그 악령들이 항상 주변에서 어슬렁거렸다. 니키는 자신을 끝없는 나락에 몰아넣었고, 걸핏하면 자해했지만 그것이 전부는 아니었다. 어느 날 밤에는 내가 옛 여자친구와 통화하는 걸 엿듣고는 불같이 화를 냈다. 당시 니키는 몸무게가 44.5킬로그램에 불과했지만, 약 0.5리터의 버번위스키를 단숨에 들이켰다. 그로부터 오랜 시간이 지나지 않아, 나는 니키를 몇몇 친구들로부터 완전히 떼어놓기로 결심했다. 그들이 마약 거래에 깊숙이 연루되어 있었기 때문이다. 게다가 니키는 새벽 서너 시경 잔뜩 술에 취한 채 어떤 건물의 지하층에서 나에게 전화를 걸어 "뽀빠이, 살려줘요!"라고 목청이 터져라 소리치는 경우도 한두 번이 아니었다. 물론 니키는 그 지하층까지 어떻게 내려갔는지 기억하지 못했지만, 나는 그런 연락을 받을 때마다 손에 잡히는 대로 아무 옷이나 걸쳐 입고 그녀를 데리러 달려갔다. 니키를 데려오려고 지역 마약상의 대문을 쾅쾅 두드린 적도 있었다. 그가 나를 비밀경찰로 여기지 않았더라면, 나의 슈퍼맨 놀이도 그날로 완전히 끝나고 말았을 것이다.

또 어느 날 밤에는 싸구려 술집에서 니키가 조무래기 악당들과 함께 유리로 덮인 커다란 탁자를 둘러싸고 앉아 있었다. 한 녀석이 지저분한 패설을 쏟아냈다. 그 패설에 나는 곧바로 탁자를 그 녀석들에게 뒤엎고 유리를 박살냈다. 그 소동은 여지없이 주먹다짐으로 이어졌고, 바텐더가 45구경 권총을 꺼내 나를 겨냥한 후에야 주먹다짐은 끝났다. 당시 나는 낯선 혼돈의 세계에 너무 깊이 들어가 있었고 번들거리는 검은 총까지 내 머리를 겨누고 있어, 조용히 뒤로 물러설 수밖에 없었다.

그 사이에 나는 두 건의 토론식 강의를 제외하고는 컬럼비아대학교의 강의실에 거의 출석하지 않았다. 강의실에 앉아 있어도 강의는 머릿속에 들어오지 않았다. 그저 멍하니 앉아 있을 뿐이었다. 학문은 내 능력으로 감당하기 힘든 분야로 느껴졌다. 그런 부족함을 만회하려고 어린아이처럼 유치하게 남다른 신체 능력을 과시했다. 소매가 없는 티셔츠를 입고 묵직한 은목걸이를 철렁거리며 강의에 참석하기 일쑤였고, 때로는 헤비급이나 라이트헤비급 선수와 스파링을 해서 얻은 퍼렇게 멍든 눈으로 강의실에 들어서기도 했다. 그런 멍은 나만의 고유한 특징이 되었지만, 일종의 기괴한 구경거리였다. 내가 강의실에서 앞뒤가 맞아떨어지는 그럴듯한 주장을 펼치면 급우들은 깜짝 놀라는 반응을 보였다.

졸업을 앞둔 4학년 때, 휴식 시간이면 급우들은 하버드 대학원과 프린스턴 대학원 중 어디를 선택해야 하는지에 대해, 아니면 합격한 로스쿨에 대해 무심코 이야기를 나누었다. 하지만 나는 컬럼비아에서 마지막 학기를 끝낼 때까지 어떤 결정도 내리지 못한 채 황무지를 헤매고 있었다. 장래에 무엇을 해야 할지 생각해본 적이 없었고, 특별히 하고 싶은 일도 없었다. 니키와 하루하루를 연극처럼 지내고 있을 뿐이었다. 게다가 나는 심각한 약물 중독자여서 보통은 처방 받은 약으로, 때로는 정신건강 상담소의 서랍에서 몰래 훔친 약으로 내 이마 안쪽의 목소리를 억누르며 지냈다.

대학에 입학하고 5년이 지났고, 졸업이 코앞에 닥쳐오고 있었다. 실존주의적으로 말하면, 나는 바다 한가운데에 있었고, 무엇을 해야 할지 몰랐다. 그래서 몽유병자처럼 아무런 의식도 없이 대학원에 지원했다. 세상이 어떻게 변했는지 거의 몰랐던 나는 철학 박사 과정이 있는 손꼽히는 대학들에 지원서를 손으로 써서 제출했지만, 그 대가로 불합격을 통보하는 짤막한 답신을 받았을 뿐이다.

내 삶은 갈기갈기 쪼개진 까닭에 당시 기억의 파편들을 결합해 일관된 이야기를 꾸미는 것도 여간 힘든 일이 아니다. 건설 현장의 잡부, 사무 보조원, 술집 경비원 등 온갖 직업을 전전하며 살았다. 그해에 기억할 만한 유일한 사건이 있다면, 권투 선수 제이크 라모타Jake LaMotta가 영화 〈성난 황소Raging Bull〉에서 자신의 역할을 맡은 로버트 드니로를 도와주려고 할리우드에 갔을 때, 타임스스퀘어에 있는 음침한 술집에서 제이크 라모타의 역할을 대신한 것이었다.

지금 생각해도 당시 내가 철학을 열정적으로 좋아했던 것인지, 아니면 익숙한 것에 집착했을 뿐인지 정확히 모르겠다. 둘 모두였을 가능성이 크지만, 다시 대학원 입학을 시도한 끝에 나는 펜실베이니아 대학교의 박사과정 입학을 허락받았다. 흥분되었고, 희망에도 부풀었다. 니키도 치료를 받아 깨끗해졌고 교육학 석사과정에 도전했다. 우리는 향후 계획을 세웠다. 니키는 뉴욕에서 공부를 계속하고, 나는 필라델피아에서 철학 박사학위까지 취득하기로 했다. 대신 주말마다 만나기로 했다. 좋은 일, 찬란한 장밋빛 삶이 금방이라도 시작될 것만 같았다. 여하튼 완전하지는 않더라도 거의 정상적인 삶이 가능할 것 같았다.

우리는 대출을 받았고, 서西필라델피아의 가로수길에서 아늑한 아파트를 찾아냈다. 벽난로가 있고, 하얀 레이스 커튼이 드리워진 아파트였다. 니키의 할아버지는 당시 세상을 떠났지만 생전에 유명한 심

장 전문의였고, 할머니는 우리에게 커다란 마호가니 책상을 선물로
주었다. 그 책상을 뒤덮은 유리판은 내가 술집에서 깨뜨렸던 유리판
과 다르지 않았다. 나는 벽난로가 있는 방에 그 책상을 놓았다. 사랑
하는 우리 이탈리아 할머니 시대부터 전해지던 편안한 독서용 의자
도 그 옆에 두었다. 물론 파이프 담뱃대와 실내화도 빠뜨리지 않았
다. 그러나 항상 그렇듯이 방문은 발로 차서 여는 것이었고, 내 방문
도 그런 신세였다.

대학원생으로 펜실베이니아대학교에 들어서던 첫날, 나는 유치원
생처럼 초조하고 불안했다. 굵직한 은목걸이도 없었고, 소매가 없는
티셔츠를 입지도 않았다. 점잖은 카키색 바지를 입었고, 옥스퍼드 셔
츠의 주머니에는 볼펜이 꽂혀 있었다. 그렇게 반듯한 모습으로 캠퍼
스에 들어섰다. 첫 수업은 인식론, 그러니까 지식론 강의였다. 다른
1년차 대학원생들은 한결같이 자신감에 넘쳐 보였다. 강의가 시작되
고 15분이 지나지 않아, 학생들은 난해한 문헌들을 언급하며 끼어들
었고, 이런저런 주장을 거침없이 내뱉었다. 시계의 큰바늘이 정신없
이 돌아갔고, 나는 대학원 강의실에 앉아 있을 자격이 없는 엉터리
학생에 불과하다는 생각이 머릿속에서 째깍거리기 시작했다. 그렇게
아찔한 두 시간이 지난 후, 나는 멍한 상태로 캠퍼스를 정처 없이 돌
아다녔다. 그러고는 충동적으로 학적과를 찾아가 자퇴서를 제출하
며, 완벽하게 준비해서 곧 다시 돌아오겠다고 마음속으로 다짐했다.

나는 집에 가기 전에 니키에게 전화를 걸어 자퇴서를 제출했다고

말했다. 집에 도착해서 문을 조심스레 열었다. 니키는 얼마나 큰 충격을 받았던지 넋을 잃은 것처럼 멍하니 앉아 있었다. "니키! 니키! 너무 걱정하지 마! 다 생각하고 결정한 거야." 나는 이렇게 사정했지만 니키는 꼼짝도 하지 않았다. 나는 니키의 손을 가만히 잡고 전후 사정을 설명하려 애썼다. 니키는 간신히 눈만 깜박거릴 뿐이었다. 그러고는 술에 취한 거구의 사내처럼 갑자기 벌떡 일어나더니 식탁을 확 뒤집어버렸다. 그 때문에 식탁 위에 놓여 있던 골동품 꽃병이 바닥에 떨어지며 산산조각 났다. 한 시간 뒤, 그녀는 문을 활짝 열며 아파트를 뛰쳐나갔고, 문은 바람에 쾅 하고 닫혔다. 나와 더는 대화하지 않을 것이며, 우리 관계도 완전히 끊겠다고 소리치고 니키는 아파트를 떠났다. 니키는 여러 부분에서 유약했지만, 한편으로는 강철처럼 단단한 면도 있었다. 니키는 더는 대화하지 않겠다는 약속을 지켰다. 내가 할 수 있는 것이라고는 혼자 그 상실감을 이겨내려고 노력하는 것이 전부였다.

거의 2년 동안 나는 좀비처럼 살았고, 과도한 음주와 약물 남용으로 병원을 들락거렸다. 나는 어떤 약을 삼켜야 하는지 까다롭게 고르지 않았다. 어떤 약이든 한 움큼씩 삼켜버렸다. 때로는 사람들 앞에서 신경안정제를 공중에 던지고는 그 푸른 알약을 물개처럼 잽싸게 받아먹는 묘기를 부리기도 했다. 하지만 알약을 제대로 구하지 못하는 일이 벌어지는 날에는 그날 밤을 알약 없이 견디는 수밖에 없었다.

키르케고르는 세속적인 관점에서 보면 절망은 뭔가가 끝난 상태,

예컨대 배우자를 잃거나 꿈을 이루지 못한 상태와 같은 것이라고 말했다. 그러나 겉으로만 그렇게 보일 뿐이다. 뒤에서 다시 설명하겠지만, 키르케고르는 절망이 언제나 자신에 대한 절망에 불과하다고 가르쳤다. 예컨대 내가 나이기를 원하지 않는 것이고, 지금과 같은 자아이고 싶지 않은 마음 상태가 바로 절망이다. 니키가 가버린 후, 나는 이런 자아에 빠져들었고, 악취를 풍기는 주정뱅이가 장거리 버스에서 내 어깨에 기대어 잠자고 있는 듯한 기분을 떨쳐낼 수 없었다.

결국 우울증 진단을 받고 맨해튼의 세인트루크 병원에 입원했다. 퇴원하던 날, 내 손에는 모노아민산화효소 억제제MAO inhibitors 처방전이 쥐어졌고, '이 약을 복용할 때는 절대 적포도주를 마셔서는 안 된다!'는 경고까지 주어졌다. 친구가 어퍼웨스트사이드에 있는 병원으로 나를 데리러 왔다. 병원을 떠나 한 구역을 벗어나기도 전에 나는 친구에게 주류 판매점 앞에 자동차를 세우라고 소리쳤고, 그곳에서 적포도주 한 병을 사서 단숨에 바닥까지 들이켰다. 내 무의식은 여전히 나를 어둠 속에 밀어넣을 작정인 듯했다.

나는 갈피를 잡지 못하고 흔들렸다. 뉴저지의 부모 옆에서 잠시 머문 후, 메인주에서 형 톰과 함께 지냈다. 그곳에서 지낼 때 바닷가에 나가 몇 시간을 앉아 멍하니 허공을 바라보며, 자살 충동에 사로잡힌 적이 한두 번이 아니었다. 바람이 거세게 불고 하늘도 우중충하던 어느 겨울날 오후, 나는 형 집의 지하실 바닥에 앉아 죽음의 문턱 너머를 바라보고 있었다. 항상 온유하고 정직하던 형은 눈물을 글썽이며 내 어깨에 손바닥을 가만히 얹고는, 내가 자살로 삶을 끝낸 후에 남겨진 내 물건들을 어떻게 처분하면 좋겠느냐고 물었다. 며칠 후, 나는 여전히 슬픔에 사로잡힌 좀비처럼 뉴저지의 부모에게로 돌아갔다.

어느 날 아침, 아버지는 나를 차에 태우고 뉴욕으로 향했다. 5년 전부터 나를 진료해오던 심리치료 전문가 비어트리스 비비와 상담을 약속해둔 때문이었다. 이 보살 같은 심리치료사와 실존주의 철학자들의 조언이 없었다면, 나는 내일에 대한 기대를 완전히 접고 어떻게든 삶의 굴레를 벗어났을 것이다. 비비 박사는 뛰어난 통찰력을 발휘하기도 했지만, 약물에 전적으로 의존하는 시대에 쉽게 잊히던 것, 즉 인간관계의 비할 데 없는 치유력을 나에게 다시 가르쳐주었다.

그날 아버지와 나는 약속 시간보다 일찍 도착했다. 그래서 아버지는 나를 한 커피숍에 내려주었다. 중고 서적도 함께 파는 커피숍이었다. 나는 선반에 정리된 책들을 멍하니 훑어보기 시작했다. 그때 누군가 나를 보았다면, 내가 그나마 인간답게 살며 지적인 삶을 꾸려가던 때를 기억하려고 애쓰는 모습으로 보였을까? 여하튼 칙칙한 청회색을 띤 겉표지의 책이 눈에 들어왔다. 나는 그 책을 뽑아 읽기 시작했다. 그 책은 키르케고르의 《사랑의 역사役事》였다.

우리가 총명함을 자만하며 육신의 눈에 보이지 않는 것은 어떤 것도 믿지 않을 것이므로 어떤 속임수에 넘어가지 않을 거라고 의기양양해 한다면, 무엇보다 먼저 사랑의 존재에 대한 믿음을 포기해야 할 것이다. 속을까봐 두려워하는 마음에서 우리가 그렇게 행동한다면, 그때는 속지 않은 것일까? 우리는 여러 가지 방식으로 속을 수 있다. 진실이 아닌 것을 믿음으로써 속을 수도 있고, 진실인 것을 믿지 않음으로써 속을 수도 있다.[9]

지금도 그 이유를 확실히 모르지만, 위의 구절은 나에게 한줄기 빛과 같았다. 나는 아주 자연스럽게 그 책을 외투 속에 감추고, 커피숍을 나와 심리치료실로 향했다. 그날 밤 늦게, 나는 그 훔친 철학책을 펴고 다시 읽기 시작했다.

차분하면서 조금도 꾸밈이 없는 진실한 글이었다. 키르케고르가 나열한 단어들이 나를 완전히 감쌌다. 불안증과 우울증에 사로잡힌 덴마크 철학자의 책에는, 심리적 고통은 묵묵히 인내해야 할 질병이 아니라 당사자가 어떤 방향으로든 행한 행동의 결과라는 주장으로 가득했다. 키르케고르가 되었든 빅토르 프랑클Viktor Frankl(1905-1997) 같은 실존주의적 정신분석 전문의가 되었든 간에 우리가 실존주의로부터 얻을 수 있는 교훈적 메시지 중 하나는, 고통이 인간을 파멸시키거나 바위처럼 몰인정한 사람으로 만들 수도 있지만 영적인 성장을 촉진하는 자극제가 될 수도 있다는 것이다.

세인트루크 병원에 입원해 있을 때 종종 찾아와 용기를 북돋워주던 여인이 아직도 기억에 생생하다. 몇 번이나 손목을 그어 자살을 시도한 여인이었다. 그런 고통에도 그녀는 아침이면 나에게 커피를 가져다주었고, 격려의 말을 아끼지 않았다. 그녀는 자신의 고통을 통해 어떤 깨달음을 얻은 듯했다. 어쩌면 그 깨달음은 내가 키르케고르에서 찾아낸 것일 수 있다. 구체적으로 말하면 어떤 것도 중요하지 않다는 감정, 사람을 무감각하게 하며 나날이 악화되는 그런 감정에서 신속히 벗어날 임시방편이 아니라 고통과 불안, 말로 설명할 수 없는 슬픔을 통해 도달할 수 있는 깨달음이었다.

이 책을 쓰고 있던 때, 나는 캘리포니아에서 미네소타로 돌아가는 비행기에 탑승한 적이 있다. 비행기가 이륙하기 직전, 좌석을 두고 작은 소동이 벌어졌다. 머리칼을 짧게 깎은 서른 남짓한 사내가 아내의 옆자리를 양보받겠다며 통로에서 꼼짝하지 않았다. 그 때문에 탑승하던 승객들이 뒤로 줄지어 늘어섰지만, 그는 조금도 당황하지 않고 뻔뻔스레 활짝 웃으며, 짐을 잔뜩 들고 통로에서 맥없이 기다리는 승객들에게 "좋게 끝나는 게 좋은 것이 아니겠습니까"라고 말했다. 바로 그때 나는 휴대폰으로 뉴스 사진을 보게 되었는데, 허리케인 하비가 휩쓸고 가 물바다로 변한 휴스턴과 인근 지역의 참혹한 모습이었다. 그때까지만 해도 5명이 사망한 것으로 확인되었고, 비는 여전히 앞이 보이지 않을 정도 세차게 내리쳤다. 나는 혼잣말로 "이 친구야, 항상 좋게 끝나는 건 아니야"라고 중얼거렸다.

이 책에서 인용한 실존주의자들은 세상사가 항상 좋게 끝나는 것은 아니라는 사실을 알고 있었다. 그들은 삶을 그 자체로 가감 없이 받아들였다. 1960년대와 1970년대, 공간적으로 멀리 떨어진 미국에서 활동하던 키르케고르의 제자들, 예컨대 어니스트 베커Ernest Becker(1924-1974), 롤로 메이Rollo May(1909-1994), 에릭 에릭슨Erik Erikson(1902-1994), 폴 틸리히Paul Tillich(1886-1965) 등은 우리가 자기 성찰self-reflection을 통해 인간으로서 성장할 수 있다고 굳게 믿었다. 이런 철학적 심리학자들은 한때 상당한 유명세를 누리며 존경받았지만, 이제는 순진하기 짝이 없던 철학자였다며 무시되는 경향이 있다. 그들은 인간이 일정한 수준을 넘어서면 크게 성장하고 크나큰 즐거움을 누릴 수 있다고 진정으로 믿었다.

오늘날 우리는 온갖 종류의 마음챙김mindfulness과 요가 강의를 받지만 인간으로서 개인적인 성장에 대한 회의는 점점 깊어질 따름이다. 게다가 우울과 불안, 슬픔 등 우리 마음을 뒤흔들고 휘젓는 감정들은 약물을 복용해서 다스려지고, 다른 형태의 생활방식을 도입해서 바로잡을 수 있는 내적인 장애로 여겨진다. 여기서 다루는 사상가들은 부적절한 감정들에 대응하기 위한 단계적인 계획이나 피해야 할 행동 목록을 제시하지 않는다. 이들은 우울을 완화하고 누그러뜨리기 위한 전략을 자세히 설명하기보다는, 기분이 가라앉을 때 우리가 도덕적이고 영적인 태도를 어떻게 유지해야 하는가에 대한 조언 정도를 제공할 수 있을 것이다.

물론 실존주의적 지혜를 동원해서도 해결책을 찾아낼 수 없었던 중요한 문제들이 있다. 특히 가장 까다로운 문제는 여기에서 제시하는 실존주의적 지혜가 피부색이나 성별의 차이에 상관없이 모두에게 적절한 지침이 될 수 있느냐는 것이다. 이 문제에 대한 해답의 실마리를 나는 랠프 엘리슨Ralph Ellison(1913-1994)의 소설, 특히 가장 위대한 실존주의적 소설로 평가되는 《보이지 않는 인간Invisible Man》에서 찾아냈다. 엘리슨은 이 걸작에서, 인종차별의 가장 큰 폐해 중 하나는 유색인을 아예 보이지 않게 만드는 것이라고 폭로했다. 밀입국자인 라틴계 호텔 청소부에게나 백인 교수에게나 자기 자신이 되는 것은 똑같은 유형의 과제인가? 키르케고르라면 여러 명백한 이유를 제시하며 '그렇다'라고 대답할 가능성이 무척 높다. 키르케고르가 내 멘토인 것은 분명하지만, 나는 이 점에서 키르케고르에게 동의하지 않는다. 아프리카계 미국인, 즉 흑인이 자신을 발견하고 그 자신이 되려면, 백인보다 훨씬 더 복잡한 과정을 거쳐야 한다. 아프리카계 미국인은 백화점 통로에서 그들을 의심하며 뒤쫓는 눈빛, 혹은 그보다 훨씬 더 악의적인 상황을 이겨내야 하기 때문이다.

특정한 경제 계급에 속한 백인 남성에게 정체성의 문제는 아무것도 아니지만, 흑인과 여성은 그 문제와 힘겹게 싸워야 한다. 솔직히 말하면, '유색인'과 '백인 특권'이라는 표현은 이제 진절머리가 날 지경이다. 하지만 다른 사람들의 정형화된 생각을 물리치는 일에서 자유롭다는 것이 백인 특권의 핵심이라는 사실은 분명하다. 피부색과 핵심적 정체성 사이의 경계에 대해 스스로에게 묻지 않아도 되는 자유를 누리는 사람들은, 우리의 형제와 자매에게 허락되지 않는 성찰의 공간에 자신들은 접근할 수 있다는 걸 이해하기가 때로는 어렵게 느껴질 수밖에 없을 것이다. 결국 우리는 이런 본질적인 진실을 파악하지 못하기 때문에 그 진실에 의거해 행동하는 방법을 아직 모르는 것이다.

2013년 어느새 키르케고르 탄생 200주년을 보냈지만, 그와 그의 추종자들이 새롭게 제시한 창문은 여전히 우리 자신을 정확히 이해하고, 마음을 다스리는 우리의 능력을 뿌리째 뽑아버릴 수 있는 감정을 이해하는 통로 역할을 한다. 이 책의 전반부에서는 불안과 우울, 절망과 죽음으로 제기되는 시련을 이해하고 극복하는 최선의 방법에 대한 실존주의적 통찰을 살펴볼 것이다. 후반부에서는 실존의 긍정적인 면, 즉 진정성과 신앙, 도덕성과 사랑에 대해 다루지만, 이런 긍정적인 정서도 섬뜩한 문제를 제기할 수 있다는 경고 역시 잊지 않을 것이다.

1장

불안

불안해지는 방법을 올바로 배운 사람은
최고의 것을 배운 셈이다.

_《불안의 개념》

실질적으로 매일 아침 나는 쓸데없는 걱정의 공격을 받는다. '집사람의 암이 재발하지나 않았을까? 아들 녀석이 탄 통근 열차가 뒤집어지지는 않겠지? 아야야! 이빨이 아픈데. 이놈도 뽑아야 하는 거 아닐까? 이빨이 너무 많이 빠지면 늙어 보일 텐데.'

이렇게 크고 작은 걱정거리가 끊이지 않아, 현재 똑바로 서 있는 것이 불가능하게 여겨질 지경이다. 봄이 시작되면 나무에서 새순이 파릇파릇 돋지만, 내 눈에는 짧은 가죽끈에 묶인 투견처럼 으르렁거리는 세상이 보일 뿐이다. 그렇다고 내가 이웃들과 사이좋게 지내지 못하는 것은 아니다. 그중에는 내 눈에 친절하게 보이지 않는 사람들도 있다. 오늘 지붕에서 떨어져 나온 엄청나게 큰 돌판에 맞아 내가 죽더라도, 아내를 제외하면 누구도 내가 항상 불안에 떨며 온갖 걱정거리를 안고 살아가는 사람이었다는 걸 모를 것이다.

물론, 내가 틀림없이 일어날 거라고 상상하는 것들이 실제로 일어날 가능성이 전혀 없음을 깨닫고 실없이 웃었던 때도 적지 않다. 지나간 두려움이 다시 꿈틀거리면, 나를 덮치는 거라고 확신했던 그 많은 악령들이 허상에 불과했다는 걸 기억해내려고 애쓴다. 하지만 나는 암과 심장질환에 거의 동시에 걸린 사람들도 많이 알고 있다. 이

렇게 나는 화창하고 밝은 날에도 악령들을 끊임없이 벽장에서 끌어
냈다. 나에게는 걱정할 것이 항상 있다. 걱정거리가 없으면, 걱정할
구실을 찾아 나서거나 만들어낸다.

　루마니아의 철학자로 니체를 뛰어넘는 아포리즘의 제왕이었던 에
밀 시오랑Emil M. Cioran(1911-1995)은 불안에 대해 이렇게 말했다.

　　불안은 의도적으로 생겨나는 게 아니지만 어떻게든 합리적인
　　이유를 찾아내려고 애쓴다. 그 목적을 이루어내려고 무엇이든
　　붙잡는다. 비열하기 그지없는 핑계도 마다하지 않는다. 불안은
　　그런 핑곗거리를 만들어낸 후에는 끝까지 고수하며 매달린다.
　　…… 불안은 저절로 생겨나고 만들어진다. 불안은 '무한히 창조
　　되는 것'이다.[1]

　시오랑이 옳았다. 불안은 변덕스러운 것이어서 시대에 따라 다른
식으로 이해되었다.

　1950년대와 1960년대, 냉전 시대에는 많은 미국인이 사무실 책
상에 앉아 손으로 연필을 돌리며 방공호를 짓는 게 나을까 생각하다
가도 뒤돌아서면 별장을 짓는 게 낫지 않을까 생각했다. 그때는 경제
가 호황을 누리던 시기여서 더할 나위 없이 풍요로운 시대였지만, 실
제 폭탄에 대한 두려움만이 아니라 사회적 신분 상승의 대열에서 낙
오될지도 모른다는 걱정과 불안에 시달리던 시대이기도 했다. 과학

의 눈부신 발전 때문인지 홀로코스트 때문인지, 아니면 둘 다인지 아무튼 많은 사람에게 하느님과 신성한 명령에 대한 믿음은 졸고 있거나 잠자리에 드는 것처럼 보였다. 우리는 혼자였고, 우리 삶이 신성한 은하계의 퍼즐 조각처럼 고정된 의미를 갖는다고 믿어야 할 이유가 없었다. 이 시기에 밀타운과 바리움 같은 신경안정제가 시장에 출시되기 시작한 것은 결코 우연이 아니다.

제2차 세계대전 이후의 이 시기에 실존주의가 미국에서 유행하게 된 것도 우연의 일치는 아니다. 영국 태생의 미국 시인 W. H. 오든Wystan Hugh Auden(1907-1973)은 이 시기를 '불안의 시대'라 명명했다. 당시를 돌이켜보면, 불안의 의미를 숙고하는 지적인 전통이 있었다. 일례로 실존주의 정신분석가 롤로 메이가 《불안의 의미The Meaning of Anxiety》를 출간한 때가 1950년이었다. 그 이후로도 메이는 관련된 저서를 계속 출간했고, 1969년에 발표한 《사랑과 의지Love and Will》는 베스트셀러가 되기도 했다. 폴 틸리히가 1952년에 발표한 《존재의 용기The Courage to Be》는 불안과 고뇌에 대한 키르케고르식 해법을 모색한 책이었다. 그 후에 어니스트 베커가 발표한 《죽음의 부정The Denial of Death》은 퓰리처상을 수상했고, 특히 앨런 와츠Alan Watts(1915-1973)의 《불안이 주는 지혜The Wisdom of Insecurity》는 불안이라는 문제를 다룬 주목할 만한 묵상록이다.

그 후에는 대형 제약회사와 보험회사가 끼어들었다. 마르크스와 니체에 푹 빠진 프랑스 철학자 미셸 푸코Michel Foucault(1926-1984)는 헤겔이 남긴 교훈을 우리에게 다시 알려주었다. 우리가 자신을 어떻게 이해하느냐는 우리 삶과 관련된 제도로부터 크게 영향을 받기 마련이고, 제2차 세계대전 이후에는 건강관리 산업이 그런 영향력을 행사했다는 것이다. 그런 제도는 우리 정서적 삶과 관련된 어휘를 만들어낸다.

예컨대 기독교가 지배하던 때 사람들은 내면의 존재를 죄와 유혹과 용서라는 용어로 파악했다. 필립 리프Philip Rieff(1922-2006)가 예지력을 발휘하며 '그 치료법의 승리'라고 일컬었듯이, 정신분석학과 그와 관련된 다양한 형태의 심리 치료법들이 우리 자신을 다루는 데 필요한 일련의 표현들을 새롭게 만들어냈다. "지나치게 꼼꼼히 따지지 말라", "당신은 어떤 것도 받아들이지 못하는 심리 상태에 있군요" 등이 그런 표현들의 대표적인 예이다. 내 개인적인 멘토로서 이 책에서도 자주 언급되는 리프의 예언이 맞다면, 머잖아 미국인들은 거의 모든 것을 치료사의 강의 주제로 삼게 될 것이고, 치료사들은 전문가인 양 행동하며 슬픔과 윤리, 인종 등 온갖 것에 대해 생각하고 말하는 법을 조언하고 워크숍을 개최할 것이다.

제약회사들은 약을 파는 것으로 만족하지 않고, 심리적 장애 자체를 적극적으로 광고했다. 예컨대 스무 살 남짓한 여성이 파티장에서 '미친 사람'처럼 난동을 피우는 모습을 묘사한 광고가 있었다. 그 광고를 유심히 보면, 그 여성은 자의식이 강하고 수줍음이 많은 사람이란 게 점점 명확해진다. 마침내 그 자의식이 감당하기 힘든 수준까지 올라가자, 그 여성이 '사회불안장애social anxiety disorder'에 시달리는 것이란 의견이 제시되었고, 그 장애는 충분히 치료될 수 있는 병이라는 조언이 더해졌다. 곧이어 '사회불안'은 정신의학의 바이블이라는 《정신 장애 진단 및 통계 편람》에 포함되었다. 그 직후에 정신과 의사들과 심리 치료사들은 이 장애를 치료한 대가를 받았고, 당연한 말이겠지만 그들의 치료법에는 약물요법이 포함되었다. '당신의 과거를 두고 노닥거릴 필요가 없습니다!' 이런 메시지는 불안장애에 시달리는 사람들에게 정말 반갑고 조금도 모호하지 않은, 무척 유혹적인 메시지였다. 당신은 '화학적 불균형chemical imbalance'을 겪는 환자이지만, 그런 불균형은 체계적인 약물 치료로 얼마든지 조정되고 치유될 수 있는 것이다.

달리 말하면, 성가신 감정과 생각은 신경화학물질의 혼돈으로 이해되어야 한다는 새로운 원칙이 세워졌다. 이 원칙에 합당한 자동차용 스티커가 제작된다면, "알약이 있는 곳에 길이 있다" 정도가 적합했을 것이다. 물론 몇몇 정신 상태는 뇌에서 일어난 계통적인 문제나 변화의 결과임이 분명하다. 그렇다고 이런저런 사건에 대해 꼬리를 물고 끝없이 이어지는 불안이 무작정 신경세포의 문제로 이해되어야 하는 것은 아니다. 이런 환원주의적 관점에 따르면, 불안의 원인과 결과가 구분되지 않는다.

예컨대 어떤 사고 과정thought process에 무관심과 관련된 화학물질이 개입하더라도 그 사고 과정의 의미가 무관심의 문제가 되는 것은 아니다. 특히 뇌에 부여된 멋진 신세계라는 지위는 의사와 뇌 과학자를 내면세계의 사제로 임명하며, 하향식 인과관계top-down causation라는 현실을 무시한다. 하지만 신경전달물질의 변화만이 우리 생각과 기분에 영향을 주는 것은 아니다. 칼은 좋을 수도, 안 좋을 수도 있다. 우리 시대의 진언眞言은 '연구에 따르면'이다. 그렇다, 일일이 출처를 다 밝힐 수 없는 많은 연구에서 하향식 인과관계, 명상과 심리 치료가 신경화학에 영향을 미친다는 사실이 확인되었다.

언젠가 수업이 끝난 후, 나는 한 학생과 한담을 나누고 있었다. 그녀의 휴대폰 벨소리가 울려 대화가 중단되었는데, 그 학생이 전액 장학금을 받고 의과 대학원에 진학하게 되었다는 반가운 소식이었다. 학과장과 대화하던 3분 만에 그 학생의 기분은 침울한 상태에서 황홀한 지경으로 돌변했다. 전화를 끊었을 때 그녀의 뺨은 발그스레했고, 그야말로 기뻐서 어쩔 줄 몰라하는 표정이었다. 단순한 단어의 나열이 그녀의 회백질에 영향을 미친 게 분명했다. 개인적인 편지에 큰 충격을 받은 경험이 있는 사람에게는, 문장이 단어의 나열에 불과한 것처럼 보이지만 때로는 물리적인 힘을 가질 수 있다는 걸 굳이 증명할 필요가 없을 것이다. 적절한 사람에게 적절한 단어가 사용되면, 최고의 행복감을 안겨줄 수 있다. 반대로 잘못된 단어가 사용되면 상대의 마음을 불편하게 만들 수 있다.

불안이 신경화학물질의 연소에 따른 부산물이라는 게 입증되더라도 불안이란 감정에 아무런 의미가 없는 것은 아니다. 이런 이유에서

"술에 진실이 있다in vino veritas"라는 격언을 기억할 필요가 있다. 알코올은 입을 풀리게 하지만, 알코올의 영향을 받아 우리가 내뱉는 말이 항상 아무런 의미도 없이 쏟아내는 푸념은 아니다. 그 푸념에는 거의 언제나 중요한 진실이 담겨 있다.

또 언젠가 강의가 끝난 후에 한 학생이 뚜벅뚜벅 걸어와, 불안 발작anxiety attack으로 고생하고 있다며 보고서의 제출 기한을 연장해 달라고 부탁했다. 거의 기계적으로 그 학생은 수주 전에 부모가 이혼했다고 덧붙였지만, 그의 말을 자세히 들어보면 부모의 이혼은 그의 혼란스러운 정신 상태와 아무런 관계가 없었다. 부모의 이혼에 대해서는 생각해봤자 아무런 소용이 없다. 게다가 그는 "저는 스물한 살이고, 지금은 집에 살지 않습니다. 부모의 이혼이 크게 신경쓰이는 것도 아닙니다"라고 나에게 말했다. 따라서 이혼에 대한 언급은 요점에서 벗어난 것이었다. 정상적인 학업 과정으로 돌아오기 위해 그에게 필요한 것은 적정한 약물 처방이 전부였다. 그의 불안증은 무의미하고 파괴적인 징후에 불과해서, 심리 치료는 물론이고 자기 성찰조차 필요하지 않은 것이었다. 그의 부탁은 타당했던 것일까? 불안은 정신의 열병에 불과한 것일까? 가능하다면 불안은 완전히 없애버려야 하는 것일까?

프로이트는 불안이 무엇인지 알게 된다면 "건강한 정신에 대한 이해도 훨씬 더 깊어질 것이다"라고 주장했다. 초창기에 프로이트는 불안을 억눌리고 억제된 성욕의 단순한 부산물쯤으로 생각했지만,

나중에 정리한 이론에서는 위험을 경고하는 내적인 신호로 해석했다. 복잡하지만 예를 들어 설명해보자. 어린 아들이 화를 낼 때마다 어머니는 말없이 물러났다고 해보자. 자식에게 어머니가 무척 필요한 존재라는 걸 고려하면, 어머니의 무분별한 물러남은 끔찍한 결과를 야기할 가능성이 크다. 연상 법칙을 단순히 적용하더라도 그 아이는 성인이 되면, 분노를 심각한 위협으로 받아들일 것이고, 자신의 분노를 의식의 차원에서 인정하고 받아들이기 힘들 것이다.

프로이트에게 불안은 '이 충동에 따라 행동하면, 유의미한 다른 사람들의 애정을 상실할 가능성이 크다'라고 읽히는 내적인 위험 신호이다. 한편으로는 프로이트를 비웃으면서도 심리 치료사들이 채택한 프로이트식 전략은, 어린 시절의 이런 경험을 끄집어내고, 아이처럼 화내는 것에 불안해하는 것이 자연스러울 수도 있지만 더 이상 적절하지는 않다는 걸 알게 해주는 것이다. 또한 프로이트에게 불안은 화학물질이 폭발적으로 분비된 결과만이 아니다. 불안은 자아에 대한 내밀한 지식의 일부, 즉 요약된 경험이기도 하다.

철학자들이 불안을 항상 진지하게 다루었던 것은 아니다. 정확히 말하면, 철학자들은 불안을 길들여지지 않은 마음의 파괴적인 부산물로 해석하는 경향을 띠었다. 특히 스피노자는 불안과 두려움을 구분하지 않았고, "두려움은 약한 마음에서 생겨나는 것이므로, 이성적 판단과 관계가 없다"라고 말했다. 불안으로 고통 받는 사람들은 불안을 다루는 데 필요한 정신적 근육을 충분히 발달시키지 못했기 때문에 불안에 시달리는 것이며, 그런 사람들은 현실을 제대로 모르거나 현실을 그대로 받아들이지 못한다는 것이다. 역사적으로 보면, 많은 철학자가 불안을 이성이라는 기계 장치에 던져진 이물질에 불과하다고 믿었다. 오늘날에도 대다수의 정신과 의사는 이런 믿음을 그대로 유지하고 있다.

그런데 소설가와 시인, 신학자로도 활동한 쇠렌 키르케고르라는 철학자가 있다. 키르케고르는 22종의 저서를 발표하는 데 그치지 않고 일기를 썼는데, 그 일기도 결국에는 세상에 출간하기 위한 목적에서 꾸준히 쓴 듯하다. 일기에 키르케고르는 자신의 일렁이는 푸른 눈동자 뒤에 가득한 불안에 대해 많은 기록을 남겼다. 1844년의 일기에서 키르케고르는 이렇게 털어놓는다. "요즘 생각의 말없는 동요에 상당한 고통을 받고 있다. 불안이 온몸을 휘감는다. 내가 무엇을 이해하지 못하고 있는 걸까? 이런 의문에 대한 답조차 구할 수 없다."[2] 그로부터 4년 후에는 "내 삶의 어두운 면, 특히 어린 시절의 어두운 면에 대해 한순간이라도 생각하면 온몸에 소름이 돋는다. 아버지가 내 영혼에 가득 채워 넣은 불안증, 즉 아버지의 지독한 우울증에 대해서는 한 단어도 감히 끄적거릴 수가 없다"[3]라고 한탄했다.

키르케고르가 1844년에 발표한 혁신적인 저서 《불안의 개념》은 당시 철학자와 신학자 및 위엄 있는 사상가들의 혼을 빼놓았고, 한 세기 후에는 실존주의적 정신분석학의 토대를 놓았다. 키르케고르는 자신의 이름으로 많은 교훈적인 저작을 발표했지만, 그의 이름에 불후의 명성을 안겨준 저서들, 예컨대《두려움과 떨림》,《이것이냐 저것이냐》,《죽음에 이르는 병》,《철학적 단편에 부치는 비학문적인 해설문》 등은 모두 이런저런 필명으로 발표된 것이다. 키르케고르가 사용한 필명들의 의미를 어떻게 해석하느냐에 대한 논쟁은 지금도 학계에서 계속되고 있다. 내 생각에는 각 필명에 삶에 대한 다른 시각이 담겨 있는 듯하다. 예컨대《불안의 개념》에 사용된 필명, 비길리우스 하우프니엔시스Vigilius Haufniensis는 자칭 심리학자이자 항구의 경비원이었다(키르케고르의 고향 코펜하겐은 전형적인 항구 도시였다).

대부분의 철학자와 달리, 키르케고르는 감정을 이성의 밝은 빛을 가리는 내면의 먹구름으로 축소하지 않았다. 키르케고르의 해석에 따르면, 불안에는 인지적 성분이 있다. 불안은 우리가 자신을 파악하는 데 도움을 준다. 불안은 우리에게 선택의 여지가 있음에도 지금의 자신을 선택한 존재라는 걸 알려주는 정서이다. 따라서 사르트르가 만들어낸 실존주의의 표어 "실존은 본질에 앞선다"라는 말은 인간, 오로지 인간에게만 적용된다. 달리 말하면, 우리가 먼저 존재하고, 그 후에야 우리 선택을 통해 우리 자신이 규정된다는 뜻이다. 이런 상황에서 불안을 느끼지 않는다면 어떤 경우에 불안을 느끼겠는가?

키르케고르는 불안을 어떤 특정한 물리적 현상, 예컨대 땀에 젖은 손바닥이나 빨라진 심장박동에 빗대지 않았지만, '자유의 현기증dizziness of freedom'이라 묘사했다. 불안을 통해 우리가 자유롭고,

하나부터 열까지 모든 면에서 가능성으로 가득한 피조물이라는 걸 깨닫게 된다는 뜻이다. 그런 자유, 즉 끊임없이 어떤 가능성을 선택해서 실현하려 애쓰며 다른 가능성을 포기해야 하는 필연성은 불안의 근원이다. 사르트르는 낭떠러지 끝에 선 사람을 예로 들어, 이 점을 설명했다. 천길만길의 아득한 낭떠러지 끝에 서서 아래를 내려다보면 머리가 아찔하고 뱃속이 뒤틀리며 불안감이 몰려온다. 그 이유는 우리가 낭떠러지에서 떨어질 수도 있다는 위험에 처해 있기 때문이 아니라, 우리에게는 언제라도 뛰어내릴 자유가 있기 때문이다.

키르케고르가 감정을 규정할 때 사용한 방법은, 우리가 처방전을 채우며 누그러뜨리려는 반복되는 감정에 적합하지 않다고 비판하는 평론가도 적지 않다. 우리가 내면의 삶을 어떤 식으로 분석하고, 불안을 어떻게 해석하더라도 키르케고르는 조금도 당황하지 않았을 것이다. 아래의 일기가 요즘 우리를 정신병원으로 끌어가는 감정들에 익숙하지 않은 사람이 쓴 것처럼 읽히는가?

나를 속박하는 것이 무엇인가? …… 나 역시 음울한 상상과 무서운 꿈, 혼란스러운 생각과 두려운 예감, 형언할 수 없는 불안으로 만들어진 쇠사슬에 묶여 있다. 이 쇠사슬은 '매우 유연하고 명주처럼 부드럽고, 최고도의 긴장도 이겨낼 수 있어 어떤 경우에도 끊어지지 않는다.'[4]

키르케고르도 불안이 다른 감정과는 다르다는 걸 인정했다. 키르케고르의 충직한 제자인 심리 치료사 롤로 메이의 설명에 따르면, 불안은 "내가 취하거나 거부할 수 있는 지엽적인 위협이 아니다. …… 불안은 언제나 근원에 대한 위협, 즉 내 존재의 중심을 겨냥하는 위협이다." 한편 두려움은 우리가 이름표를 붙이고 대상화할 수 있는 것이다. 예컨대 스트레스 지수를 조사하려고 의사를 찾아갈 때 밀려오는 것이 두려움이다. 그러나 롤로 메이의 표현을 빌리면 "정도의 차이는 있지만 불안은 당사자의 실존 의식을 압도하고, 시간관념을 잊게 하며 …… 존재의 중심을 공격한다."

다른 기분이나 감정과 달리, 불안은 그 존재를 드러내지 않고 우리 안에 깃들어 있는 감정이다. 키르케고르는 탄식하며 이렇게 말했다.

하지만 모든 사람의 내면 깊은 곳에는 세상에 홀로 내던져지고, 하느님에게 잊히고, 이 거대한 세계에서 수많은 사람의 감시를 받게 될 거라는 불안이 있다. 사람들은 가족이나 친구로서 자신과 관련된 주변 사람들을 끊임없이 면밀히 관찰하며 불안을 견제한다. …… 그 모든 것이 제거되면 어떤 느낌일지 감히 생각조차 하려고 들지 않는다.[5]

키르케고르는 불안을 다양한 각도에서 묘사했지만, 다른 심층심리학자들처럼 우리에게 불안을 견제하는 방어기제, 즉 불안을 예방하는 방법들이 있다는 걸 알아냈다. 위에서 인용한 글에서 키르케고르는 '두려움'과 '불안'을 명확히 구분하지 않고 사용하지만, 불안은 모든 사람의 내면 깊은 곳에 감추어진 감정이다. 불안은 우리를 파괴하려고 위협하는 감정이며, 우리는 그런 불안을 다른 감정으로 위장하며 불안에서 벗어나려 애쓴다. "사람들은 가족이나 친구로서 자신과 관련된 주변 사람들을 면밀히 관찰하며 불안을 견제한다"라는 키르케고르의 탄식을 기억해야 한다. 상대적으로 말하면 우리 자신이 잘하고 있다고 확신하며 마음의 평정을 유지함으로써 불안을 견제할 수도 있다. 물론 불안을 억누르는 다른 방법들도 있다. 정원의 잡초를 미친 듯이 뽑아보라. 매주 자전거로 150킬로미터를 달리겠다는 운동 목표를 세우고 실천해보라. 집에 페인트를 칠하고 또 칠해보라. 모든 것을 반듯이 정돈하고 관리할 수 있도록 끊임없이 노력해보라.

하지만 불안은 항상 가능성과 관련된 것이다. 키르케고르는 "영민한 판단력으로 무수한 계산을 끝낸 후에도, 게임에서 승리한 후에는 불안이 여지없이 찾아온다. 심지어 게임의 승패가 결정되기 전부터 불안이 밀려온다. …… 판단력은 무력해진다. 불안이 전능한 가능성을 발휘하며 빚어내는 상황과 비교하면, 영민한 판단으로 행한 행위도 사교적인 인사말처럼 사라져버린다"[6]라고 말했다. 모든 것을 주의 깊게 생각해서 알아내도 걱정해야 할 또 다른 것이 있기 마련이다. 불안은 미래에 관한 것이다. 이 때문에 불안은 현재에 충실하게 살려는 우리 욕망을 방해한다.

마르틴 하이데거는 키르케고르로부터 많은 것을 차용한 철학자답게, 불안이 인간성에 대한 중요한 무엇인가를 우리에게 알려주는 선생님이라는 데 동의했다. 불안은 안에서부터 우리를 움켜잡고 바깥 세계와 떼어놓기 때문에, 세상의 흐름과 함께하던 때의 기분을 그리워하게 만든다. 예를 들어 설명해보자. 어느 날 저녁 늦게 나는 개들을 데리고 산책하고 있었다. 진줏빛 보름달이 휘영청 밝게 떠 있었고, 희미하게 빛나는 별들은 칠흑 같은 하늘을 서서히 가로질렀다. 시원하고 상쾌한 산들바람에 단풍나무 잎들이 살랑살랑 흔들렸다. 여름날 저녁의 전형적인 모습이었다. 지적으로 말하면 내가 그 시간의 마력을 인정한 것일 수 있었지만, 불안이 은밀히 밀려왔다. 내 개인적으로는 진눈깨비가 내리는 우중충한 12월의 오후였으면 더 좋겠다는 아쉬움도 있었다.

하이데거에 따르면 이처럼 일탈된 감정, 즉 불안은 궁극적으로 우리가 군중으로부터 분리된 진실한 개인이란 정체성을 확보하는 걸 돕는다. 불안은 하이데거가 때때로 '그들'이라 칭한 것으로부터 우리를 끌어내지만, 진실한 개인이 더는 군중에 매몰되거나 군중에 의해 규정되지 않는 공동체의 삶으로 되돌아갈 수 있도록 돕는 것도 불안이다.

키르케고르는 "불안은 공감적 반감인 동시에 반감적 공감"[7]이라고 말했다. 일기에서 그는 훨씬 더 간결하게 썼다. "불안은 두려워하는 것에 대한 욕망이다. …… 불안은 개개인을 움켜잡고 꼼짝하지 못하게 하는 생경한 힘이다. 하지만 누구도 불안으로부터 벗어나 자유로울 수 없고, 그렇게 되기를 원하지도 않는다. 두렵기 때문이지만, 우리는 두려워하는 것을 욕망한다. 불안은 개개인을 무력하게 만든다."[8] 불안은 우리가 스스로 만들어내는 것이다. 결국 불안은 우리의 자유와 상관관계가 있다.

하지만 불안은 외부에 원인이 있는 것처럼 여겨진다. 이런 이유에서 '불안 발작anxiety attack'이란 표현이 생겨났다. 불안은 공포 영화와 비슷하다. 손바닥으로 눈을 가리지만 어떻게든 손가락 사이로 훔쳐보는 영화, 즉 인력과 척력이 동시에 작용하는 영화와 비슷하다. 키르케고르는 "아이들을 관찰해보면 불안이 모험적인 것, 전율을 느낄 만한 것, 신비로운 것을 추구하는 욕망의 표현이라는 걸 확인할 수 있을 것이다"[9]라고 말했다.

키르케고르와 하이데거를 다루는 글에서 권투를 언급하는 게 부적절하지 않을까 두렵지만 일단 너그럽게 용서해주기 바란다. 나는 권투 트레이너로 일할 때마다 공감적 반감sympathetic antipathy과 반감적 공감antipathetic sympathy의 사례를 번질나게 목격한다. 남자라면 거의 모두가 강인한 사람이 되고 싶어 한다. 열정적인 아이들이 끝없이 나를 찾아와 열띤 목소리로 말한다. "권투 선수가 되고 싶습니다! 매일 열심히 훈련하겠습니다." 기본적인 동작을 훈련하고 익히는 동안에는 그 간절한 열망이 유지된다. 그러나 어느 정도의 시간이 흐르면, 대체로 한두 번의 연습 경기를 치르고, 콧잔등에 강펀치를 얻어맞고 환상이 사라지면, 그럴듯한 변명을 늘어놓고는 그날 이후로 체육관에 나타나지 않는다. 그런데 두세 달이 지나면 과거의 욕망이 되살아나는지 체육관으로 다시 찾아온다. 키르케고르의 관점에서 보면, 불안은 접근-회피 갈등approach-avoidance conflict, 즉 우리가 우리 자신을 상대로 실랑이하는 갈등이다. 더 구체적으로 말하면 불안은 우리가 자유를 구가하며 진정한 자아가 되는 가능성을 실현하려는 무서운 욕망과 티격태격하는 갈등이다.

만약 당신이 새벽 4시 30분에 깊은 잠에서 갑자기 깨어났는데 창밖에서 새들이 덤불에 숨어 지저귀듯이 이런저런 불안이 당신 머릿속에서 무자비하게 짹짹거린다고 해보자. 이럴 때 불안이 당신의 진정한 자아가 되려는 욕망과 어떤 관계가 있다는 주장은 터무니없게 느껴진다. 실제로 불안을 차치하더라도 키르케고르가 우리에게 매력적으로 보여준 자아의 존재를 믿기는 상당히 힘들다. 우리는 광적인 자기헌신과 자기계발의 시대에 살고 있지만, 자아라는 개념은 영혼이란 개념만큼이나 모든 면에서 만신창이가 된 지경이다. 일상의 차원에서 우리는 자아, 즉 자기 자신이라고 믿지 않을 수 없다.

하지만 우리 자신에게서 시간이 흘러도 변하지 않고 똑같은 상태를 유지하는 것을 찾아내기는 무척 어렵다. 철학자들은 이런 현상을 '자기동일성의 문제problem of personal identity'라 일컫는데, 시간이 흘러도 영속되는 동일성이 있다고 주장할 만한 합리적인 근거가 있다는 의견에 동의하는 철학자는 극소수에 불과하다. 데이비드 흄은 지속적인 자아라는 개념을 뒷받침할 만한 감각 자료sense-datum는 없다고 주장했다. 흄의 설명에 따르면, 우리는 우리 자신을 언급할 때 '한 다발의 지각知覺'을 가리킬 뿐이다.

현대적 개념의 자아는 단편화된 독립체의 한 조각이다. 우리가 삶의 과정에서 겪는 수많은 변화에도 불구하고 항상 똑같은 무엇이 있다는 생각을 견지하려면 신앙에 가까운 믿음이 필요하다. 어느덧 환갑을 넘긴 나는 때때로 "이 얼굴이 정말 너냐?"라고 묻듯이 거울을 들여다보며 눈알을 굴린다. 존 로크John Locke(1632-1704)의 주장에 따르면 자기동일성은 기억의 연속으로 이루어지지만, 우리 삶에 대한 내적인 기록인 기억에는 그랜드캐니언만 한 간극이 있어 로크의 주장은 신빙성이 떨어진다.

요즘 일부 철학자는 자기동일성을 일종의 이야기로 분석한다. 자아가 자신에게 자신에 대해 말하는 이야기가 곧 자아라고 생각하는 셈이다. 선불교에서는 우리가 깨달음을 얻기 위해서 반드시 오르고 극복해야 할 미망의 사다리가 있다고 가르친다. 결국 우리는 '빈 거울empty mirror'의 뜻을 깨달아야 하고, 허영적이고 자기중심적인 사고의 사슬을 끊어내며, 자신이 곧 자아라는 생각 자체를 떨쳐내야 한다는 것이다. 키르케고르는 불교 사상가들과 많은 점에서 유사하지만, 자아에 대해서는 정반대로 자아의 존재를 굳게 믿었다.

키르케고르는 자아를 '정신spirit'과 동의어로 사용한다. 따라서 키르케고르의 생각에, 자아가 될 수 있는 가능성은 불안을 경험할 때

명확히 드러난다. 불안과 자아의 이런 관련성을 뒷받침하는 증거가 무엇일까? 그 증거는 주관적인 경험subjective experience, 즉 개인적인 경험이며, 대조 실험으로 검증될 수 있는 것이 아니다. 그럼 어떻게 해야 우리는 '진정한 자아'를 기능적으로 규정할 수 있을까? 안타깝지만 우리가 경험적 증거로 뒷받침되는 것만을 믿을 만한 것으로 제한한다면, 믿음의 목록에 남겨지는 것은 무척 적을 것이다. 따라서 양자택일의 선택 가능성이 있을 때 과학적으로 입증된 것만을 인정하는 사람이라면, 키르케고르 식으로 해석된 자아에 대한 믿음을 포기해야 할 것이다.

키르케고르의 생각에 인간은 무척 모순적인 피조물이다. 비유해서 말하면, 걸어다니고 말하는 모순덩어리이다. 우리는 일시성과 영원성, 유한성과 무한성, 필연성과 가능성의 결합체이다. 하지만 우리는 단순한 결합체가 아니라, 우리의 이런 양면성을 서로 연관시켜야 하는 까다로운 과제까지 떠안은 존재이다. 요컨대 우리는 무한하고 끊임없이 변하는 존재라는 견해와, 우리는 순전히 유한한 피조물이란 대립된 견해가 상존한다. 또 우리가 될 수 있는 것에 대한 꿈(가능성)과, 구체적인 상황에 해당하는 사실(필연성)이 있다. 다른 피조물과 달리, 인간은 자아의 이런 면들을 통합하는 과제를 떠안아야 한다. 따라서 존재론적 가능성이 불안을 유발하는 원인으로 우리 머리 위를 맴도는 듯하다.

하지만 실존주의자는 현실주의자이다! 이것이 실존주의자의 본질적 특징 중 하나라는 걸 나는 예전부터 줄기차게 주장해왔다. 불안이 우리에게서 생명을 빼앗아가는 것처럼 느껴진다면, 우리는 '존재론적 가능성ontological possibility'에 대한 실존주의적 허튼소리를 듣고 싶어하지 않을 것이다. 키르케고르는 '존재론적 가능성'이란 표현을 사용하지 않았다. 그렇다면, 키르케고르는 불안이라는 상존하는 문제에 대해 우리에게 무엇을 가르치고 있는 것일까?

키르케고르는 불안이야말로 우리가 우리 자신이라는 결정적인 징조라고 단언한 철학자로 읽힐 수 있다. 불안에 대한 키르케고르의 확언을 인용해보면, "불안은 …… 인간 본성의 완벽함을 보여주는 증거"이고, "더 고결한 삶을 그리워하는 세속적인 삶의 마음"이다. 충격을 받고 놀라서 격렬하게 반응하는 감정의 긍정적인 면을 가늠하기는 힘들지만, 자의식self-consciousness을 생각해보자. 자의식은 대체로 불쾌한 감정이고, 때로는 그보다 더 부정적인 감정이지만, 자의식이 없다면 인간은 결코 인간이지 않을 것이다.

키르케고르는 심리 치료사가 아니었고, 우리의 안달복달을 가라앉히는 기법을 정리하려고 시도한 적도 없었다. 오히려 그는 우리에게 본연의 자리를 지키며, 모든 것이 혼란스럽고 불안정해지는 느낌과 함께하라고 권고한다. 우리는 아찔하고 어지러운 감정이 밀려오면, 실존적인 불안을 이런저런 유한한 문젯거리에 대한 순환적 걱정으로 전환함으로써 마음의 안정을 되찾으려고 시도한다. 하지만 이런 식의 대응은 잘못된 방법이다. 우리는 흔히 이런 식으로 말한다.

"이러이러한 일자리만 얻으면 그것으로 충분하다." "내 딸이 대학 입학 허가를 얻기만 하면 괜찮아질 거야." …… 그렇지만 불안은 회전목마처럼 끝없이 계속된다. 이런 허구적인 만능 해결책에 대해, 키르케고르는 "유한성에서 우리는 많은 것을 배울 수 있지만, 불안해지는 법은 무척 평범하고 타락된 방향에서만 배울 수 있을 뿐이다"[10]라고 말했다.

인간의 모든 유한한 걱정거리를 다루겠다고 우리 자신을 채찍질할 필요는 없다. 실존주의 정신분석학계의 원로, 어빈 얄롬Irvin D. Yalom의 표현을 빌리면, "우리는 워낙에 그렇게 만들어진 존재이다." 하지만 불안을 정확히 이해하려면 어떻게 해야 할까? 키르케고르의 실존주의적 처방은 그런 불안정한 감정들과 공존하는 능력을 함양하고, 두려움과 함께하는 법을 배우는 것이다. 그 이유가 무엇일까? 이 내면성의 거장에 따르면, "불안해지는 방법을 올바로 배운 사람은 최고의 것을 배운 셈"[11]이기 때문이다.

키르케고르는 많은 사람이 불안에 시달려 힘겨워하고, 그 불안으로부터 탈출하려고 끝없이 시도한다는 걸 알았다. 하지만 그는 불안이 우리를 구해줄 수 있다고 강조하며, "불안은 자유의 가능성이다. 이런 불안만이 신앙을 통해 완전히 교육적인 기능을 한다. 이런 불안은 모든 유한한 목적을 파괴하고, 그 목적들의 기만성을 폭로하기 때문이다"[12]라고 말했다. 다시 말하면, 신앙을 통해 우리가 걱정해야만 하는 것, 즉 하느님과의 관계가 이해되고, 불안을 통해 불안의 다른 모든 근원이 상대화된다.

물론 '신앙을 통해'라는 표현에 많은 독자가 얼굴을 찌푸릴 것이다. 내가 이렇게 말하면 키르케고르는 나와 의절하겠지만, 신앙이란 난관을 극복할 방법이 없는 것은 아니다. 삶에서 당신의 과제가 진실한 인간이 되는 것이라고 믿어야 진정으로 두려워해야 할 것이 무엇인지 알게 된다는 사실을 인정하면 된다. 예컨대 멋진 옷을 입고 권위를 부리고 싶지만 멍한 눈에 무능하기 이를 데 없는 사람이 된다면 어떻겠는가? 불안을 통해 하느님이나 자신의 도덕적 자아를 믿게 된 사람의 경우 "불안은 그에게 도움을 주는 영혼이 된다. …… 불안이 꿈틀거리며 얼굴을 내밀고, 새로운 위협의 수단을 발견해낸 척하더라도 …… 그는 움찔하며 뒷걸음질하지 않는다. 혼란에 빠져 소리지르며, 불안을 물리치려고도 하지 않는다."[13]

일반적인 심리 치료사들에게 이런 조언을 들을 가능성은 거의 없다. 하지만 키르케고르의 설명에 따르면, 불안이 대문을 긁어대는 듯하더라도 진실한 사람이라면 "불안을 환영하고 반갑게 맞이할 것이다. 또 독배를 기꺼이 들어올렸던 소크라테스처럼, 그는 불안과 함께 한 방에 앉아, 수술을 앞둔 환자가 의사에게 말하듯이 '이제 준비가 끝났습니다'라고 말한다. 그럼 불안은 그의 영혼 속에 들어가 샅샅이 수색하며, 유한하고 하찮은 것을 빠짐없이 그로부터 몰아낸다. …… 따라서 우리가 불안을 통해 신앙을 배우게 되면, 불안은 스스로 잉태한 것을 빠짐없이 없애버릴 것이다."[14]

불안은 우리가 만들어낸 것이지만 여전히 생경한 힘으로 여겨진다. 이런 불안은 온갖 종류의 악귀에게는 생기를 부여하고, 우리에게는 무력하고 유약한 존재라는 낭패감을 안겨준다. 하지만 그런 무력감이 우리에게 하느님을 믿으라고 재촉하는 촉매가 될 수 있다. 여하튼 모골이 송연해질 정도로 하느님이 당신을 자극하면, 골프를 치거나 해변에서 마티니를 마시려고 이 땅에 떨어진 것은 아니라고 생각하라. 키르케고르는 불안과 두려움이 꼬리를 물고 이어지는 사슬을 끊으려면 용기가 필요하다고 단호히 말했다. 예컨대 전쟁터의 소대장이 밤이면 천막에 누워, 자신이 소대원들에게 존경을 받는지 조바심친다고 해보자. 하지만 그의 소대가 공격을 받으면, 오직 하나의 걱정거리, 즉 소대원들을 보호해야 한다는 생각에 그런 걱정과 불안은 감쪽같이 사라질 것이다.

불안에 대한 키르케고르의 설명을 여기서 모두 다룬 것은 아니다. 약간의 어감 차이는 무시하고, 키르케고르는 불안에 사로잡힌 사람에게 어떤 위안을 주는 것일까? 불안은 큰 걱정거리일 수 있지만, 고통이나 고통의 원인이 아니라 다른 성격의 정신이 표현된 것이다. 따라서 "상상력 없는 어리석은 사람만이 불안을 무질서한 혼란이라 주장할 뿐이다." 무질서한 혼란을 현대어로 다시 표현하면 질병이다. 겉으로 의연하게 보이고, 지금껏 한 번도 불안을 경험한 적이 없다고 자랑하는 사람에게는 키르케고르의 이런 진단이 딱 맞아떨어진다. "그 사람에게는 정신이 없기 때문이다."

요약하면, 키르케고르와 그 이후의 실존주의자들은 우리에게 불안이라는 악마적인 기분 혹은 감정과 친구가 되어야 한다고 처방한다. 불안은 그렇게 독특한 방식으로 근본적인 무엇인가를 우리에게 알려주기 때문이다. 하지만 우리가 불안에 떨고 두려움에 사로잡히면 불안은 실패의 원인이 될 수 있다. 애석하게도 그렇게 되면, 우리 삶을 좌우하는 중심축이 진정하고 진실한 자아가 되려는 원대한 계획이 아니라 불안에서 탈출하려는 시도가 될 수 있다. 키르케고르는 불안과 비슷한 내적 장애에 유사한 특징이 있다는 걸 알아냈다. 우리는 이 내적 장애, 즉 우울과 절망도 실존주의자의 도움을 받아 극복해보려 한다.

2장

우울과 절망

우울은 나의 가장 충실한 애인이다.
그러니 내가 우울을 사랑한다고 해서 이상할 것은 없다.

_《이것이냐 저것이냐》

최근의 조사에 따르면, 미국인 여덟 명 중 한 명이 우울증으로 약을 복용하고 있다. 표면적으로는, 우리의 슬픈 표정에 대해서 특별히 불평할 것도, 우리 마음을 더욱 불편하게 만드는 것도 없다. 우리는 누군가를 고용해서 뒷마당의 잔디를 깎게 하고, 그 시간에 다음 휴가지로 적합한 곳을 찾아 인터넷을 검색한다. 그런데 우리의 문제는 무엇일까?

1960년대 후반, 당시 고등학생이던 나는 교장실에 번질나게 드나들었고 그때마다 교장 선생님이 나에게 다그치는 질문은 실질적으로 똑같았다. 나는 교장이 그렇게 묻는 이유를 도무지 알 수 없었다. 하지만 어느 날, 나는 우울증 때문에 과도하게 행동했다고 항변하며, 교실에서 행한 파괴적인 행동을 변명하려 했다. 머리칼을 짧게 깎은 뚱뚱한 교장은 순간적으로 당황스러운 표정을 지었지만, 곧이어 나에게 가까이 다가오라고 손짓했다. 교장은 연필을 집어 들고 직선을 쭉 긋고는 중간쯤에 톱니처럼 움푹 들어간 자국을 냈다. 교장은 전에도 비슷한 내용으로 짤막하게 훈계한 적이 있었지만, 이번에는 그림으로 보여주며 우울증depression이 우리가 세상에서 흔히 보는 함몰부와 비슷한 것이라 설명했다. 그러고는 의자에 기대앉으며 "우울증은 구멍이고, 구멍은 아무것도 아닐세. 그러니까 우울증은 아무것도 아니겠지"라고 덧붙였다.

터무니없는 말장난이었지만, 당시에는 그것을 반박할 수 없었다. 교장은 태평양전쟁에 참전했던 재향군인이었고, 나는 더 강해져야 하고 힘든 시기를 이겨내는 법을 배워야 하는 꼬마에 불과했다. 우울은 그처럼 단순한 것이 아니다. 키르케고르의 표현을 빌리면, "우울은 실재하는 것이어서, 글쓰기로 없앨 수 있는 것이 아니다." 게다가 키르케고르는 우울이 그 시대의 결함, 즉 "우리에게서 명령하는 용기와 순종하는 용기, 행동하는 힘과 희망하는 자신감을 빼앗아간" 결함을 보여주는 신호라고 주장했다.

만약 당신이 '검은 태양'[1] 아래에서 걷고 있다면, 유약하고 무력한 희생자가 된 기분일 것이다. 프로이트는 결코 실존주의자라 할 수 없지만, 우리가 프로이트를 어떻게 생각하든 간에 프로이트는 우울증 환자의 소극적인 겉모습 뒤에는 분노, 자아를 향한 무자비하고 가차없는 분노가 감춰져 있다고 정확히 지적했다. 특히 우울은 우리가 우리 자신에게 말하는 걸 방해하는 장애이다. 개인적으로 나는 심신을 약화시키는 생각들, 요컨대 나를 현재에서 끌어내서 철저한 절망감에 몰아넣는 생각, 나에게서 모든 호기심마저 빼앗아가는 생각의 폭격을 받으면 의기소침해진다.

어느 날, 나는 교과서를 다시 읽으며 실존주의에 대한 강의를 준비하고 있었다. 그때 '아버지'라는 단어가 느닷없이 눈에 들어왔고,

25년 전에 세상을 떠난 아버지에 대한 기억이 밀려왔다. 눈이 깃털처럼 뒤덮인 창밖을 내다보며 나는 당시를 회상했다. 그때는 12월이었고, 내 삶에서 가장 추웠던 날이었던 듯하다. 지금 나는 미네소타에 살고 있지만 그처럼 살을 에는 듯한 추위를 경험한 적은 없었다. 바람이 얼마나 드셌던지, 보라색 제의祭衣 위에 검은 외투까지 입은 목사는 망자를 위해 성경에서 짤막한 구절을 읽는 동안 모자를 한 손으로 꾹 누르고 있어야 했다. 바람이 얼마나 휘몰아쳤던지 목사의 말이 한마디도 들리지 않았다.

아버지는 교회에 다니지 않았다. 목사는 아버지가 어떤 사람이었는지 전혀 몰랐다. 달리 말하면, 아버지의 마지막 길을 위해 어떤 말을 해야 할지 몰랐다는 뜻이다. 목사는 당장이라도 자동차에 올라 따뜻한 목사관으로 돌아가고 싶었을 것이다. 허무함이 모든 것을 휘감는 듯했다. 허무감이 얼마나 깊었던지 악마가 빚어낸 것 같았다. 젊은 시절, 아버지는 항상 친구들에게 둘러싸여 지냈지만 아버지가 땅에 묻히던 날에는 한 명의 친구만이 참석했다.

그런 생각에 나는 기분이 침울해졌고, 이런저런 생각이 꼬리를 물고 이어지며 강의 준비를 위해 읽어야 했던 책으로부터 점점 벗어났다. 나는 한때 사업가로 성공했던 아버지의 모습을 회상하기 시작했다. 아버지의 모든 희망은 우울증 때문에 서서히 무너졌고, 아버지는 그 우울증을 세븐 크라운 위스키로 억누르며 수십 년을 보냈다. 건강하던 시절, 아버지는 옥스퍼드 셔츠에 브룩스브라더스 정장을 차려

입던 멋쟁이였다. 하지만 아버지가 좁은 골방 같은 사무실에 출근해야 했을 때, 우리는 넥타이를 빌려와야 했다. 아버지가 자기 넥타이를 모두 버렸기 때문이다. 아버지가 이렇게 되었다는 생각에 겁나고 위축될 수밖에 없었지만, 나는 어머니라면 상점에 가서 넥타이를 사 올 거라고 생각했다. 그런데 어머니는 옆집에 살던 제철소 퇴직자에게 넥타이를 빌려왔다. 빌려왔다고? 그랬다, 돌려줄 예정이었던 것처럼!

우리 두개골을 통과하는 생각들이 어떻게 연결되느냐는 여전히 미스터리이다. 몇 개의 시냅스를 거쳐 나는 30년을 거슬러 올라가, 한때의 약혼녀를 속이고 리버사이드 교회의 신도석에서 그녀의 가장 절친한 친구와 껴안고 입맞춤하던 어느 가을날 오후를 떠올리고 있었다. 역겨운 냄새가 코를 찌른 것처럼 나는 얼굴을 찌푸리며 혼잣말로 중얼거렸다. "이놈아, 대체 무슨 생각을 하고 있었던 거야?"

두 시간 후에 강의가 시작되었지만, 고약한 생각의 꼬리는 멈추지 않았다. 처음에는 다양한 형태의 자책이 있었고, 심판과 실망이 뒤를 이었다. 내가 지금 사랑하고, 지난 35년 동안 잠자리를 함께한 아름다운 여인은 유방암을 이겨낸 생존자였지만, 다음에는 파킨슨병이 그녀를 덮쳤다. 우리는 이른바 은퇴 이후의 멋진 노후를 잊고 지낸다. 성인이 된 이후로 나는 어떻게든 항상 강인한 남자를 흉내내며 살았다. 그래서였는지 권투 선수가 되었고, 권투 트레이너가 되었다. 누구도 나를 함부로 대하지 않았다. 하지만 삶이라는 링에 올라선 순간부터 청구서를 처리하고 이사하고 가족의 병을 돌봐야 했다. 그때마다 집사람은 나에게 믿고 의지할 수 있는 바위처럼 든든한 사람이었다. 그것은 나에게는 물론, 아이들에게도 비밀이 아니었다. 그런데 이제는 모든 것이 바뀌었다. 이런 자학적 공격이 가차없이 이어지고 전구조차 갈아끼울 수 없는 무력증에 빠져도, 나는 가족이 의지할 수 있는 사람이 되어야 한다. 부디, 행운이 나와 함께하기를!

머릿속은 뒤죽박죽되었지만 그런 머릿속에서 대체 어떤 일이 벌어지고 있는지를 알아내려고 노력할 수밖에 없는 것처럼, 나는 숨을 깊이 들이마시며 그 밀폐된 공간에서 빠져나올 방법을 고민한다. 나는 뇌 속의 호문쿨루스(homunculus, 작은 인간이라는 뜻의 라틴어_옮긴이)를 그려본다. 높은 의자에 앉아 거들먹거리는 게 눈에 보인다. 왜 저놈이 자기 학대를 멈추지 못하는 걸까? 나는 여러모로 그 이유를 추적해보지만 아무것도 알아내지 못한다.

정신분석가는 관찰하는 자아, 심리를 파악하는 제3의 눈, 정신의 내적인 움직임을 감시하는 자아의 중요성에 대해 말한다. 하지만 걸핏하면 우울한 생각에 사로잡히는 내 경우에, 관찰하는 자아는 진흙탕에 끌려들어가고, '나'는 어쩔 수 없이 그 진흙탕을 지켜보게 된다. 일반적으로 우울증이 최고조에 이르면, 일시적이든 그렇지 않든 간에 관점 자체를 상실하기 쉽다. 이렇게 되면 상황이 위험해지고, 우울증이라는 내면의 먹구름 이외에는 어떤 것도 내면에 존재하지 않는다. "이 또한 지나가리라"라고 편히 넘기지 않고 "아버지와 할아버지도 여기에 굴복했잖아. 나도 굴복할 수밖에 없어"라고 결론짓는 게 더 합리적인 듯하다.

마침내 나는 한계에 도달한다. 더는 견딜 수 없다고 느낀다. 욕실로 달려가, 거울에 비친 내 모습을 보지 않으려고 애쓰며 약장 문을 연다. 실존주의자들이나 그들보다 훨씬 이전의 스토아 철학자들처럼, 나는 고통을 받아들이고 점잖게 견디며, 오히려 꾸준히 사랑해야 한다고 생각한다. 그러니 내가 삼키는 녹청색 알약은 약속된 약효만이 아니라 약간의 죄책감까지 안겨준다.

가혹한 시련을 겪는 사람들은 '나한테는 불평할 권리가 없어. 더 나쁠 수도 있었어'라고 생각하며 마음의 위안을 얻는다. 물론 지상에서 투덜거릴 자격이 있는 사람은 욥이 유일하다는 생각은 터무니없겠지만, 투덜댄다고 시련이 해결되는 건 아니다. 오히려 시련이 더욱 심해질 수 있다. 내가 알아야 하지만 알지 못하는 게 많다. 그러나 우리 심신을 훼손하는 우울이 어떤 것인지는 분명히 알고 있다.

반半자전적인 저작《이것이냐 저것이냐》에서 키르케고르는 "우울은 나의 가장 충실한 애인이다. 그러니 내가 우울을 사랑한다고 해서 이상할 것은 없다"라고 말했다. 그렇다, 나에게도 우울은 가장 충실한 것이었다. 나의 많은 즐거움을 충직하게 방해했고, 내 가족까지 어둔 장막으로 은밀히 뒤덮었다. 때로는 아이들도 나지막한 목소리로 "오늘은 아빠 기분이 어때?"라고 속삭였다.

우울증의 날카로운 이빨에 나는 좋은 것을 많이 잃었지만, 주체감sense of agency만큼 소중한 것은 없었다. 그런 결과는 내가 식도를 통해 밀어내린 약물과 관계가 있는 듯했다. 해가 지나면서 나는 내 의지력, 즉 변할 수 있다, 주머니 속 약의 도움 없이 기분과 상황에 대처할 수 있다는 자신감을 잃어갔다. 때때로 밤의 숙면까지 빼앗겼다. 그래서 아침 식사 전에는 성경을 규칙적으로 읽거나 병원에 들러야겠다고 그럴듯한 결심을 하지만, 해질녘이 되면 그런 아침의 결심들은 잊힌 채 지나간다. 살벌한 교수대 유머gallows humor로 나는 아침의 자아와 저녁의 자아에 대해 아무렇지도 않게 농담을 즐긴다. "아침의 자아가 세운 계획이랑, 피곤에 지쳐 냉소적으로 변한 저녁의 자아가 생각하는 계획이 어떻게 같을 수 있겠어. 기도와 명상 대신 맥주를 마시면서, 바보상자에서 연속극이나 봐야지! 바보상자, 정말 이름을 제대로 붙인 것 같지 않나?" 나는 언젠가 한 불교 선승에게, 자기계발을 위한 모든 방법은 자기수용self-acceptance의 결여를 전제하기 때문에 폭력성을 띤다고 배웠다. 처음에는 누구나 착하고 선하지 않다는 뜻이었다. 내 저녁의 자아는 이 말을 무척 좋아했다.

그 이후, 키르케고르에게서 내 어두운 내면의 삶에 밝은 빛을 비추는 무엇인가를 찾아냈다. 달리 말하면, 우울과 절망, 심리적 장애와 영적인 장애의 관계를 찾아냈다. 그 관계는 오랫동안 잊힌 채 방치된 관계였다. 많은 미국인이 영적인 것에 대해 태평스레 말하지만, 대부분이 영적인 질병과 심리적 질병을 거의 구분하지 않는다. 예를 들어 설명해보자. 당신이 절망에 빠졌다고 누군가에게 말해보라. 그럼 그는 당신에게 우울증을 벗어나기 위해서라도 전문가의 도움을 받으라고 조언할 것이다. 절망은 과거에 7대 죄악 중 하나로 분류되었지만, 요즘에는 임상적으로 다루어야 할 주요 우울 장애로 여겨진다. 키르케고르가 지금도 살아 있어 페이스북을 한다면, 많은 사람이 우울증 치료제 프로작을 습관적으로 복용한 까닭에 이제는 감정의 혼란과 존재의 병 자체를 구분하지 못하는 지경에 이르렀다고 불평할 것이다.

키르케고르는 낭만주의의 늦둥이였다. 모두가 알겠지만, 낭만주의는 인간과 자연의 관계를 강조했고, 우주의 비밀이 정서적인 형태로 감정에 전달된다고 굳게 믿었다. 요한 볼프강 폰 괴테Johann Wolfgang von Goethe(1749-1832)와 그의 대표작《젊은 베르테르의 슬픔》은 이런 반反합리주의의 전형이다. 아리스토텔레스까지 거슬러 올라가면, 멜랑콜리melancholy, 즉 우울에 해당하는 감정이 천재를 해치는 원인으로 여겨졌다는 점에서, 인간의 본성을 꿰뚫어보는 통찰과 위대한 예술은 강렬한 고통에서 잉태되는 경우가 많다는 주장과 모순된다. 《이것이냐 저것이냐》에서 키르케고르도 낭만주의의 본질을 요약해 보여주는 것으로 시작한다.

시인이란 어떤 사람인가? 마음속에는 깊은 고뇌를 감추고 있지만, 입술을 이리저리 오물거리며 뱉어내는 탄식과 비명을 아름다운 음악으로 들리게 만드는 불행한 사람이다. 그의 운명은 독재 군주 팔라리스의 청동 황소에 갇힌 가엾은 사람들의 운명과 같다. 그들은 청동 황소 속에 갇힌 채 이글거리는 불로 고문을 받아 비명을 내지르지만, 그 비명이 독재 군주의 귀에 닿아 그에게 두려움을 안겨주기는커녕 달콤한 음악으로 들리기 때문이다.[2]

현대와 마찬가지로, 낭만주의 시대도 멜랑콜리가 시대의 질병이던 때였다. 키르케고르도 예외가 아니었다. 예컨대 키르케고르는 1836년의 일기에서 깊은 한숨을 내쉬며 이렇게 말했다.

방금 파티에서 돌아왔다. 나는 그 파티의 생명이며 영혼이었다. 익살과 재치를 겸비한 말이 내 입술에서 쏟아져 나왔고, 모두가 웃고 즐거워하며 나를 감탄의 눈으로 바라보았다. 하지만 나는 파티장을 떠났다. 그렇다, 내 속마음을 표현하려면 지구 궤도의 반지름만큼이나 긴 줄표가 있어야 한다. ——————— ——————— 그리고 나는 자살하고 싶었다.[3]

이런 애처로운 속마음이 표현된 곳은 한두 곳이 아니다.

처음부터 나는 기질적으로 우울 장애에 시달렸다. 좀 더 정상적으로 성장했더라면, 당연한 말이겠지만 내가 이처럼 우울하고

침울하게 지내지는 않았을 것이다.[4]

요즘이면 대부분 병원 신세를 졌을 우울한 감정에 키르케고르가 시달렸던 것은 분명한 사실이다. 쇠렌 키르케고르가 태어났을 때, 그의 독실한 아버지 미카엘 페데르센 키르케고르는 57세였다. 쇠렌은 훌륭했지만 조용하고 엄한 아버지에게 강한 애착을 느꼈을 것이고, 아버지는 아들의 삶에 짙은 먹구름을 던졌다. 실제로 쇠렌은 "연로한 아버지는 멜랑콜리로 지독히 고통을 받았고, 노령에 얻은 아들도 그분의 모든 멜랑콜리를 그대로 물려받았다"라고 회상한다. 한편 일기의 다른 부분에서는 아버지 때문에 행복의 가능성을 잃어버렸지만, 아버지 덕분에 신앙의 삶을 맞이할 수 있었다고 고백한다.

키르케고르의 모국어, 덴마크어에서는 우울을 뜻하는 두 단어가 있다. 하나는 'melancholi'이고, 다른 하나는 'tungsindighed'이다. 특히 'tungsindighed'는 우울의 물리적인 특성을 강조하기 때문에, 문자 그대로 번역하면 '무거운 마음heavy-mindedness'에 가깝다. 키르케고르는 무거운 기분으로 짓눌려 지내며 그 의미를 추적한 총명한 철학자였다. 키르케고르가 불안을 어떻게 분석했는지 기억해보라. 두려움은 명확한 대상을 갖지만 불안은 그렇지 않다. 사격 연습장에 들어선 것처럼 불안의 대상은 오리무중이고 모호하다. 이런 점에서, 우울은 불안과 무척 유사하다.

역시 필명으로 발표한《이것이냐 저것이냐》의 제2권에서 키르케고르는 이렇게 말했다.

우울에는 설명할 수 없는 무엇인가가 있다. 슬픔이나 근심을 지
닌 사람은 어째서 자신이 슬프거나 근심하는지 알고 있다. 그런
데 우울에 사로잡힌 사람에게 우울의 원인이 무엇이며, 무엇이
그를 그렇게 무겁게 짓누르냐고 묻는다면 그는 "나도 모르겠소.
도무지 설명할 수가 없습니다"라고 대답할 것이다. 바로 여기에
우울의 무한성이 있다.[5]

따라서 우리 시대에도 그렇듯이, 우울은 예부터 '설명할 수 없는
슬픔'으로 적절히 표현되어 왔다.

키르케고르의 글을 유심히 읽으면 우리 기분은 짜릿한 쾌감부터
우울까지, 극과 극을 오간다. 우울과 슬픔의 색조를 구분하기는 무척
힘들고 부정확하기도 하다. 거듭 말하지만, 어떤 의미에서 우리의 내
적 경험은 사회적으로 구성된다. 예컨대 18세기 전에는 여가 시간이
부족했기 때문에 누구도 지루함에 대해 이야기하지 않았다는 게 정
설이다. 또 아무개가 신경쇠약에 걸렸다는 말이 들리기 시작한 때는
제2차 세계대전 이후였지만, '공황 발작panic attack'에 대해서는 어떤
언급도 없었다. 우리가 감정적 경험을 어떻게 정리해서 어떤 이름을
붙이느냐에 따라 그 경험의 형태가 결정되지만, 그 과정이 항상 일관
되지는 않다.

로버트 버턴Robert Burton(1577-1640)이 1621년에 발표한 고전《멜랑콜리의 해부》가 입증하듯, 우울의 병리적 원인에 대한 설명은 끊임없이 변하고 있지만 수천 년 전까지 거슬러 올라가는 우울의 경험에 대한 설명은 예부터 일관성이 있었다고 말할 수 있다. 달리 말하면, 키르케고르는 오늘날 우리가 습관적으로 불평하고 투덜대는 자학적인 무력감에는 공감하지 않을 것이다. 키르케고르의 관점에서, 우울은 반드시 절망을 뜻하는 게 아니고, 절망 또한 꼭 우울을 뜻하지는 않는다.

한 사람이 불안한 마음과 건전한 정신을 동시에 가질 수 있다고 믿는 사람은 요즘에 거의 없을 것이다. 또 항상 웃는 얼굴인 사람이 절망에 빠진 사람일 가능성을 인정하는 것도 쉽지 않을 것이다. 하지만 신체적으로 건강해서 겉으로는 최고의 상태로 보이지만 실제로는 죽음의 문턱을 오가는 사람이 얼마든지 있을 수 있다. 내가 잘 아는 보디빌더도 이런 치명적인 오판을 범한 적이 있었다.

건강을 평가하려면 먼저 건강에 대한 올바른 개념을 정립해야 한다. 물론 영적인 건강에 대해서도 마찬가지이다. 지금 우리가 즐거움을 느끼느냐 고통을 느끼느냐에 대해서는 잘못된 판단을 내릴 가능성이 전혀 없지만, 키르케고르의 지적대로 영적인 상태에 대해서는 잘못된 판단을 내릴 가능성이 적지 않다. 키르케고르의 설명에 따르면, 실제로는 깊은 절망 상태에 있더라도 좋은 상황에 있는 것처럼 느껴지는 경우가 많다. 누구도 행복하면서 동시에 우울할 수는 없겠지만, 키르케고르는 《죽음에 이르는 병》에서, '행복은 절망의 가장 적합한 은신처'라고 했다. 요컨대 행복은 영적인 안녕을 판정하기에 적절한 기준이 아니라는 뜻이다.[6]

어떤 의미에서 쇠렌 키르케고르는 루터교도답게 루터교의 전통을 충실히 지켰다고 할 수 있다. 둘 사이에는 많은 차이가 있지만, 루터 처럼 키르케고르도 두 왕국이 있다는 걸 진정으로 믿었다. 구체적으로 말하면, 영적인 왕국과 세속적인 왕국이 실제로 존재한다고 믿었다. 키르케고르는 이 두 왕국에 대해 언급할 때마다, 두 왕국의 국민은 같은 단어를 사용하더라도 의미가 다를 수 있다고 지적했다. 따라서 양쪽의 국민이 대화를 나누면, 같은 현상을 언급하는 것처럼 보이더라도 실제로는 말뜻이 통하지 않을지도 모른다.

절망에 대한 세속적인 뜻은 명백히 '자포자기적 상태'를 떠올리게 한다. 키르케고르를 전공한 학자 빈센트 매카시Vincent McCarthy가 지적했듯이, 영어에서 절망을 뜻하는 'despair'는 프랑스어 'désespoir'에서 파생된 것이고, 'désespoir'는 'espoir(희망)'의 부정어이다.[7] 하지만 영적으로 해석하면, '절망despair'은 '희망이 없음hopelessness'과는 완전히 다른 것이다. 키르케고르의 가르침을 받아들이면, 절망은 어떤 특정한 감정과 관계가 없다. 오히려 절망은 자아의 질병이며, 그 질병은 자아를 갖는 게 무엇인지도 모르는 상태부터 자아가 되기를 거부하는 상태까지 무척 다양한 형태로 나타난다. 어떻게 자아를 갖거나 자아가 되는 걸 모를 수 있을까? 키르케고르는 《죽음에 이르는 병》이란 걸작에서 이 문제를 자세히 다루었다.

키르케고르는 진지한 독자를 대상으로 이 책을 쓰기 시작했다. 1849년에 출간된 이 책은 다음과 같은 구절로 시작된다. 이 구절은 우리가 자아와 관련된 피조물이라는 사실을 압축적으로 요약하고 있기 때문에 이미 앞에서 언급했지만 앞으로도 다시 꾸준히 인용할 것이다.

인간은 정신이다. 그렇다면 정신은 무엇인가? 정신은 자아이다. 그렇다면 자아는 무엇인가? 자아는 자기 자신과 관계하는 관계이고, 혹은 그 관계에서 자기 자신과 관계하는 관계이다.

이 구절을 읽자마자 책을 내동댕이치지 않은 독자를 위해, 키르케고르는 "인간은 무한한 것과 유한한 것, 일시적인 것과 영원한 것, 자유와 필연의 결합체이다"[8]라는 말을 덧붙인다. 절망은 울적한 기분과 아무런 관계가 없다. 대략적으로 말하면, 이런 결합에 불균형이 있을 때 절망이 발생한다.

키르케고르는 이렇게 새로운 정의를 시도한 후, 절망이 취하는 다양한 형태들을 나열했다. 포괄적인 요소, 예컨대 무한성을 지나치게 고려하면 구체적인 것을 전혀 제시하지 못하는 몽상가를 만나게 되고, 반대로 제한적인 요소를 지나치게 강조하면 편협한 사람, 예컨대 삶에서 손익계산과 대차대조표를 넘어서는 수준은 생각하지 못하는 협량한 사람을 만나게 된다.

절망의 주된 징후는 의식적으로나 무의식적으로 자아를 제거하려는 욕망이다. 대체로 이 욕망은 혼신을 다해 다른 사람이 되려는 바람의 형태를 띤다. 키르케고르는 그런 욕망을 다음과 같이 설득력 있게 표현했다.

절망에 빠진 사람은 '무엇인가' 때문에 절망한다. 한동안 그렇게 보이지만, 그 시간은 그다지 길지 않다. 그 순간에 진정한 절망, 즉 진정한 형태의 절망이 모습을 드러낸다. 그 '무엇인가' 때문에 절망할 때, 그는 실제로 '자신에게' 절망한 것이다. 따라서 그는 자신으로부터 벗어나고 싶어한다. 예컨대 '제왕 아니면 아무것도 바라지 않는다!'라는 목표를 세운 야심적인 사람은 제왕이 되지 못하면, 그 때문에 절망할 것이다. …… 정확히 말하면, 제왕이 되지 못했기 때문에 절망하는 게 아니라, 그가 그 자신이라는 걸 견디지 못하는 것이다.[9]

유치하게 들리겠지만, 나는 어렸을 때 "오직 NFL(전미 미식축구 연맹)을 향하여!"라는 목표로 살았다. 내가 미식축구 선수로 활동하던 때는 베트남전쟁이 한창이었다. 여기에서 이 쟁점을 다루고는 있지만, 유감스럽게도 당시 나는 미식축구에 쏟은 관심의 절반도, 베트남전쟁에 참전한 형제자매에게 쏟지 않았다. 나는 NFL 선수 명단에 속한 자아가 아니면, 어떤 '나'도 바라지 않았다. 하지만 그 꿈은 대학 시절에 여지없이 무너져 내렸다. 그런 상황이 닥쳤을 때 나는 거세되고 내버려진 듯한 기분이었다. 어떤 기분이냐고 질문을 받았다면 미식축구에 대한 꿈을 상실해서 절망에 빠졌다고 대답했을 것이다. 키르케고르 식으로 말하면, 미식축구 선수라는 정체성을 상실한 나 자신이 되어야 한다는 것에 절망할 수밖에 없었다고 대답하는 게 더 정확했을 것이다. 나는 나 자신에서 벗어나고 싶었고, 거의 그렇게 할 뻔하며 수많은 밤을 보냈다.

우리는 미래에 살고 있는 듯하다. 우리는 자아에 대한 몽환적 비전을 경건한 마음으로 끊임없이 토해내며, 그 비전을 실현하려고 애쓴다. 그런 비전이 없는 젊은이는 한심하게 여겨진다. 예컨대 서른에 백만장자가 되고, 외과의사가 되겠다는 비전, 제2의 제이 지Jay-Z나 라이언 고슬링Ryan Gosling이 되겠다는 비전이 있어야 한다. 이렇게 되면 현재는 화려한 미래의 순간을 위한 징검돌로서만 우리에게 의미가 있을 뿐이다.

그러나 가령 당신이 소설을 발표해 극찬을 받거나, 할리우드에서 주인공 역할을 얻었다고 해보자. 또 당신이 그 이상적인 자아를 실현한다고 해보자. 제왕이 되면 어떤 기분이겠는가? 물론 더할 나위 없이 행복할 것이다. 키르케고르의 표현을 빌면, "다른 의미에서는 절망한 것과 똑같은 상태"에 있을 것이다. 꿈을 실현하지 못했을 때만큼이나 절망적인 상태와 똑같을 것이다.

《죽음에 이르는 병》에서, 키르케고르는 세 종류의 자아를 보여준
다. 첫째로는 구체적인 자아가 있다. 구체적인 자아란 무엇일까? 내
개인적인 경험을 근거로 설명해보자. 20년 이상 교수로 재직하며 나
는 의사가 되겠다는 '포부'에 매몰된 무수히 많은 학생을 만났다. 적
잖은 학생이 오직 그 목표를 성취하기 위해 숨을 쉬고 움직이는 듯했
다. 이 경우에 구체적인 자아는 MCAT(Medical College Admission Test, 미
국 대학 졸업자들이 의과 대학원에 입학하기 위해 치르는 시험_옮긴이)에 대비해 벼
락공부하고, 학업 성적으로 고민하는 고등학생을 가르치며 이력서를
보강하고, 응급 구조사emergency medical technician 자격증을 취득하
려는 4학년 학생일 수 있다. 두 번째 자아, 즉 의과 대학원을 준비하
는 자아가 열렬히 꿈꾸는 자아는 이상적인 자아이며, 구체적으로 말
하면 목에 청진기를 건 사람, 즉 의사가 된다.

끝으로 세 번째 자아는 어떤 존재일까? 세 번째 자아는 진정한 자
아, 그 자체로는 특별한 면이 없는 자아이다. 또 우리의 상황이나 성
취와도 아무런 관계가 없는 자아이다. 키르케고르의 표현을 빌리면,
등한시되지만 가장 중요한 이 자아는 "하느님 안에서 진실한 평안을
얻는 자아"이다. 또 신앙심을 기반으로 움직이는 자아이기 때문에,
이 자아에서는 일련의 독특한 감정과 행동이 생겨난다. 경건의 탈로
위장한 야단법석에 실망해서 멍하니 눈알을 굴리는 사람들에게, 세
번째 자아는 도덕적 이상일 수 있다. 그 자아는 우리가 도달하려고
열망하는 유형의 사람이며, 우리가 무엇이 될 수 있는지 상기시키는,

그런 종류의 사람이다.

특별히 더 노력하는 이들 대부분이 대중의 관심을 끌지 못한다. 최근에 나는 이라크 북부의 모술Mosul 전선에서 의료 봉사원으로 일하는 두 미국 젊은이에 대한 기사를 읽었다. 그들은 위험을 무릅쓰고 치열한 전투가 벌어지는 곳에서 활동했다. 지극히 위험한 지역이어서, 그곳에는 그들을 제외하고는 단 한 명의 민간단체 봉사원도 없었다. 그 청년들은 겨우 20대로 정식 의사가 아니라 수련의에 불과했고, 의료 장비도 변변찮았다. 하지만 중상을 입은 수십 명의 민간인과 군인이 매일 그들의 야전병원에 실려 왔다. 그 용감한 청년들이 지금 어떻게 되었는지는 모르겠다. 그들은 뉴스가 돌아가는 틈에 반짝 스쳐지나갔을 뿐이지만, 자신의 생명과 팔다리를 위험에 빠뜨리는 행동 말고도 다른 많은 일을 할 수 있었을 것이다. 그들이 어떤 생각으로 그렇게 행동했고, 그 동기가 정확히 무엇인지 누가 알 수 있겠는가. 하지만 그 대담한 짝패가 키르케고르의 세 번째 자아와 유사한 것을 실현하려고 분투한 착한 사마리아인이라는 것을 우리는 쉽게 알 수 있다.

이상적인 자아를 실현한 사람들은 목표를 성취하는 데 성공했다고 생각하는 경향을 띨 것이라고 키르케고르는 진단했다. 그들이 그렇게 생각해서는 안 될 이유라도 있을까? 예컨대 당신이 무척 유능한 최고경영자라고 해보자. 모두가 당신에게 의지하고, 누구도 당신을 비판하지 않는다. 플라톤의 《변명》에서 소크라테스는 자신이 아테네에서 가장 지혜로운 사람이 아니라는 증거를 찾아나섰던 기억을 되살린다. 소크라테스는 숙련공을 찾아갔고, 소크라테스가 보기에 숙련공은 정치인과 달리 무엇인가를 실제로 아는 사람이었다. 하지만 숙련공은 지혜가 부족한 까닭에, 마구馬具를 제작하거나 돈을 버는 데 능숙하다는 이유로 모든 것을 알고 있다고 착각했다.

내 생각이지만, 이상적인 자아를 실현한 사람들도 이처럼 오만한 생각의 유혹을 받지 않을까 싶다. 그들은 그렇게 성공한 것을 하느님에게 감사하겠지만, 마음속으로는 자신들에게 그럴 만한 자격이 있기 때문에 하느님이 어떤 이유로든 호의를 베푼 것이라 생각할 것이다. 반면에 갈팡질팡하고 불운한 꼴을 당해 우울에 시달리는 사람들은 잠시라도 자신을 되돌아볼 시간을 가질 수 있다. 이때 약간의 자각이 더해지면, 자신에게 이렇게 물을 수 있다. 내가 미식축구 선수가 되지 못하면 무가치한 존재라고 생각할 정도로 그 목표에 깊이 매몰된 이유가 무엇일까? 또는 이별의 아픔을 겪고 있는 사람이라면 '내가 아무개와 짝이 되지 못하면 이 땅에서 살아갈 목적이 없다고 생각할 정도로 내 자아감이 형편없이 전락한 이유는 무엇일까?'라는 의문을 품을 수 있을 것이다. 이렇게 분석하면, 운이 좋은 사람은 그다지 운이 좋지 않은 사람일 수 있다. 키르케고르가 "행복은 절망의 가장 적합한 은신처"라고 말했다는 사실을 기억해보라. 당신이 실제로 여기에 존재하는 목적이 무엇인지 잊고 있다면, 성공의 지고한 행복도 똥 더미일 수 있다.

반대로 암울하고 음울한 고투의 시간이 반드시 절망적인 시간인 것은 아니다. 키르케고르는 자신이 우울증에 시달리고 있다는 걸 인정했지만, 정신적으로는 건강한 편이라고 판단했다. 1846년의 일기에서 키르케고르는 자신에 대해 이렇게 썼다.

진실로 나는 불행한 사람이다. 태어난 순간부터, 광기에 가까운 이런저런 고통에 사로잡혔다. 그 고통의 근본적인 원인은 내 마음과 육신 사이의 잘못된 관계에 있다. 그 고통은 내 정신과 아무런 관계가 없다. 이것은 무척 놀라운 사실이며, 여기에서 나는 무한한 용기를 얻는다.[10]

우울이 절망으로 전이되는 이유는 우울에 빠진 사람이 자신과 우울 증세를 부정적으로 관련시키기 때문이다. 예컨대 어떤 사람이 끙끙 앓으며 불편함과 통증 이외에 어떤 것에도 집중하지 못하면, 우리는 그가 의기소침한 상태에 있다고 말한다. 반면에 병들고 다리까지 절뚝거리는 사람이 자신의 육체적 고통을 잊고 다른 사람들을 돌본다면, 우리는 그가 의기충천한 상태에 있다고 말한다. 달리 말하면, 그의 기분 상태가 좋은 것이 아니라 그의 정신 상태가 올곧다는 뜻이다. 심리적 고통, 우울의 경우도 다르지 않다. 키르케고르는 우리가 주어진 시간에 느끼는 감정에 대해서는 선택권이 많지 않더라도 그 감정과 우리 자신을 관련시키는 방향에서는 통제력을 발휘하기를 바랐다. 우리가 감정을 통제하려면 그 감정이 어떤 것인지 자각할 필요가 있지만, 그런 자각이 항상 쉬운 것은 아니다.

대부분의 사람은 슬픔, 시샘, 격분과 같은 감정을 부끄럽게 생각하며 쉽게 인정하지 않는다. 특히 우리가 통제할 수 없다고 느끼거나, 도덕적이지 않은 감정의 경우는 더더욱 그렇다. 게다가 오늘날 우리는 이런저런 압력 때문에, 많은 부정적인 감정을 의학적으로 치료해야 할 질병으로 믿게 되었다. 앨런 호위츠Allan Horwitz와 제롬 웨이크필드Jerome Wakefield는 《슬픔의 상실The Loss of Sadness》에서, 거의 모든 것을 치료해야 할 질병으로 받아들임으로써 우리는 일반적인 슬픔까지 우울증 질환으로 취급하는 지경에 이르렀다고 주장한다. 사랑하는 사람이 죽어갈 때, 가까운 친척들에게 예방적 차원에서 항우울제를 권하는 의사가 요즘에는 적지 않다. 어느덧 슬픔을, 우리를 하나로 이어주는 보이지 않는 끈, 일종의 병리적 증상으로 취급하게 된 것이다.

심리학적 관점에서 말하면, 일주일 이상 지속되는 부정적인 감정은 심리학적으로 불길한 징후로 생각하라는 주장이 많지만, 그렇다고 당사자가 차분하게 앉아 묵상하며 그 감정을 처리해야 한다는 뜻은 아니다. '이해의 범위를 넘어서는 마음의 평화'를 찾으려고 온갖 방법을 시도해보았던 사람의 말을 믿어보라! 근본주의적 차원까지 내려가면, 무시무시한 무감각이 차가운 팔로 나를 감싸올 때 내가 정말 보살핌을 받고 있다는 확신을 의학적 수단에서는 얻지 못한다. 키르케고르가 말했듯이 우울이 절망, 즉 정신적 질병으로 발전하는 것은 사실이다. 그러나 우리가 우울에 빠져 아무런 희망도 없이 도덕적이고 정신적인 열망을 포기하는 경우에만 그럴 뿐이다. 그 굴복은 절망이지 우울이 아니다.

키르케고르는 1845년에 발표한 《상상한 이야기에 나타난 세 담론》에서, 고백과 결혼과 죽음이라는 신성한 주제를 다루었다. 특히 세 번째 글인 〈묘지에서〉는 키르케고르의 가장 강력한 목소리가 실린 글로 여겨진다. 이 담론에서 키르케고르는 영어로 '진지함seriousness'이나 '성실함earnestness'으로 번역되는 'alvorlighed'를 치켜세운다. 진지함과 성실함이란 표현은 요즘 독자들에게 찾아보기는커녕 그 가치를 인정받기도 힘들다. 물론 요즘 사람도 좋은 성격을 지닐 수 있지만, 성실함은 그다지 흔한 것이 아니다. 하지만 키르케고르의 글에서는 성실함이 삶의 보편적인 목표로 인정받는 행복보다 더 중요한 것으로 부각된다. 그렇다, 행복하려면 어떤 미덕이 필요할 수 있지만 행운이란 요소도 무척 중요하다. 요컨대 적절한 시간에 적절한 곳과 적절한 가족의 품에서 적절한 재능을 갖고 태어나야 한다. 이런 모든 조건이 갖추어지면, 의미 있고 재밌는 삶을 살아갈 가능성이 배가된다. 성실함은 어떻게 해석하더라도 행복과는 같지 않아서, 행운, 즉 삶의 로또는 성실함과는 아무런 관계가 없다.

우울에 빠지면 우리는 현재의 순간에서 밀려나와, 과거의 실수를 곱씹으며 곧이어 닥칠 두려움을 염려한다. 신앙이 그렇듯이, 성실함도 '정신 운동'이어서 맨눈으로 쉽게 포착되지 않는다. 〈묘지에서〉는 성실한 사람을 삶의 연緣줄이 언제라도 끊어질 수 있다는 걸 완벽히 자각하는 사람으로 묘사한다. 이런 자각에 자극을 받아, 성실한 사람은 때맞추어 늦지 않게 영원한 것을 기억해낸다. 키르케고르에게 '기억하다recollect'라는 단어는 성실한 사람이 하느님을 단순히 '기억하는remember' 수준을 넘어 영원한 것과 동시대에 있으려고 노력한다는 뜻이다. 성실한 사람은 자신의 삶이 모래시계로 측정되더라도, 시간에 구애받지 않고 변하지 않는 것과의 관련성을 유지한다. 거듭 말하지만, 성실은 우리에게 생경한 개념이다.

현실적인 삶을 살아가는 한 성실한 사람도 아수라장처럼 시끌벅적하고 비교에 중독된 세계를 목격하게 될 것이다. 누가 더 많은 연봉을 받는가? 누가 더 중요한 업무를 맡고 있는가? 누구 못자리가 더좋은가? 일전에 한 친구가 석좌교수에 임명되었다는 소식에 나는 거의 이성을 잃고 분노에 사로잡혔다. 물론 "정말 반가운 소식이군!"하고 말했지만 진심이 아니었다. 시샘은 우리 삶을 방해하는 가시덤불 중 하나이고, 비교는 시샘의 토양이다. 성실한 사람도 살과 피로 이루어진 인간이므로, 이런저런 감정을 겪기 마련이다. 그러나 성실한 사람은 자신과 자신의 삶을 타인과 비교해서 평가하지 않는다. 그의 판단 기준은 세 번째 자아가 되는 것에 있다.

〈묘지에서〉의 한 부분에서 키르케고르의 주인공은 죽음이라는 생각에 충격을 받고 실의에 빠진다. 하지만 그 감정에 짓눌리지 않고,

그는 '내 영혼은 기분이 좋지 않다. 그래도 이런 기분이 계속되면, 나에 대한 적의가 우세해지고 있다는 뜻이겠지'[11]라고 생각한다. 그는 그런 적대적인 기분이 승리하면 바닥문을 들어올리고 우울의 바닥까지 가라앉는 것이 지극히 인간적인 경향이라는 걸 깨닫는다. 나도 그런 현상을 직접 경험하고 목격한 적이 적지 않다. 현실 세계에서 허둥대는 친구들만이 아니라, 거울 속에서 용감한 척하는 친구들까지 "바닥까지 떨어져야 새롭게 시작하며 더 나아질 수 있어!"라고 단언하는 소리를 적잖게 들었다. 그러나 바닥은 없고, 우리는 항상 더 깊이 추락한다는 걸 알고 있던 키르케고르는 "공허함에서 현기증을 느끼고, 그 현기증에서 최후의 기분 전환을 모색하려는 것이 우울의 소심한 바람이다"[12]라고 말했다. 이때 성실한 사람이라면 자신에게 "정신 차려! 우울이 절망으로 발전하는 걸 용납하지 마!"라고 소리칠 것이다.

우울은 절망이 아니다. 그러나 우울이 언제라도 절망으로 추락할 수 있는 것은 분명하다. 절망을 피하려면, 제3의 눈으로 내면의 삶을 계속 들여다봐야 한다. 또 진흙탕 같고 해묵은 침울한 기분에 짓눌린 내면의 바깥에 당신의 일부를 두어야 한다. 기원후 3세기에 사막의 수도자들은 한낮의 악령 '나태acedia'의 위험을 경고했다. 나태는 흥분과는 명확히 대조되는 상태이며, 유약하고 동기가 결여된 상태이다. 무엇보다, 선善과 자신에 대해 무관심한 상태이다. 실제로 'acedia'에 해당하는 그리스어 어원은 a(without, 없음)-keidos(care, 보살핌)로 분석된다. 나태의 치료제로 흔히 처방된 방법은 육체노동이었다. 우리 고등학교 교장 선생님이 나태의 치료법에 대해 질문을 받았다면, 육체노동과 비슷한 방법을 생각해냈을 것이다.

그렇지만 항우울제도 몇몇 사람에게는 구명 수단이 될 수 있다. 팀 패링턴Tim Farrington은 정직하고 통찰력 있는《자비의 지옥A Hell of Mercy》에서, 오래전부터 인간의 삶을 좀먹은 우울에서 비롯된 고통을 다루었다. 패링턴은 일반적인 병리적 우울증과 십자가의 요한Saint John of the Cross(1542-1591)의 '영혼의 어두운 밤'을 구분한다. 영혼의 어두운 밤에는 자존심을 버리고 하느님을 향한 문을 활짝 열어젖히기 때문이다. 패링턴은 우울에서 벗어나기 위해 참선과 요가부터 수도원 생활까지 온갖 노력을 끊임없이 계속한다. 어머니가 세상을 떠난 충격으로 패링턴은 병원에 입원했지만, 시간이 지나도 희망의 불길을 되살리지 못하고 세상을 수동적으로 받아들였다. '나태'와 다를 바가 없는 소극적인 수용이었다.

어느 날, 만성적으로 우울에 시달리는 오랜 친구가 패링턴을 찾아왔다. 그 친구는 평소보다 훨씬 밝은 표정이었다. 그는 얼마 전부터 항우울제를 복용하고 있다며, "삶이 완전히 달라졌어. …… 20년 전에 시작했으면 얼마나 좋았을까!"라고 재잘거렸다. 오래전부터 항우울제 처방을 완강히 거부하던 패링턴은 친구의 말을 듣고, 항우울제를 시험적으로 복용하기 시작했다. 그의 아내는 남편의 변화에 기뻐하며 흐느껴 울었다. 패링턴은 에펙서Effexor라는 항우울제로 시작했고, 다시 태어난 듯한 경이로움을 맛보았다. 그는 당시의 상황을 이렇게 설명한다.

> 예상대로 상당한 정도의 부작용이 발생했다. 그러나 약을 복용하기 시작하고 일주일 정도 지났을까? 어느 날 오후, 식료품점에서 약간의 식료품과 담배를 구입한 후 집으로 돌아가는 길이었다. 2월의 투명한 햇살에 겨울나무들이 너무도 아름답게 보였고, 곧바로 내 눈길을 사로잡았다. 정말 오랜만에 그처럼 아름다운 나무들을 보는 것 같았다.[13]

패링턴의 기록으로 판단하면, 항우울제는 마법의 약처럼 지금도 여전히 효과를 발휘하고 있다. 따라서 패링턴이 항우울제를 복용하기 전에 겪어야 했던 악몽 같은 고통을 후회했을 거라고 누구나 예상할 것이다. 그러나 뜻밖에도 패링턴은 이렇게 썼다. "그 고통에 굴복할 때, 우리가 하찮은 존재라는 자각을 받아들일 때 진정한 자유가 밀려온다."[14]

궁극적인 진실은 우리가 지극히 유약한 존재이고 하느님에게 전적으로 의존하는 존재라는 사실이지만, 대부분이 이 진실을 순순히 받아들이지 않는다. 그러나 패링턴의 가르침에 따르면, 평생 견뎌야 할 고통과 아무런 즐거움이 없는 삶이 이 진실을 깨닫기 위한 전제조건은 아니다. 여하튼 예수는 그 진실이 후세에 전해지기를 바랐다.

요컨대 우리 삶을 완전히 통제하려는 욕심을 버려야 한다는 것을 깨닫기 위해 평생을 고통스레 지내야 할 필요는 없다.

한편 키르케고르는 그런 골칫거리를 처음부터 끝까지 유지해야 한다는 입장에서 조금도 흔들리지 않았다. 실제로 그는 내 '육체의 가시'를 없애달라고 한 번도 기도하지 않았다. 그 가시는 우울증이었다. 키르케고르는 이상하게도 자신의 멜랑콜리, 우울을 굳게 믿었다. 그처럼 불가사의한 힘을 지닌 철학자였다면 쉽게 천상계天上界에 들어갔을 것이고, 자신의 초자연적인 능력에도 틀림없이 도취되었을 것이다. 하지만 키르케고르는 항상 함께한 멜랑콜리 덕분에, 신앙과 성실함을 다룬 책을 썼다는 사실이 그가 신실하고 성실한 사람임을 보장해주지는 않는다는 경계심을 마음에 새길 수 있었다.

키르케고르는 우울을 축복으로 여기기도 했다. '우리는 하느님 앞에서 항상 잘못된 존재이고 죄인'이라 생각하며 경계심을 게을리하지 않는 데 우울이 일조했기 때문이다. 따라서 키르케고르는 우리에게는 구원받았다는 믿음보다 우리가 죄인이라는 깨달음이 더 절실히 필요하다고 주장했다. 키르케고르가 자신의 음산한 성격을 고맙게 생각하는 자세에는 긍정적이고 바람직한 면이 있을 수 있지만, '우리는 언제나 잘못된 존재'라는 메시지는 '우울증 환자는 자기 학대라는 잔혹한 도구에 동화되는 경향이 있다'라는 메시지가 된다. 실질적인 죄책감과 신경증에 따른 자기희생은 완전히 다른 것이다. 우울증 환자는 자기희생에 매몰되는 경향이 짙다. 그러나 우리 존재의 학대를 예방할 수 있다면, 우울은 지혜의 수단이 될 수 있다.

니체가 남긴 가장 유명한 격언이라면 "나를 죽이지 못하는 것은 나를 더 강하게 만든다!"일 것이다. 물론 이 격언은 결코 보편적인 진리가 아니다. 우리를 거의 죽일 뻔한 것이 우리 기백을 약화시키고, 우리를 서서히 죽이는 경우가 많기 때문이다. 하지만 억눌린 우울은 낙담하고 목적을 상실한 감정에 공감하는 능력을 향상시킬 수 있다.

친구 중에 아내가 세 자녀를 남겨둔 채 세상을 떠났고, 같은 해에 그 자신은 후두암 진단을 받은 이가 있었다. 몇 년 전에는 항상 조용히 지내며 강의실 뒤편에 앉았던 학생이 있었다. 어느 날 오후, 그 학생은 부모가 9개월 간격으로 세상을 떠난 까닭에 학업에 집중하기 힘들다고 하소연했다. 당연한 말이겠지만, 그는 지독한 슬픔과 외로움에 시달리며 어떤 것에도 마음을 두지 못했다. 또한 이 땅에는 고향을 떠나 타지를 떠돌아다니는 수많은 난민이 있다. 게다가 그들은 일시적으로 정착한 국가에서 손가락질과 업신여김을 받기 일쑤이다. 난민들의 고통을 줄여주기 위한 말은 아니지만, 고통과 불행이 어떤 수준에 도달하면 우리 모두를 난민으로 만든다.

또 열한 살의 어린 딸을 백혈병으로 잃은 제자도 있었다. 그는 슬픔을 현대판 한센병에 비유하며, 많은 사람이 유족을 대하는 법을 모르고, 상실감에 시달리는 사람들을 몹쓸 병에라도 걸린 것처럼 멀리한다고 주장하는 감동적인 글을 신문에 기고했다.[15] 이웃을 우리 몸처럼 사랑하는 것이 우리 삶에서 두 번째로 중요한 과제라면, 원인을 알 수 없는 만성적인 슬픔과 불안은 우리 마음을 녹이며, 대단하지는 않지만 근본적인 그 과제를 수행하는 데 우리에게 도움을 줄 수 있을 듯하다.

당신은 실존주의자가 될 수 있겠는가? 티베트 승려가 될 수 있겠는가? 그렇게 하지 못할 이유가 없다. 티베트 승려 페마 초드론Pema Chödrön은 무가치한 존재라는 압박감이 어떤 것인지 알고 있다. 세상물정을 모르는 승려의 순진한 조언으로 들릴 수 있겠지만, 초드론은 우리에게 그런 압박감이 밀려오면, 세상이 미쳐서 돌아가기 때문에 우리가 할 수 있는 게 없다는 유혹적이지만 얼빠진 생각에 맞서 조심스레 싸워야 하고, 세상에는 우리와 똑같거나 비슷한 걱정을 견뎌야 하는 수많은 동료가 있다고 마음속으로 되뇌어야 한다고 조언한다. 우울이 우리의 유약함을 가늠하고, 우리가 상호 의존적인 존재라는 걸 깨닫는 데 도움을 준다고 말하기는 쉽지만, 적절히 실천하기는 어렵다.

앞으로도 반복해서 말하겠지만 우리가 느끼는 감정과, 우리가 그 감정을 이해하는 방법은 별개의 것이다. 초드론이 말했듯이, 무가치한 존재라는 초대하지 않은 느낌이 무작정 밀려오면 내가 애꿎게 희생양으로 선택됐다고 생각해서는 안 된다. 고통의 울타리에 혼자 갇혔다고 생각하지 말고, 시퍼렇게 멍든 마음을 비집어 열고, 세상 방방곡곡에서 자학하는 형제자매에게 사랑과 연민을 보내야 한다. 쉽게 말하면, 그렇게 할 때 우울이 절망으로 추락하지 않을 것이다.

3장

죽음

죽음에 대해 묵상하면서
자신의 죽음을 묵상하지 않는다면
그것은 말장난에 불과하다.

_《상상한 이야기에 나타난 세 담론》 중 〈묘지에서〉

내가 20대 초반이었을 때다. 추위로 꽁꽁 얼어붙은 2월의 어느 밤, 나는 친구와 함께 뉴저지로 돌아가고 있었다. 출발지가 어디였는지는 기억나지 않지만, 여하튼 우리는 라디오에서 흘러나오는 롤링 스톤스의 〈댄싱 위드 미스터 디Dancing with Mr. D〉를 목이 터져라 따라 불렀다. 우리는 나이아가라 폭포에 들르기로 했다. 자정이 훨씬 지난 시간이었고, 기온도 섭씨 영하 10도 이하로 떨어진 게 분명했다. 폭포가 떨어지는 곳까지 얼어붙은 비탈을 따라 철망 울타리가 둘러져 있었다. 나는 함성을 지르며 깔깔대고 웃었고, 철망 울타리를 두 손으로 번갈아 잡으며 비탈 끝까지 살금살금 내려갔다. 그러고는 쏟아져 내리는 물보라를 뒤집어쓰며 주변을 맴돌았다. 자칫 실수로 미끄러지면 그것으로 이 세상과 하직이었다. 하지만 조금도 무섭지 않았다. 오히려 저승사자의 수염을 잡아당기며 재밌는 시간을 보냈다. 내가 불멸의 존재가 된 듯한 기분이었다.

키르케고르와 톨스토이, 카뮈와 하이데거를 비롯해 많은 실존주의자는 번질나게 묘지를 드나들며, 삶에서 죽음의 의미에 대해 끊임없이 생각했다. 내가 열여덟이나 열아홉 살 학생들에게 실존주의를 가르칠 때도 죽음만큼 그들의 열띤 관심을 불러일으키는 주제는 없다. 대부분의 학생이 영화나 비디오 게임에서 수많은 사람이 가슴에 총알을 맞고 쓰러지는 걸 보았지만, 아직은 죽음과 한 테이블에 앉거나 그 냄새를 맡아본 경험은 없었다. 그 학생들은 초록색 불빛이 삐삐거리는 집중치료실의 병상을 방문한 적도 없고, 사랑하는 사람이 의식을 잃어갈 때 작은 얼음 조각을 먹여준 적도 없었다. 내가 그 또래에 그랬던 것처럼 그들도 죽음과 베개 싸움하는 걸 좋아한다. 어쩌면 내가 지독한 우울에 시달려 내적으로는 이미 죽었다고 생각한 때문이었는지, 30대 중반이던 때 나는 학위 논문으로 죽음에 대해 썼다. 돌이켜보면, 당시 나는 다 큰 어른으로 자식을 둔 아버지였으면서도, 젊었을 때처럼 나이아가라 폭포 아래에서 맴돌지만 않았지 죽음이라는 생각과 끊임없이 씨름했다. 그 씨름은 이른바 지적인 게임이었다.

그 이후로 많은 것이 변했다. 그 사이에 아버지를 다른 세상으로 보냈기 때문이다. 아버지는 산소마스크를 써야 했고, 얼굴이 알아보기 힘들 정도로 퉁퉁 부었다. 아버지는 그렇게 암과 싸우며, 한 번도 좋은 관계를 맺지 못한 세상을 떠났다. 그 후에는 어머니가 죽음을 앞두고 쏟아내는 푸념을 일주일 동안 들어야 했다. 어머니는 정강이가 점점 차가워지고, 죽음이 온몸을 살금살금 기어다니는 기분이라 말했다. 또 아내가 유방 절제 수술을 받았을 때는 수술실 밖에서, 암이 다른 곳까지 전이되었는지 검사한 결과를 두 손을 비비며 초조하게 기다려야 했다. 지금은 나도 심장에 스텐트를 심었고 어느덧

70대에 들어섰다. 이제는 옛날만큼 미스터 디와 숨바꼭질할 기력도 욕심도 없다.

살아온 날수는 모르더라도 우리는 삶이 하루하루 헤아려진다는 사실을 알고 있다. 적어도 우리의 합리적 부분은 그 사실을 알고 있다. 죽음은 우리 삶을 규정하는 확실한 불확실성이다. 요컨대 죽음이 닥치는 것은 확실하지만, 언제 닥칠지는 불확실하다는 뜻이다.

요즘 죽음학thanatology은 전문적인 학문 분야가 되었다. 죽음이 우리가 통제할 수 있는 연구 대상이 되자, 죽음을 어떻게 맞이하고 어떻게 대해야 하는가를 연구하는 신생 학문이 탄생했고, 그 학문이 바로 죽음학이다. 심리학자들은 슬픔의 단계들을 개략적으로 설명하며 '내려놓기letting go'와 관련된 만트라까지 만들어냈고, 죽음과 임종에 대한 연구 문헌을 산더미처럼 쏟아냈다.

심리학이 탄생하기 이전부터, 철학은 오랫동안 진지하게 죽음을 연구해왔다. 중세 학자들은 책상에 두개골을 올려두고, 생명은 먼지에서 먼지로 돌아가는 것이란 진리를 끊임없이 되새겼다. 소크라테스는 철학을 단순한 삶의 기술이 아니라 죽음의 연습이라 생각했다. 소크라테스에게 죽음의 연습이란 이성의 변하지 않는 빛을 어둡게 하는 감각이나 감정과 결별하는 연습으로, 평생 계속해야 하는 것이었다. 소크라테스는 스토아학파의 수호 성자였다. 불교도처럼, 스토아학파는 아타락시아ataraxy, 즉 마음의 평화를 지극히 소중하게 생각했다. 이들에게 죽음에 대한 두려움은 마음의 평정을 위협하는 가장 큰 요인이었다. 로마 황제 마르쿠스 아우렐리우스Marcus Aurelius(기원후 121-기원후 180)와 스토아 철학자들은 죽음에 대한 두려움이 우리 모두를 노예로 만든다고 믿었다. 또 그들의 주장에 따르면, 우리가 죽지 않고 의지에 따라 무엇인가를 하는 동안에는 족쇄에 채워져 있는 편이 더 낫다. 삶이 더는 견딜 수 없는 수준에 이를 때 삶에서 탈출하는 긍정적인 면이 죽음에 있다는 것이다. 그들의 습관적인 표현을 빌리면 "그 문은 항상 열려 있다."

그렇다고 스토아 철학자들이 '자살예방 상담전화'를 애용했을 것 같지는 않다. 그들에게는 죽음보다 더 치명적인 운명들이 있었는데 대표적인 예가 배덕자背德者가 되는 것이다. 나치 같은 정권이 권력을 장악하는 경우, 그런 강도 같은 권력의 치하에서는 고결하고 평온한 삶을 영위할 수 없다고 생각하는 사람은 소小 카토와 세네카 등 많은 스토아 철학자가 그랬듯이 자살하면 그만이다. 스토아학파는 죽음과 옥신각신하는 방법에 대해서는 이렇게 이리저리 머리를 짜냈지만, 죽음에서 큰 교훈을 찾아내지는 못했다.

19세기 말, 쇼펜하우어는 죽음을 의식의 경계선인 것처럼 썼다.

젊음이 발랄하고 활달한 이유가 있다면, 우리가 삶의 언덕을 오르는 동안에는 죽음이 보이지 않기 때문일 것이다. 죽음은 반대편의 바닥에 바싹 엎드려 있다. 그러나 우리가 삶이라는 언덕의 꼭대기에 오르는 순간, 죽음이 눈에 들어온다. 그때까지 죽음은 전해들은 말로만 존재할 뿐이다. …… 그때부터 엄숙한 진지함이 과거의 가벼움과 무절제를 대신한다. 이런 변화는 얼굴 표정에서도 확연히 눈에 띈다. …… 삶의 종점에 이르면, 그때까지 범한 범죄적 행위를 심판 받는 듯한 기분으로 하루하루를 살아갈 것이기 때문이다.[1]

쇼펜하우어의 지적은 정확했다. 대부분이 젊은 시절에는 천하무적이라 생각한다. 그 후에 목에서 종양 덩어리가 발견되고 삶의 가장자리에 서게 되면, 두려움이 몰려오고 허망한 기분에 사로잡힌다. 프로이트가 깊이 연구한 심층 심리학자 쇼펜하우어의 견해에 따르면, 우리 삶에서 가장 큰 성취는 삶의 의지를 극복하는 것이다. 하지만 스토아학파처럼, 쇼펜하우어도 죽음을 숙고해서 특별한 지혜를 얻고자 하지는 않았다. 반면에 톨스토이는 죽음을 피할 수 없는 자신의 운명에 대해 깊이 생각하여 많은 교훈을 얻었다.

크림전쟁에 장교로 참전한 톨스토이에게 죽음과 학살은 낯선 개념이 아니었다. 하지만 30대 초반에 사랑하는 니콜라이 형을 잃었을 때, 톨스토이는 큰 충격을 받고 우울증에 빠졌다. 톨스토이는 초인적인 체력과 정력으로 유명했다. 그는 밭에서 오랫동안 일하면서도 《전쟁과 평화》, 《안나 카레니나》 같은 장편소설을 써냈다. 하지만 니콜라이 형의 죽음을 겪고 나서 2년 동안, 그 강인하던 톨스토이도 우울증에서 벗어나지 못했다. 우리는 생존을 위해 발버둥쳐야 하는 실존적 상황, 심장이 몸밖에서 펄떡이며 일부의 분자만을 이쪽저쪽으로 움직이게 한다고 느껴질 정도로 우리가 타인과 밀접하게 결속된 실존적 상황에 내던져진다. 그런 상황에서 우리가 풍선처럼 터지면 모든 것이 끝난다. 톨스토이는 이런 사실을 당찮게 생각하며 받아들이지 못했다. 성경에서 니고데모는 밤을 틈타 예수를 몰래 찾아갔다. 예수는 니고데모가 무엇을 구하는지 알고 있었다. 물론 니고데모가 구한 것은 영원한 생명, 즉 영생이었다.《참회록》에서 톨스토이는 제2의 니고데모가 되어, "이제 나는 하루하루 내가 죽음에 가까워지는 걸 보지 않을 수 없다. 그것이 내 눈에 보이는 모든 것이다. 그것만이 유일하게 진실이기 때문이다. 그 밖의 것은 모두 거짓이다"라고 탄식한다.

프로이트는 신을 믿는 것이 신의 보호를 받으려는 유치한 바람의 투영이라고 했다. 이런 유명한 사실을 고려하면 프로이트는 기독교로 회심한 톨스토이의 결정을 비웃겠지만, 톨스토이가 그리스도를 믿게 된 궁극적인 이유는 그리스도만이 죽음에 대한 승리를 약속했기 때문이었다.

톨스토이는 의기소침한 상태에서도《이반 일리치의 죽음》을 꾸역꾸역 써냈다. 이 영묘하게 빛나는 얇은 책에서 톨스토이는 부르주아 사회의 신경과민과 자기 소외, 빈사 상태에 이른 영적인 삶을 능수능란하게 묘사했다. 톨스토이는 프랑스 수학자이자 철학자인 블레즈 파스칼Blaise Pascal(1623-1662)의 열렬한 독자였다. 톨스토이는 인간이 조용히 앉아 자신을 다스리는 법을 배울 수 있다면 온 세상이 평화로울 것이라는 파스칼의 생각에 동의했다. 하지만《이반 일리치의 죽음》에서는 관심을 딴 데로 돌리려는 인간의 열망과 자기 소외를 죽음에 대한 무언의 두려움과 관련짓는다.

소설의 주인공, 이반 일리치는 몇 번의 어려움이 있었지만 자신을 비롯해 모두에게 순조롭게 보이는 삶을 음미하며 살아간다. 이반 일리치는 변호사로 일하며 승진을 거듭하고 원하는 것을 얻은 까닭에, 그에게는 삶의 모든 것이 포근하고 안전하게 느껴진다. 신분 사회에서 새로운 보금자리는 행복을 과시하는 데 반드시 필요한 조건이었다. 잠시 어려운 시기를 겪은 후, 이반은 뜻밖의 행운을 누리며 판사로 임명되고, 자연스레 새롭고 멋진 보금자리를 짓는다.

어느 날 오후, 이반은 커튼을 치다가 넘어져서 옆구리를 부딪친다. 며칠 후, 원인을 알 수 없는 아련한 통증이 시작된다. 처음에 그 통증은 콩팥 근처에서 오락가락하지만, 점점 만성적인 통증으로 발전한다. 이반은 나날이 쇠약해진다. 저명한 의사들에게 진료를 받지만 누구도 정확한 진단을 내리지 못하고, 어떤 치료도 통증을 지속적으로 가라앉히지 못한다. 그래도 밝은 겨울 햇살이 원목 마루를 휩쓸고 지나가듯이, 간혹 통증이 중단되며 희망에 부풀게 하지만 그 시간도 곧 사라진다. 이반은 죽음이 가까웠다는 걸 조금씩 깨닫기 시작한다. 그런 와중에, 처남이 아내 프라스코비야에게 이반이 죽어가고 있다고 말하는 걸 우연히 엿듣게 된다. 하지만 이반이 죽음을 앞두고 있다는 걸 누구도 인정하지 않는다. 의사들도 예외가 아니다. 이반은 역병에 걸린 사람만큼이나 그렇게 소외된다. 이반은 두려움과 슬픔에 짓눌리고, 세상과 하느님에게 분노한다. 불쌍하게도 이반에게는 의지하며 속마음을 털어놓는 사람이 한 명도 없다. 경박한 아내, 그에 못지않게 가벼운 딸, 브리지 게임을 함께하는 친구들, 누구도 마뜩하지 않다. 어느 저녁에 이반은 침실에서, 아내가 주관한 파티에 참석한 사람들이 주고받는 말을 듣고는 "죽음, 그래 죽음이야. 그런데 저 사람들은 죽음이 뭔지도 모르고, 알려고 하지도 않아. 나를 조금도 불쌍하게 생각하지 않아"라며 씩씩댄다.

죽어가는 이반의 처지를 이해하고 공감한 유일한 사람은 하인 게라심이다. 이반의 통증이 점점 심해져서 게라심이 그의 두 다리를 잡고 널찍한 자기 어깨 위에 편하게 올려놓자 이반은 위안을 얻는다. 어느 날 밤늦게 이반이 게라심을 내보내며 너그러운 보살핌에 감사하는 마음을 표현하자, 게라심은 "우리 모두 언젠가는 죽습니다. 그런데 이런 수고 좀 하는 게 대수겠습니까?"라고 말하며 이반이 죽어가고 있다는 불편한 진실을 숨김없이 드러낸다.

소설이나 시를 색인 카드나 축하용 카드에 적합하게 한 문장으로 축약하는 것은, 마치 톨스토이가 정말로 똑똑해서 장문의 소설로 우리를 못살게 굴지 않고 자기 소설이 뜻하는 요점을 직설적으로 알려주는 것처럼 어리석고 무모한 짓이다. 하지만《이반 일리치》의 톨스토이는 진정성과 형제애가 없는 현대인의 삶은 영적으로 죽은 것과 같다는 걸 독자들이 깨닫기를 바랐다.

이반이 어쩔 수 없이 죽음의 자궁으로 서서히 다가갈 수밖에 없는 상황에 이르면서 《이반 일리치의 죽음》의 각 장은 점점 짧아진다. 마지막 순간까지 이반은 자신과 같은 사람—자신에게 맡겨진 모든 일을 '반듯하게' 처리한 사람—도 죽음이라는 끔찍한 운명을 피할 수 없다는 사실에 당혹함과 원통함을 감추지 않는다. 세상이 공정하지 않다고 푸념한다. 이반은 죽음의 불안에 괴로워하고 힘겨워하지만, 그 사이에도 진리는 부드럽게 힘을 발휘한다. 죽음은 이반에게 삶이 가르칠 수 없었던 인간애를 가르친다. 이반은 소득과 안락함과 사회적 지위만을 걱정하는 자신과 같은 부류는 영혼이 없는 출세주의자라는 걸 깨닫기 시작한다.

죽음의 빛에 그들 부부가 오래전에 멀어졌다는 사실이 분명히 드러난다. 이반이 침대에 누운 채 죽어가자, 프라스코비야는 '코와 뺨으로 흐르는 눈물을 미처 닦을 생각도 못하고 절망적인 표정'으로 이반에게 다가온다. 마지막 순간에야 이반은 자신을 좀먹던 이기심의 궤도에서 벗어나며 '그래, 내가 모두를 힘들게 하는구나'라고 생각한다. 그러고는 "'내가 죽고 나면 괜찮아질 거야.' 그는 이렇게 말하고 싶었지만 그럴 힘이 없었다. …… 그는 아내에게 눈짓으로 아들을 가리키며 말했다. '데리고 나가줘 …… 아이가 불쌍해 …… 당신도 불쌍하고 …….' 그리고 '용서해줘прости'라고 말하고 싶었지만 엉뚱하게도 '보내줘пропусти'라고 말해버렸다. 하지만 알아들을 사람은 알아들을 거라고 믿고 손을 휘휘 저었다."

모두가 죽음에 대한 자각을 억누르려 하지만, 죽음을 자각해야만 가족과의 친밀함을 되찾을 수 있다. 이반도 자신의 내면에 그런 바람이 있다는 걸 알지 못했다. 모래시계가 바닥난 후에야 이반은 그 사실을 깨닫지만, 어쩌면 그것으로 충분했을 수 있다.

톨스토이는 러시아에 살던 한 덴마크인과 친하게 지냈다. 그는 덴마크인답게 키르케고르의 열렬한 독자였는데《이것이냐 저것이냐》를 부분적으로 러시아어로 번역해서 톨스토이에게 소리 내어 읽어주었다. 톨스토이는 그 단편적이고 이질적인 글들에서 별다른 인상을 받지 못했지만, 톨스토이와 키르케고르의 정신은 기본적으로 비슷했다. 그들은 이성과 신앙이 충돌한다는 걸 인정했다. 또 하느님과 우리의 관계를 중재하는 교회라는 제도적 기관과 개인의 관계보다, 개인과 하느님의 관계를 더 중요하게 생각했다는 점에서도 그들은 일치했다. 그들은 교리의 동의보다 행동을 강조했다. 또한 톨스토이와 키르케고르는 똑같은 도덕적 이유에서, 우리에게 죽음에 대해, 더 정확히 말하면 우리 자신의 죽음에 대해 심사숙고하는 시간을 가지라고 촉구했다.

실존주의자로 분류되는 대부분의 작가는 관점이 없는 관점으로 세계와 역사를 분석하는 태도에 비판적이다. 또 실존주의자는 예수의 회의적인 제자 도마처럼, 냉철하고 객관적인 관점에서 삶의 의미를 분석하려는 노력이 정말 바람직한지 의심했다. 우리가 어떤 유형의 사람이 되려고 노력해야 하느냐는 질문에 냉정하고 합리적인 판단을 통해 대답할 수 있고 그렇게 대답해야 한다는 생각처럼, 무한히 중요한 문제, 특히 윤리와 종교를 사심 없이 이해할 수 있다는 생각은 계몽주의의 환상에 불과하다는 게 실존주의자의 믿음이다. 하느님과 하나가 되는 삶을 사느냐, 아니면 신성神性이란 문제를 허튼소리로 일축하느냐는 우리가 어떤 유형의 사람이 되느냐를 결정하는 조건 중 하나이다. 키르케고르의 관점에서 보면, 법정의 판사만큼이나 공명정대한 제3자인 것처럼 실존적 선택에 대응한다는 것은 인간의 본질에 대한 왜곡이다.

앞에서 언급했듯이, 키르케고르는 우리에게 일인칭 내부자적 관점에서 삶을 생각하라고 촉구했다. 키르케고르의 평가에 따르면, 플라톤부터 헤겔까지 많은 철학자가 자신의 존재를 망각한 채 이론적으로 살아가는 잘못을 범했다. 불안과 마찬가지로 죽음에도 교훈이 담겨 있는 게 분명하다며, 키르케고르는 우리에게 그 교훈을 적극적으로 받아들여야 한다고 충고했다. 대표적인 철학서 《철학적 단편에 부치는 비학문적인 해설문》에서, 키르케고르는 죽음의 사례들을 효과적으로 제시하며 객관적인 사실과 그 사실에 담긴 의미의 차이를 강조했다. 다시 말하면, 일반적이고 비인격적인 지식과 개인적인 깨달음의 차이를 강조하며 키르케고르는 이렇게 말했다.

예컨대 죽는다는 게 무슨 뜻일까? 이 주제에 대해 내가 아는 것은 보통 사람들이 흔히 아는 것과 똑같다. 예컨대 황산을 한 모금 마시면 누구나 죽는다. 물에 빠져 숨을 쉬지 못하거나, 잠을 자는 동안 석탄가스를 마셔도 죽는다. 나폴레옹은 항상 독물을 갖고 다녔고, 셰익스피어의 줄리엣도 그랬다. 스토아학파는 자살을 용기 있는 행위로 칭송한 반면, 다른 철학자들은 자살을 비겁한 행위로 비난했다. …… 내가 알기에 그 비극의 주인공은 제5막에서 죽는다. …… 내가 알기에 그 시인은 죽음을 다양한 형태로 나타난 기분 상태로 해석한다.[2]

쇠렌 키르케고르는 선동하듯이 객관적으로 확실한 것들을 계속 나열하지만, 얼마 후에는 죽음이란 문제를 전격적으로 제기한다. "이처럼 나는 객관적인 지식을 거의 경이로울 정도로 능숙하게 풀어낼 수 있지만, 아직도 내가 죽음을 그럭저럭 이해했다고는 결코 말할 수 없다."

나는 죽음에 대한 온갖 형태의 일반론적 진리를 어떻게든 알아낼 수 있지만, 내가 죽는다는 게 무슨 의미인지는 아직도 모르겠다. 객관적인 사실과 그 사실이 '나'라는 개인에게 의미하는 것은 별개의 것이다. 또 추상적인 이론과 그 이론이 '나'라는 개인에게 의미하는 것도 별개의 것이다. 개개인에게 갖는 의미는 실존주의자의 연구에서 가장 중요한 핵심이다. 이렇게 접근해야 "내가 죽는다는 게 나에게 무슨 뜻인가?"라는 의문에 대답할 때 도움이 된다.

앞에서 언급한 〈묘지에서〉를 통해, 키르케고르는 우리에게 책상 위에 두개골을 상징하는 것을 놓아두라고 말한다. 이 담론에서 키르케고르는 실존하는 개인이 자신을 실재하지 않는 존재로 생각하는 명백한 모순을 인정한다. 하지만 키르케고르는 우리에게 약간의 상상과 용기가 있으면, 결코 혼합되지 않을 듯한 것들도 결합할 수 있다고 확언한다. 그때 우리는 우리 자신과 우리의 죽음을 생각할 수 있게 된다.

당신 자신의 죽음을 상상하는 것은 아주 힘든 훈련이다. 키르케고르도 이런 상상에 익숙해지는 게 쉽지 않다고 말했다. 우리 생각은 현재의 심리 상태를 투영하는 경향을 띠기 때문이다. 예컨대 우리 생각은 지나치게 무겁거나 지나치게 경박할 수 있고, 지나치게 명랑하거나 지나치게 음울할 수 있다. 엽기적인 환상이든 기막히게 멋진 공상이든 우리 자신의 죽음에 대한 생각은, 모든 것이 끝나고 더는 시간이 없는 때가 온다는 사실에 정면으로 맞서는 생각이 아니라, 우리가 삶의 관점에 대해 깊이 감추어둔 무엇인가를 드러내는 일종의 심리 테스트가 된다.

우리 자신의 죽음을 생각할 때 우리가 흔히 범하는 실수들이 〈묘지에서〉에 나열되어 있다. 예컨대 흔히 죽음을 잠으로 묘사하는 경우에 대해 키르케고르는 "죽어서 잠든 사람을 보라. 깊이 잠든 아기처럼 발그스레한 얼굴이 아니다. 잠을 통해 새로운 원기를 얻지도 못한다. …… 잠든 노인은 꿈에서 즐겁게 뛰어다니지만 죽은 사람은 아예 꿈을 꾸지 못한다"[3]라고 날카롭게 꼬집는다.

죽음은 누구에게나 평등한 것이라는 해석도 있다. 예컨대 리츠 호텔에서 20년 동안 객실 청소를 담당한 여직원이 냉장고의 생수를 교체하지 않아 한 손님에게 크게 꾸지람을 받았다고 해보자. 그녀는 이를 갈고 혀를 깨물며 사과하겠지만, 마음속으로는 죽음은 모두에게 평등하다고 생각하며 조용히 위안을 구할 것이다. 부자나 가난한 사람이나 똑같이 벌레들의 밥이 된다고. 매정해서 그런 것은 아니겠지만, 키르케고르라면 그런 위안을 부정하며 "죽음 자체가 평등하다고는 할 수 없어요. 평등은 소멸, 그러니까 없어지는 것에 있을 뿐이니까요. 하기야 그렇게 생각하면, 살아 있는 사람들에게 마음의 위안이 되기는 하겠네요"라고 말할 것이다.

'먹고 마시고 즐거워하라!'는 구호는 키르케고르에게 발작적인 '삶에 대한 소심한 집착'으로 규정되었고, 고대 그리스의 철학자 에피쿠로스는 "내가 있는 곳에는 죽음이 없고, 죽음이 있는 곳에는 내가 없다"라고 말했다. 그러므로 합리적인 사람은 죽음을 두려워하지 않는다. 이런 말장난 같은 논리에 대하여, 키르케고르는 "이런 식의 말장난으로 교활한 묵상가는 자신을 예외적인 존재로 떼어놓고 …… 죽음에 대해 묵상하면서 자신의 죽음을 묵상하지 않는다면 그것은 말장난에 불과하다"라고 냉담하게 평가했다.

키르케고르는 폭우가 쏟아지기 시작하면 대다수가 몸을 웅크리고 무력감에 사로잡힌다는 걸 인정했다. 그렇다, 대다수가 주머니쥐처럼 죽은 척한다. 그러나 정신분석가로서, 또 신학자로서 키르케고르는 죽음에 대한 갈망을 "공허함에서 현기증을 느끼고, 그 현기증에서 최후의 기분 전환을 모색하려는 우울의 소심한 바람"이라고 호되게 나무란다.

더 합리적인 철학자들과 달리, 키르케고르는 감정 상태의 중요성을 인정했다. 〈묘지에서〉에서, 키르케고르는 감정 상태를 외부적 요인에 의해 영향을 받은 내부의 기상氣象 상태로 묘사했다. 따라서 감정이 밝고 어두운 상태를 오락가락한다는 것이다.

내가 오랜 친구처럼 여기는 우울이 얼마 전에 나를 급습한 적이 있었다. 나는 맥주 두 잔을 순식간에 마셨고, 그 순간의 취기에 몰입했다. 내가 미식축구 경기장을 내달리고 권투장에서 레프트훅을 휘두르던 선수 시절의 기억을 떠올리고 싶을 때 자주 사용하는 방법이었다. 모든 회한과 걱정이 서서히 밀려나는 듯한 기분이었다. 그 다음날, 나는 전화 한 통을 받았다. 말로 설명되지 않는 슬픔에 사로잡혀 오래전부터 고생하던 친구가 머릿속의 나쁜 생각을 날려버리겠다며 권총을 사용했다는 소식이었다. 그 소식에 슬픔의 먹구름이 나를 덮쳤고, 삶이 카뮈와 시오랑이 묘사한 것만큼이나 부조리하다는 생각에 사로잡혔다. 하지만 키르케고르는 우리를 뒤덮는 우울한 기분이 제아무리 강력하더라도 성실함, 즉 우리가 추구하는 인간형에 대한 깊고 개인적인 관심과 혼동되어서는 안 된다고 경고했다.

간혹 하느님이 농간을 부리는 것 같기도 하다. '키르케고르'라는 이름은 덴마크어로 교회가 묘지로 사용하는 지역을 뜻한다. 젊은 시절, 키르케고르는 교회 묘지를 번질나게 드나들어야 했다. 스무 살이 되기 전에 어머니와 네 형제자매의 관 위에 한 줌의 흙을 뿌려야 했으니까. 하지만 키르케고르는 다른 사람의 죽음, 심지어 친자식의 죽음을 지켜보는 것도 '하나의 감정 상태에 불과한 것'이라 주장한다. 물론 사랑하는 사람의 사망 소식에 무릎의 힘이 풀리고, 온몸이 부들부들 떨리고, 차라리 당신이 무덤에 들어가는 편이 더 나았을 거라는 생각이 들겠지만 그로 인한 한없이 슬픈 감정도 '하나의 감정'에 불과한 것이지, 우리 자신과 관계된 것은 아니다. 죽음과 관련된 감정과 우리 자신의 관계는 우리 '자신의' 죽음에 대한 자각만이 심어줄 수 있는 것이기 때문이다.

〈묘지에서〉는 "그래서 모든 것이 끝났다!"라는 서글픈 문장으로 시작된다. "모든 것이 끝났다"라는 표현은 그 이후에도 푸가처럼 20번가량 되풀이된다. 키르케고르는 이 만트라가 죽음에 대한 우리 생각을 가장 집약적으로 요약한 주문呪文이라 확신하는 것처럼 말한다. 정확히 언제인지는 모르지만, 언젠가 모든 것이 끝나는 것은 분명하다. 그때가 되면 누구도 자신의 이야기에서 한 문장도 바꿀 수 없을 것이다.

예컨대 당신이 일주일 전에 더 사려 깊고 자애로운 남편이 되겠다고 결심했다고 해보자. 집에 돌아오는 퇴근길에 자동차의 라디오를 켰다. 때마침 라디오에서 〈내게 슬픔을 준다면 그대는 결코 천국에

갈 수 없을 거야)라는 노래가 흘러나왔다. 평소였다면 아무런 감흥도 없었겠지만, 이상하게도 그날은 그 노랫말이 당신의 마음을 녹였다. 이처럼 통찰과 지혜가 뜻밖의 곳에서 스며드는 경우가 많다.

어떤 이유로든 당신은 그 노랫말에 설득되어, 자식들의 엄마인 여자에게 감사할 이유를 새롭게 찾아내고 아내에게 더 다정한 남편이 되기로 결심한다. 여하튼 그때부터 죽음을 맞이할 때까지 당신은 매일 아내에게 입맞춤하며 당신의 한없는 사랑을 재확인시켜주겠다고 결심한다. 붉은 신호등 앞에서 멈추어 섰지만, 붉은빛이 거센 돌풍에 춤추는 것처럼 흔들거렸다. 당신은 수 킬로미터쯤 떨어진 집까지 단숨에 달려가고 싶다. 집에 도착하면 아내를 부둥켜안고, 그날의 사건들을 빠짐없이 아내에게 말해주겠다고 다짐한다. 물론 당신을 제외하면 누구도 관심이 없을 사건들이다.

여하튼 그 짤막한 노랫말 덕분에 당신은 친밀한 부부 관계가 신의 선물이라는 걸 깨닫게 된 것이다. 그리고 당신의 가슴에서 우르릉대는 폭발이 일어나, 모든 것이 지극히 작아 보이고 아득히 멀리 떨어진 것처럼 보이는 성층권으로 당신을 날려버린다. 그 이후로 당신은 조심스레 움직인다. 다른 모든 사람에게는 당신의 죽음이 임박했고, 약간의 시간이 남은 것처럼 보일 것이다. 죽음이 명확해지면, 순간이 영원처럼 지속될 수 있다. 노랫말이 당신의 귀에 파고든 시간은 무척 짧지만, 자애로운 남편이 되는 기회를 헛되이 날려버린 과거를 뉘우치며 반성하기에는 충분한 시간이다.

요즘에도 그렇지만 키르케고르의 시대에도 사람들은 자는 동안 죽기를 바랐다. 달리 말하면, 죽음을 의식하지 못한 채 죽기를 바라는 것이다. 잠을 자는 동안 죽음을 맞이하는 경우가 아니면, 차선책으로 신속한 죽음, 즉 죽음을 경험하는 시간이 최소화된 죽음을 바란다. 신속한 죽음을 다른 식으로 표현하면, 다른 모든 사람은 삶을 계속하지만 당신의 삶은 끝났다는 자각이 최소화된 죽음이다.

돈 드릴로Don DeLillo는 1985년에 발표한 소설 《화이트 노이즈》에서, 죽음의 두려움을 해체하는 알약에 대해 썼다. 당신이라면 그 약을 복용하겠는가? 키르케고르라면 그 약을 결코 처방하지 않을 것이다. 그러나 니체라면 그런 약을 찬양했을지도 모르겠다. 또 니체라면 죽음에 대한 모든 의도적인 생각을 쓸데없는 시간 낭비라고 나무랐을 것이다. 니체의 열독자 필립 리프도 "여하튼 그렇더라도 …… 삶은 한 번 사는 것!"이라고 빈정거렸다. 또 니체였다면 "삶의 종말을 침울하게 생각하면서 한 번뿐인 삶을 어리석게 낭비하지 말라. 황금빛 햇볕을 쪼이며 성장하고 위험을 감수하며, 창의력을 발휘하라. 임박한 죽음의 심연에 고뇌하지 말고 춤을 추며 즐겨라"라고 조언했을 것이다.

우리의 덴마크 실존주의자 키르케고르는 이런 니체식 사고방식을 '용감한 척'하는 허위로 해석했을 것이다. 더 나쁘게 보면, 적어도 키르케고르의 관점에서 니체 철학은 모든 면에서 완벽한 인간이 되려는 삶의 목적을 제대로 파악하지 못한 것이다. 실제로 키르케고르는 가장 중요한 것을 망각할 위험에 처한 사람들에게 "죽음을 진지하게 생각해야 한다"라며, 그렇게 생각해야 우리 삶이 소급력을 가질 수 있다고 조언했다.

키르케고르는 〈묘지에서〉에서 "상품에는 합당한 가격이 있다는 상인의 말은 조금도 틀리지 않다. …… 희귀성이 있을 때 상인은 이득을 얻는다"라고 말했다.

시간은 상품이다. 우리가 상상력을 동원해서 희귀하게 만들어낼 수 있는 상품이다. 키르케고르는 "죽음을 생각함으로써 성실한 사람은 희귀성을 만들어낼 수 있다. 그 결과로, 그의 삶에서 하루하루가 무한한 가치를 갖게 된다"라고 덧붙였다.

실존주의를 미국에 소개하는 데 크게 공헌한 철학자 윌리엄 배럿William Barrett(1913-1992)은 하이데거의 이론을 부연해서 설명하며 "이 죽음, 내 죽음, 즉 내 뇌리를 떠나지 않는 죽음은 내가 이 세상을 상실하게 될 가능성이다. 내적인 가능성으로서 죽음은 순간순간 내 존재에 스며든다. …… 죽음은 다른 모든 가능성을 무효화하기 때문에 가장 극단적이고 절대적인 가능성이다"라고 말했다. 또 배럿은 키르케고르와 하이데거를 대변하며 "하지만 우리가 극심한 공포에 싸여 외면하지 않는다면, 인간은 유한한 존재라는 관점은 죽음을 해방시킬 것"[4]이라고 덧붙였다.

죽음은 해방되는 데 그치지 않고 우리의 우선순위를 재정립한다. 전에는 아무래도 좋았던 것이 이제는 새로운 중요성을 띤다. 우선순위는 사소하고 외적인 것에서 중요하고 지속적인 삶의 과제로 재정립된다. 예컨대 때때로 나는 다음과 같은 의문들을 품을 수 있다. 오늘 나는 다른 사람을 위해 비상한 노력을 했는가? 나는 다른 사람의 삶을 그의 관점에서 생각해보려고 노력한 적이 있는가?

내친김에 더 구체적으로 말해보자. 앞에서 말했듯이, 내 아내는 유방암을 이겨냈지만 이제는 파킨슨병과 싸우고 있다. 파킨슨병 때문에 아내는 남의 시선을 의식하고, 약을 복용할 시간을 끊임없이 생각하지만, 대부분의 경우에는 그 병을 삶의 과정에서 겪는 또 하나의 장애에 불과한 것처럼 생각한다. 오히려 내가 아내의 병 때문에 실존과 하느님에게 분노한다. 약효가 나타날 때까지 침대가 들썩일 정도로 아내가 부들부들 떨었던 밤이 한두 번이 아니었다. 지금도 가끔 증상이 지독히 나타나면 아내는 한동안 꼼짝 않고 누워 있어야 한다. 어느 날 밤, 나는 아내와 가까이 할 수 없다는 것에 화가 치밀었다. 그래서 아내에게서 좀 떨어져 옆으로 돌아누웠다. 그렇게라도 아내에게 내 의도를 전하고 싶었지만 …… 그 의도가 무엇이었는지는 지금도 모르겠다. 그런데 이런 생각이 머릿속에서 문득 떠올랐다. '언젠가, 머지않은 미래에 모든 것이 끝날 거야. 우리 둘 중 하나는 여기에 없겠지.' 이런 생각에 나는 분노를 가라앉히고 맑은 마음을 되찾았다. 그러고는 돌아누워 아내의 머리를 가만히 쓰다듬어주었다. 그것이 내가 가장 우선적으로 취해야 할 행동이었다.

독실한 키르케고르에게 죽음은 '하느님을 회상하라고' 재촉하는 촉매였다. 죽음을 항상 의식하고 지내면 믿음이 깊어지기 마련이다. 그러나 키르케고르의 통찰이 '신은 죽었다'라는 복음을 지지하는 사람들의 마음까지 바꿔놓을 수 있을까? 실존주의자라면 당연히 이런 의문을 품어야 할 것이고, 이 의문에 답하기 위해 키르케고르가 죽음으로부터 끌어낸 지혜를 세속적으로 번역해보자. 예컨대 당신이 신을 믿지 않지만, 그럼에도 불구하고 '사랑'이 당신에게 신神의 용어라면, 당신도 삶에서 사랑하는 관계만큼 중요한 것은 없다고 생각할 수 있다. 현학적으로 들릴 수 있겠지만, 키르케고르는 죽음을 이렇게 이해한 것일지도 모른다. "당신이 함께 살아가는 사람들에게 무심하지 말라. 논쟁하지 말고, 미결인 상태로 내버려두라."

망각이란 열차가 조용히 나를 향해 돌진하고 있다는 걸 이해하게 되면, 인간관계를 등한시하거나 주변 사람들에게 으르렁거릴 가능성이 크게 줄어들 것이다. 대신 잘못된 것을 바로잡아야 한다는 절박감은 더 커질 것이다. 수십 년 전, 나는 병든 어머니 문제로 형과 전화로 말다툼한 적이 있었다. 형은 나보다 아홉 살이 많아 거의 아버지와 같은 존재였다. 지금도 가끔 생각해보지만, 형의 사랑과 보호가 없었다면 전쟁터와 다름없던 우리집의 광란에서 나는 살아남지 못했을 것이다. 형의 자애로움이 나에게 깊이 내면화된 때문인지, 내가 아이들을 키우며 주고받던 말투에서도 형의 따뜻하고 장난기 어린 목소리가 어김없이 느껴졌다. 여하튼 우리는 그렇게 말다툼하고 전화를 끊은 뒤, 거의 10년 동안 말을 섞지 않았다.

죽음의 교훈이 좀 더 일찍 있었더라면 내가 자존심을 꺾었을 것이고, 그처럼 경솔하게 행동하지는 않았을 것이다. 또 죽음의 교훈이 있었더라면 나는 5시간을 운전해서 형을 찾아가 우리 관계를 되돌리려고 시도했을 것이다. 여하튼 반#의식적으로 나는 언젠가 우리가 화해할 거라고 생각했고, 화해하더라도 파국적인 사태가 우리 중 누구에게도 일어나지 않을 것이라 확신했다. 결국 어머니의 죽음이 올리브 가지 역할을 하여 우리는 예전처럼 다시 가까워졌고, 서로 적대하는 삶을 살며 포옹은커녕 말도 섞지 않았던 회색빛 시절을 무척 아쉬워했다.

죽음에 대한 키르케고르의 조언을 추천할 만한 이유는 많다. 하지만 내 생각에 키르케고르는 죽음의 한 부분, 즉 순수한 슬픔을 도외시한 듯하다. 3년 전, 나는 죽어가는 한 여인의 옆에 앉아 있었다. 80대 후반이던 그 여인은 상당히 널리 알려진 복음주의 저술가였다. 따라서 그녀를 좋아하던 독자들이 병상을 지키고 싶어했다. 그녀는 자상하고 정직한 여인이었다. 우리 둘만 남게 되자, 나는 그녀의 뼈만 앙상히 남은 손을 꼭 쥐며 물었다. "지금 죽어가고 있다는 걸 아십니까? 두렵나요?" 그녀는 입술을 깨물며 고개를 저었다. 그러고는 나지막이 대답했다. "그렇지 않아. 두렵지는 않지만 슬프구나. 모두를 두고 떠나야 한다니까 정말 슬프구나."

죽음을 진지하게 생각하려는 사람이면, 인연의 끈이 끊어질 때 필연적으로 닥치는 무거운 슬픔도 고려해야 마땅하다. 신앙심이 깊은 사람들은 우리 모두가 내세에서 다시 만난다는 믿음으로 죽음이라는 골을 건넌다. 80대 후반의 그 여인은 누구보다 독실한 신앙인이었지만 슬픔에 휩싸였다. 하기야 예수도 겟세마네 동산에서 임박한 죽음을 슬퍼했다. 죽고 나면 상실의 고통도 느끼지 않을 것이라고 조롱할 사람도 적지 않을 것이다. 그러나 좋은 것의 상실—가장 좋은 것인 사랑의 상실—이 계속 상실감으로 남을 것이란 주장도 부인될 수 있다. 사랑하는 사람의 부재를 대륙이 갈라진 것처럼 안타까워하는 사람들의 고통을 고려한다면, 키르케고르의 책을 덮고 종말에 대한 모든 생각을 끊어야 마땅할 것이다. 슬픔의 모든 무게를 받아들이고 견디는 능력이 우리가 진실한 인간으로 성장하는 데 필요한 부분이라고 믿지 않는다면 말이다.

4장

진정성

위대함은 이러저러한 존재가 되는 데 있지 않고
자기 자신이 되는 데 있다.
그리고 인간은 누구나,
만약 그가 원한다면 그렇게 될 수가 있다.

_《이것이냐 저것이냐》

시대정신에 대해 이야기할 때는 우리가 어디에서 살고 있는지 명확히 해야 설득력이 있다. 나는 미네소타에서, 그것도 주민들이 휴가 계획을 세우고 자식들이 대학에 진학하기를 바라며, 자신은 요가 수업이나 교회에 나가는 구역에 살고 있다. 이런 성향을 '미네소타 나이스Minnesota Nice'라고 일컫는다. 예컨대 당신이 어떤 사람의 집에 들러 생일 선물을 준다면, 십중팔구 당신이 집에 도착하기도 전에 감사 카드를 받을 것이다. 하지만 미네소타 사람들조차 '미네소타 나이스'라는 말로 '미네소타 아이스Minnesota Ice'를 감출 수 있을까 의심한다. 달리 말하면, 마음속으로는 미네소타 사람들도 반듯한 행실과 예의 바른 행동이 진정성이 떨어진다고 생각한다는 뜻이다.

그러나 도대체 '진정성authenticity'이 무슨 뜻일까? 진실하게 산다는 것은 무엇을 뜻할까?

1950년대와 1960년대 초에는 전통적인 가정과 교외 생활을 이상화하는 텔레비전 프로그램이 크게 유행했다. 한편 문학에서는 예전의 이반 일리치처럼 《호밀밭의 파수꾼》의 홀든 콜필드, 《세일즈맨의 죽음》의 윌리 로먼 같은 주인공들이 비슷비슷한 인간, 획일화된 인간, 즉 아무런 개성도 없이 외부적 요인에 의해 규정되는 인간이 되어가는 두려움을 넌지시 드러냈다.

요즘 우리 동네 사람들과 학생들을 보고 있으면, 진정성이란 개념이 크게 달라진 듯하다. 과거에는 힘들었던 진정성에 대한 증명이 이제는 셀카 사진과 소셜미디어로 넘어간 것처럼 보인다. 링크드인(구인 구직 서비스에 소셜미디어 기능을 합친 비즈니스 인맥 관리 서비스_옮긴이)과 페이스북에서 각자 인물 소개를 관리함으로써 모두가 자기 자신의 후안무치한 광고쟁이가 된 듯하다. 이제 중요한 것은 진정한 당신의 모습이 아니라, 당신이 겉으로 어떻게 보이느냐이다! 저명한 X세대 작가, 척 클로스터먼Chuck Klosterman은 이렇게 말했다. "내 세대 사람들이 진정성을 경멸하는 가장 큰 이유는 진정성을 너무도 부러워하기 때문이다. 이것이 내 솔직한 생각이다."

오늘날의 구호는 "당신의 열정을 따르라. 당신이 좋아하는 일을 하라"이다. 삶에서 이루고 싶은 꿈을 가지라고 모두에게 독려한다. 그 꿈이 당신의 본질인 것처럼, 그 꿈을 얼마나 끈덕지게 추구하느냐에 따라 진정성을 인정받는다. 그래서 프랑스 화가 폴 고갱이 가족을 떠나 타히티 섬에서 그림을 그렸던 것이 아닐까? 무책임한 짓으로 보였지만, 그 자신은 진실하게 행동한 것이었다. 또 저명한 철학자 찰스 테일러Charles Taylor는 '진정성 윤리'를 신중하게 옹호하며, 게일 시히Gail Sheehy의 베스트셀러《통과: 성인 생활의 예측 가능한 위기들Passages: Predictable Crises of Adult Life》을 '진정성=개인의 자아실현'이란 등식의 일례로 언급했다. 시히는 이렇게 설교한다.

당신이 중년의 여정을 시작할 때 모든 것을 가져갈 수는 없다. 당신은 기존의 틀을 떠나는 것이다. 제도권이 요구하는 것과 다른 사람들이 정해준 의제를 벗어난다. 외부의 가치 판단과 승인에 구속되지 않는다. 당신은 이런저런 역할을 훌훌 털어내고 자아로 들어간다. 이런 여정을 떠나는 모든 사람에게 환송 선물을 주어야 한다면, 텐트를 선물하겠다. 그 텐트는 실험적인 삶을 위한 선물, 어디에도 구속되지 않고 언제라도 어디로나 이동할 수 있는 선물이 될 것이다. …… 우리 모두에게는 다시 태어나서 '진정으로' 특별한 존재가 되는 기회가 있기 때문이다. …… 자기 발견의 환희는 언제라도 가능하다.[1]

진정성을 철학적으로 다룬 이론은 많다. 하지만 진실한 삶을 살아야 한다는 두려움과 티격태격하며 내가 많은 시간을 보냈는지 확인하기 위하여 굳이 이론이 필요하지는 않다. 깊은 불안감에서, 또 그 불안감을 극복해보려는 마음에서 나는 운동과 학업의 세계에 들어섰지만, 때때로 나는 두 세계가 나에게 알맞지 않은 것 같았고, 그런 느낌은 당연한 것이었다. 마침내 1980년대 초 어느 가을날 오후, 진정성에 대한 콤플렉스가 폭발하며, 내 미래를 거의 뒤집어놓았다.

필립 리프가 나를 끌어당겨 감싸주었을 때 그것은 나에게 일종의 축복이어서, 대학원 동료들 모두에게 숨김없이 알려주고 싶을 정도였다. 20세기 초를 배경으로 한 영국 드라마 〈다운턴 애비Downton

Abbey〉에 출연한 한 인물처럼, 리프는 옷차림과 예절에서 조금도 흐트러짐이 없었고, 때로는 높은 실크해트와 외알 안경을 자랑스레 뽐내기도 했다. 리프는 지적인 이탈자였다는 점에서 키르케고르와 별로 다르지 않았지만, 예의범절이 우리 안팎의 야만성을 구분 짓는 마지막 방어벽이라고 굳게 믿었다. 그의 말투에는 머뭇거림이나 주저함이 없었다. 리프는 한마디로 최면술사였다. 그는 마치 책, 그것도 좋은 책을 낭독하듯이 말했다. 그로부터 20여 년이 지난 후, 그는 카리스마에 대한 장문의 연구서를 발표했다. 카리스마는 그가 선천적으로 지닌 자질이었고, 그의 강의를 들었던 우리 모두는 그에게서 강렬한 카리스마를 느꼈다.

어느 날 오후, 리프가 나에게 프로이트와 키르케고르에 대해 쓰고 있던 논문을 지도해주겠다며 연구실로 찾아오라고 말했다. 나는 초조한 마음을 감추고 느릿하게 그의 연구실로 들어갔다. 당시 나는 청바지에 헐렁한 셔츠를 입었고, 한쪽 귀에는 금귀걸이가 번쩍거렸다. 리프는 나를 힐긋 보고는 레몬을 씹은 것처럼 얼굴을 찌푸리며 물었다. "그렇게 폭력배처럼 행동하고 옷을 입는 이유가 뭔가?" 그는 낄낄대고 웃으며 덧붙여 물었다. "또 그 유치한 귀걸이는 왜 덜렁덜렁 매달고 있는 건가?" 리프는 내가 전에도 그렇게 입은 걸 보았지만 그때에는 별다른 지적을 하지 않았었다. 그는 내 옷차림을 일시적인 일탈 행위하고 생각했거나, 아니면 나와 충분히 가까워져서 나를 꾸짖더라도 내가 폭력적으로 반항하지 않을 거라고 확신한 게 분명했다.

나는 불안감에 사로잡혀 허둥댈 수밖에 없었고, 귀걸이가 상징이라고 엉겁결에 대답했다. 리프는 다시 깔깔대고 웃었다. "상징이라고! 앞으로 10년 후면, 경영대학원생 모두가 귀걸이를 하겠구먼! 그런데 무엇을 상징하는 건가?" 이렇게 신랄하게 묻고는 직접 대답했다. "자네 생각대로 귀걸이가 상징이라면, 귀걸이의 역사에 대해서는 좀 알겠지. 그래, 귀걸이의 역사에 대해 뭐를 알고 있나?" 리프의 느닷없는 질문에 나는 당황해서 어깨를 으쓱할 수밖에 없었다. 잠시 진땀나는 침묵이 흘렀고, 리프가 귀걸이의 역사에 대해 짤막하게 설명하며 내 조상들이 살았던 이탈리아 남부에서 농민들이 귀걸이를 착용하는 풍습이 있었다고 덧붙였다.

내 회상을 비롯해 회고록은 결코 신뢰할 수 없다. 우리가 제아무리 기억을 짜내더라도 과거와의 대화는 항상 부분적으로 픽션일 수밖에 없기 때문이다. 이 경우에 나도 리프와 정확히 어떤 말을 주고받았는지 기억할 수 없다. 그러나 내가 명문 대학교의 대학원에 재학 중이지만 내 배경을 감추고 싶은 의도는 조금도 없다는 취지로 말했다는 건 막연히 기억한다. 요즘에도 유명한 운동선수가 이런 태도를 취하며, 수백만 달러의 계약을 맺고 호화주택에 살고 있다는 이유로 자신의 뿌리를 잊지는 않았다고 단언하는 기사가 가끔 보도되지 않는가. 리프는 눈을 전혀 깜박이지 않고, 두꺼운 안경 너머로 나를 쏘아보았다. 그러고는 길고 가느다란 손가락을 책상 위에 올려놓으며 말했다—그 말만은 지금도 정확히 기억하고 있다. "마리노 군, 이제

껍데기를 벗기 시작할 때가 된 것 같군." 나는 리프를 공경하고 두려워한 만큼, 큰 충격을 받아 벌떡 일어서며 그에게 나를 그렇게 평가하는 근거가 무엇이냐고 물었다.

나는 혼란스러운 삶을 살면서도 항상 나 자신에게 진실하려고 애썼다. 정확히 말하면, 내가 생각하는 나―상당한 학식을 갖춘 노동자 계급의 영웅―에 진실하려고 애썼다. 나와의 관계에 대한 리프의 확신이 옳았던 모양이다. 다른 사람에게 그런 말을 들었더라면 나는 틀림없이 폭발했겠지만, 이상하게도 뭔가가 그런 폭발을 억눌렀다. 그때 내가 폭발했더라면, 내 삶을 긍정적이고 당시로서는 상상할 수 없던 방향으로 끌어가던 인간관계가 엉망진창으로 변하고 말았을 것이다.

진정성의 리트머스 시험은 우리가 생각하는 우리 모습과, 겉으로 드러내 보이는 우리 모습 간의 차이인가? 알베르 카뮈는 진정성에 대해 오랫동안 진지하게 고뇌한 작가였다. 카뮈가 창조해낸 가장 유명한 등장인물은 아마도 《이방인》의 주인공 뫼르소일 것이다. 뫼르소는 무의미한 살인을 저지르지만, 결국 사형선고를 받은 주된 이유는 치안판사와 그 밖의 사건 관계자들이 듣고 싶은 말, 즉 '죄송합니다. 잘못했습니다'라는 말을 하지 않았기 때문이다. 뫼르소는 살인을 했지만, 마음에 없던 감정을 거짓으로 고백하지는 않았다. 카뮈는 《작가 수첩Carnets》에서 "진실하고 싶다면 무엇보다 거짓으로 꾸미지 말라"라고 써두었다. 말하기는 쉬워도 실천하기는 무척 어려운 충고이다.

권투하는 글쟁이로 사회적 삶을 시작했을 때, 나는 헤비급 프로 권투 선수의 연습 상대로 링을 약간 경험했다는 이유에서 내가 단순한 글쟁이가 아니라 엘리트 권투 선수회의 일원이라 착각한 적이 많았다. 어느 날 오후, 나는 마이크 타이슨Mike Tyson과 오랜 대화 끝에 함께 산책을 나갔다. 타이슨이 나에게 "당신과 나 같은 사람들은……"이라고 말을 걸었다. 나는 가식을 완전히 벗어던졌다고 생각했다. 적어도 핵주먹 타이슨은 나에게 가식을 떨쳐냈다고 생각하게 해주었다. 그러나 그 즉시 나는 내가 가식덩어리라는 걸 절감하지 않을 수 없었다. 나는 남들에게 빌린 옷으로 나를 꾸역꾸역 감추고 있었던 것이다. 타이슨에게 진실을 고백하지는 못했지만 나는 협잡꾼이 된 듯한 기분이었다. 다시 카뮈를 인용하면, 진실하고 싶다면 "거짓으로 꾸미지 말라." 진실한 자신의 모습이 편하게 느껴지지 않더라도 '거짓으로 꾸미지 않으려고 노력'하고 또 노력해야 한다.

하지만 가식이 없다고 진실한 것일까? 진실하려면 가식이 없는 것만으로는 부족한 것일까? 사기꾼이 자신의 사기 행위를 인정하면 진실한 사람이 되는 것일까? 반대로 친절하고 너그럽게 행동하지만 스스로 이기적인 존재라 생각하는 사람은 대외적인 자아와 자각된 자아가 충돌하기 때문에 가식적인 사람이 되는 것일까?

진정성이란 문제는 실존주의 문헌들을 관통하는 일관된 주제이며, 낭만주의자와 장자크 루소Jean-Jacques Rousseau(1712-1778)까지 거슬러 올라간다. 하지만 진정성의 '본질'이 거기 있는 것 같지는 않다. 달리 말하면, 우리가 정사각형을 네 변의 길이가 같은 사각형으로 정의하듯이 진정성을 완벽하게 정의하는 어떤 속성이 있는 것 같지는 않다. 물리학자이며 철학자인 벤 야코비Ben G. Yacobi는 진정성에 대해 이렇게 말한다.

'진정성'이란 개념은 인간이 머릿속으로 구성한 생각이므로, 인간의 마음을 떠나서는 어떤 실체도 갖지 않는다. 그런데, 진정성은 가능한 것일까, 더 나아가 바람직한 것일까? …… 이런 생각은 진정성이란 개념을 절대적인 것으로 해석하도록 우리를 유도하지만, 절대적인 것의 추구는 일반적으로 어떤 결실도 얻어내지 못한다.[2]

사르트르가 시도해보았지만, 책상과 의자가 구분되는 것처럼 성실성sincerity과 진정성은 명확히 구분되지 않는다. 우리가 진실한 삶을 살고 있는가를 판단할 만한 객관적인 기준을 세우는 것도 가능하지 않다. 내적인 삶을 구성하는 요소들을 분석하려는 시도들에서는 한결같이 이런 정확성이 부족하다.

키르케고르는 《사랑의 역사》에서 "영적인 것에 대한 인간의 모든 발언은 …… 기본적으로 은유적인 발언이다"[3]라고 말했다. 우리는 나무들 사이를 흐르는 바람의 움직임을 '사실적으로' 묘사할 수 있지만, 정신의 '움직임'을 그렇게 묘사하지는 못한다. 니체도 감미로운 비유법을 사용해서 "진리는 은유로 구성된 기동군mobile army이다"라고 말했다. 결국 진정성이 무엇인지 묘사하려면 다채로운 은유가 필요하다는 뜻이다.

철학자이자 비평가 테오도어 아도르노Theodor Adorno(1903-1969)는 《진정성이라는 은어Jargon der Eigentlichkeit》에서, 키르케고르와 하이데거 같은 학자들이 만들어낸 영묘한 용어들은 유혹적이지만 궁극적으로 공허한 말장난이라고 투덜거렸다. 하기야 그럴듯한 말로 마법을 부린 환상이 전부인데도 독자를 속여 중요한 쟁점이 논의되고 있는 것처럼 믿게 만드는 말장난이 우리 주변에 많다. 무신론자들은 종교적인 허튼소리에 대해 불평하지만, 아도르노는 철학에도 그와 똑같은 허튼소리들을 보관한 창고가 있다고 주장하며, 철학의 그런 허튼소리들을 '친교의 전례典禮'라 칭하며 조롱했다. 아도르노의 주장에 따르면 진정성, 즉 본래의 자신이 되려는 노력에 대한 모든 복잡한 말장난은 우리 각자에게는 자기 성찰을 통해 판별되는 영혼 같은 본질이 있다는 잘못된 가정에 근거한 것이다.

또 니체였다면 독창성이란 것은 "우리 모두의 얼굴을 빤히 쳐다보고 있지만, 아직 적당한 이름이 없어 언급되지 못하는 것을 보는"[4] 능력이라고 빈정거렸을 것이고, 이런 빈정거림은 진정성에도 그대로 적용되었을 것이다.

요약해서 말하면, 우리는 어떤 관계 속에 존재하는 개체이다. 이 땅에서 존재하려면 우리는 우리 자신과 관계를 맺고, 다른 사람 및 주변 상황과 관계를 맺어야 한다. 또 많은 사람이 신과 관계하며 존재한다고 믿거나, 그렇게 믿으려고 애쓴다. 따라서 관계라는, 피할 수 없는 인간의 속성을 고려하면 자신이나 다른 사람과 맺는 관계에는 참된(진실한) 관계와 거짓된(가식적인) 관계가 있다고 생각할 수밖에 없다. 참된 관계가 열려 있고 정직한 관계를 뜻한다면, 거짓된 관계는 가장하고 꾸미는 관계를 뜻한다.

니체, 키르케고르, 톨스토이에게 영향을 받은 마르틴 하이데거는 인간을 지칭할 때 주체와 객체라는 전통적인 용어를 사용하지 않고, 새롭게 만든 용어 '현존재Dasein'를 사용한다. 현존재는 직역하면 '거기에 있음'으로 번역된다. 전통적 용어와 현존재 중 어느 쪽을 선택할지는 독자의 몫이지만, 하이데거의 철학에서 인간은 본질적으로 열린 존재이다. 달리 말하면, 존재의 의미에 의문을 제기하는 열린 존재이다. 하기야 인간 이외에 "삶의 의미는 무엇인가?", 또 하이데거처럼 "왜 세상은 무無가 아니라 유有인가?" 같은 문제들에 관심을 가질 만한 다른 피조물이 있겠는가. 사르트르가《존재와 무》에서 말했듯이, 현존재는 무를 존재로 옮겨가며 우리 자신의 존재에 의문을 제기한다.

하이데거의 현상학은 대강 이렇게 요약된다. 현존재는 존재하게 될 때 고유한 능력을 갖고, 문화 및 역사와 관계를 맺는다. 하이데거는 종교적 용어를 사용하며 현존재는 당연히 '타락Verderbnis'의 상태에 있다고 주장한다. '현존재'가 나태하고 하찮은 일상의 삶에 열중하는 상태가 타락이다. 이런 타락의 상태에서 현존재는 '군중'에게서 자신의 존재감과 정체성을 얻는다. 내가 여기에서 현존재에 인용부호를 사용한 이유는, 앞에서도 말했듯이 하이데거가 주체와 객체라는 이분법을 피하는 어휘를 새롭게 만들려고 애쓴 때문이다.

우리의 '타락'은 안락의자에서 떨어지면서까지 텔레비전 연속극에 몰두하는 것과 비슷하다. 팝콘 상자를 품에 안은 우리는 삶의 의미에는 관심이 없다. 망각과 태만의 상태에 있을 뿐이다. 그런데 어느 순간, 무엇인가가 우리 실존의 대들보를 뒤흔든다. 키르케고르는 그런 흔들림을 '가슴이 철렁하는 느낌'이라고 칭했고, 하이데거에게 그 흔들림은 '최후에 있을 가능성'인 죽음에 대한 실존적 자각이었다. 이 자각에 우리가 긴장하고, 그에 따라 고뇌까지 더해지면, 그 자각은 우리 손목을 움켜잡고 군중에서 우리를 끌어낸다. 이때 우리는 불안에 사로잡히고, 타락에서 빠져나온다.

비유해서 말하면, 대기실에 앉아 자식의 심장 절개 수술이 끝나기를 초조히 기다리는 사람과 다를 바가 없다. 그는 대기실에 홀로 있는 것이 아니다. 대기실에는 잡지를 훑어보는 사람, 묵주를 돌리며 기도하는 사람도 있지만, 그가 두려움에 사로잡힌 까닭에 스스로 의지할 곳 없는 외톨이라고 생각할 뿐이다. 대기실의 작은 창문을 통해 그는 의사가 지나가는 걸 보고, 저 의사가 조금 전까지 어린 딸의 심장을 만지작거렸지만, 이제는 자기의 어린 아들이 농구 경기를 잘 했느지 알아보려고 아내에게 전화하지 않을까 생각한다. 이처럼 불안, 특히 죽음의 불안에 우리는 개별화되고, 안락의자와 태만의 상태를 그리워하게 된다. 하지만 키르케고르와 하이데거와 톨스토이를 비롯한 여러 실존주의자의 주장에 따르면, 불안은 우리에게 우리 자신 및 타인과 진실한 관계를 맺을 기회를 제공한다. 철학자 마이크 마틴Mike Martin은 하이데거와 톨스토이에 대한 글에서 이렇게 말했다.

> 죽음은 맞닥뜨리지 않아도 무섭다. 죽음은 막연한 두려움과 불안을 불러일으킨다. 그 결과로 우리는 진정성에서 멀어지고, 관습과 일상의 쾌락에 빠져든다. …… 죽음을 완전히 인정할 때 우리는 한결같은 삶을 살라는 압력을 받는다.[5]

한결같은 삶을 산다는 것은 진실한 삶과 밀접한 관계가 있다.

진정성에 대한 명확한 정의는 없지만, 진정성은 단순히 가식적인 행동을 삼가는 것이 아니다. 내가 개인적으로 알고 지내는 많은 사람도 결코 가식적이지는 않지만 다른 사람의 의견에 냉담할 정도로 무관심하다. 단지 그 이유만으로 나는 그들이 진실하다고 평가하지 않는다. 진실하다는 것은 진정한 자신이 되는 것이다. 니체는 "너 자신이 되어라!"라고 촉구했다. 결국 하이데거처럼, 니체도 우리에게 자신을 창조하라고 촉구한 것이다. 니체와 사르트르와 하이데거의 생각에, 우리는 문화와 감정, 경험과 평가 등이 혼란스럽게 뒤섞인 존재이다. 우리는 이런 혼합물로부터 우리 자신을 창조해낸다. 이런 점에서 우리 삶은 하나의 예술 작품과 다를 바가 없다.

우리 자신에 대한 우리의 생각은 역사 · 문화적으로 영향을 받을 수밖에 없다. 키르케고르는 이런 생각 뒤의 어딘가에 진정한 자아가 있다는 걸 강조했다. 밥 딜런이 말했듯 "당신은 영국 대사일 수도 있고 프랑스 대사일 수도 있다. …… 하지만 당신은 누군가에게 봉사해야 한다." 키르케고르에 따르면, 그 봉사원이 진정한 당신이다. 진정성이 버킷리스트나 자아실현과 혼동되어서는 안 된다. 예컨대 당신은 모든 잠재력을 발현해서 피카소 같은 화가가 될 수 있다. 그러나 키르케고르의 관점에서 보면, 그런 잠재력을 발현한다고 당신이 진실한 존재가 되는 것은 아니다. 이때 진실한 존재는 당신의 진정한 자아, 즉 신이 당신에게 의도한 자아를 뜻한다.

그러나 키르케고르의 말이라고 무조건 믿어야 하는가? 우주의 창조주가 어떤 계획하에 나 같은 하찮은 인간을 창조했고, 게다가 그 계획을 받아들일 것이냐 마느냐 하는 선택권도 나에게 주었다는 것을 믿어야 할 이유가 어디에 있는가? 어쩌면 그 계획은 우리 모두에게 같은 것, 즉 '이웃을 자신처럼 사랑하고 보살피는 착한 사마리아인이 되는 것'일 수 있다. 믿음이 깊어지면 그 계획을 받아들일 수 있을까? 키르케고르를 인정하든 그렇지 않든 키르케고르는 인간에게 가장 중요한 관계는 하느님과의 관계이고, 그 관계로부터 마땅히 모든 관계가 뒤따른다고 주장했다.

하지만 영적으로 결벽증이 있는 사람들을 위해서 키르케고르는 진정성에 대한 다른 가능성도 열어놓았다. 전통적으로, 지식은 '옳은 것으로 입증된 믿음'으로 정의된다. 키르케고르에게는 '옳고 그름'과 '입증'보다 '믿음'이 더 중요하다. 또 키르케고르에게는 '어떻게'가 '무엇'만큼이나 똑같이 중요하다. 어원적으로 말하면, 라틴어와 독일어 모두에서 '진정성'이란 개념은 무엇인가를 우리 자신의 것으로 만든다는 뜻과 본질적으로 밀접한 관계가 있다. 키르케고르의 주장에 따르면, 우리는 페이스북에서 어떤 의견에 '좋아요'를 누름으로써가 아니라 그 의견을 적극적으로 우리 자신과 관련짓고 행동으로 표현함으로써 우리 생각을 만들어간다. 보편적 사랑을 말로만 떠드는 것보다, 당신 집 앞의 깔판에서 밤을 지새우는 노숙자 여인을 돕겠다고 결심하고 실천하는 편이 더 낫다.

시민권 운동이 한창이던 1960년대에는 인종차별의 부당함을 항의하는 사람이 많았다. 특히 프리덤 라이더스Freedom Riders는 말로만 그치지 않고 행동에 나섰다. 그들은 유권자 등록을 하려고 남부행 버스에 대거 올라탔고, 자신들이 폭력의 소용돌이에 뛰어들고 있다는 걸 알았다. 그들을 태운 버스가 공격을 받았고, 그들은 거의 죽도록 얻어맞았으며 때로는 죽음의 사선을 넘기도 했다. 미시시피의 주도 잭슨 같은 곳의 경찰들은 시위대를 폭력으로 진압하거나, 분노한 군중이 주먹과 몽둥이를 휘두르며 시위대에게 폭력을 행사하는 걸 지켜보기만 했다. 남부행 그레이하운드 버스에 오른 시위대의 대다수는 부모가 대학을 가지 못한 1세대 대학생이었다. 그들의 부모는 자식들을 대학에 보내려고 온갖 희생을 감수해야 했지만, 열아홉이나 스무 살이던 그들은 프리덤 라이더스 운동에 참여하려고 시험을 건너뛰었고, 중퇴하거나 휴학했다. 이런 행동은 두 가지 이유에서 진정성을 띤다. 첫째로는 그들이 부모나 사회로부터 요구를 받아 그렇게 행동한 것이 아니었고, 둘째로는 각자의 확신에 따라 그렇게 행동한 때문이었다.

간혹 나는 혼잣말로 나 자신에게 이렇게 중얼거린다. "고든, 너는 항상 친절의 마왕인 것처럼 말한다. 아니라고? 그럼, 오늘 누군가의 부탁을 거절한 적이 있어?" 나는 친구에게 친절한 만큼 나 자신에게도 친절하고 싶다. 그러나 솔직히 말하면, 내가 누군가를 위해 어떤 특별한 노력을 했는지 하나도 생각해내지 못하는 경우가 많다. 결국 나는 프리덤 라이더스처럼 행동하는 실천가는 아니다. 따라서 친절에 대한 내 확신은 나 자신에 대해 나에게 말하는 꾸며낸 이야기에 불과할 가능성이 있다. 달리 말하면, 내가 항상 친절해야 한다고 말하지만, 그 말은 내가 상상하고 싶어하는 것만큼 내 진심에 가깝지 않다는 뜻이다. 실존주의에서 언급되는 미덕들은 자신에 대한 정직함을 요구한다. 따라서 실존주의적 관점에서 진정성은 우리에게 어떤 경우에도 자신의 생각을 진정으로 받아들일 수 있느냐는 물음에 솔직하기를 바란다.

하지만 수백만 명의 나치가 바로 그렇게 행동했고, 수십만 명의 미국인이 노예제도를 지키려고 끝까지 저항한 사례가 있다고 주장할 수 있다. '자신에게 진실한 것'이라는 진정성은 오히려 이기적이고 자아도취적인 이상이 아닐까? 이런 의문에 철학자 찰스 테일러는 이렇게 대답했다.

진정성이 우리 자신에게 진실한 상태를 뜻하고, 우리 자신의 '현존재로서의 느낌sentiment de l'existence'을 회복하는 것이라면, 이 느낌으로 우리가 더 큰 전체에 연결된다고 인식하는 경우에만 진정성이 완전히 성취될 수 있을 것이다. 낭만주의 시대에 그랬듯이 자기감정과 자연에의 소속감이 연계된 상태가 진정성은 아니다.[6]

진정성이 도덕적 청렴을 보장하는 것은 아니다. 그러나 테일러는 "공적으로 규정된 질서로 인한 소속감의 상실은 더 강력한 내적인 연대감으로 보완되어야 할 필요가 있는 것 같다"라고 했다. 키르케고르는 테일러의 '더 강력한 내적인 연대감'을 '내성內省, inwardness'이라 칭했다. 그 내성은 키르케고르가 자신의 시대에 잊혔다고 비판한 이상이었다. 그 이상은 지금 우리 시대에는 더더욱 잊힌 듯하다. 행동과 선택에서 주체성을 강조하는 진정성은 이기적이고 자기중심적으로 여겨질 수 있다. 하지만 우리가 합리적인 동물이더라도 우리 자신의 밖에 존재하는 것과 강력히 유대하는 경우에만 우리 자신이 되는 것이 가능하다. 키르케고르에게 우리 밖에 존재하는 것은 신이지만, 테일러는 "그 유대는 우리 자신을 정치적 대의에 결속하는 형태를 띠거나, 세속화하는 경향을 띨 수 있다"라고 주장한다. 또 1990년대 초에 그는 우리가 점점 더 파편화되는 세계에 살고 있다는 사실을 넌지시 지적하는 데 그치지 않고 "많은 현대시詩가 표현하려고 애썼던 것이 바로 그런 세계가 아닐까"라고 덧붙였다.

예수는 자신이 선택한 제자, 가나 출신의 나다나엘에 대해 "이 사람이야말로 정말 이스라엘 사람이다. 그에게는 거짓이 조금도 없다"라고 평가했다. 달리 말하면, 그는 간교한 속임수가 없는 사람, 어떤 비밀도 없는 사람, 겉으로 보이는 것이 본래의 모습인 사람, 한마디로 요약하면 '진실한' 사람이었다. 진정성은 어떻게 정의되더라도 우리가 목표로 지향할 수 있는 것은 아닌 듯하다. 달리 말하면, 우리는 비진정성, 즉 가식을 피하기 위해 노력하고 발전을 이루어낼 수 있을 뿐이다. 나는 마이크 타이슨과 대화하는 동안 강인한 사람처럼 보이려고 행동하지 않았어야 했다. 오히려 그의 어깨를 툭 치며, 내가 그의 연습 상대로 몇 번이고 링에 올랐지만 그와 나는 다른 세계에 살고 있다는 걸 솔직히 고백했어야 했다. 이런 고백은 내가 껍데기를 벗어던지고 나의 유약함을 인정하는 행동이 되었을 것이다.

지금까지 살펴본 바에 따르면, 진정성은 가식적 행위의 자제를 넘어 진정한 자아가 되려는 노력이다. '시인' 셰익스피어도 "자신에게 진실하라!"고 역설했다. 양자택일로 요약하면 이렇게 된다. 그 자아는 우리가 창조한 자아인가? 아니면 키르케고르 식으로 말해서, 처음부터 거기에 있었던 자아의 계획은 우리가 뭔가를 이루어내기 위해 온갖 노력을 다하고 미네소타 나이스를 나름대로 실천하더라도 실현할 수 없는 계획인가?

5장

신앙

위험이 없는 곳에는 신앙이 없다.

_《철학적 단편에 부치는 비학문적인 해설문》

나는 매일 감사 일기를 쓰지는 않는다. 그러나 우울증이 검둥개처럼 내 목에 달려들면, 자식들이 모두 성장해서 건강하고 근면하며 예의 바른 시민으로 살아가고 있다는 사실을 떠올린다. 또 내가 이제는 가난하지 않다는 것에도 감사한다. 또 난민촌에서 빈둥대거나, 아프가니스탄에서 사제 폭탄의 위험에 긴장하지 않아도 되는 삶을 사는 것에도 감사한다. 이렇게 마음을 다잡으려고 할 때, 간혹 내면의 목소리가 위협하듯이 들려온다. "네가 정말 비판할 것을 찾고 싶다면, 잠깐만 기다려라!" 내가 현재의 아름다움을 음미할 수 있어야 한다는 생각에 동의하는 것은 사실이지만, 우울한 기분이 밀려오면 현재의 아름다움은 추상적인 것에 불과해진다.

어느 날 아침, 음울한 슬픔의 날카로운 발톱이 나를 할퀴었고, 나는 강변의 철로를 따라 터벅터벅 걷고 있었다. 앞쪽으로 좀 떨어진 곳에 대머리 독수리가 날개를 접고 앉아 있었다. 그 위풍당당한 모습에 다른 사람이었다면 깜짝 놀라 숨조차 제대로 못 쉬었겠지만, 당시 내가 느낀 기분은 대머리 독수리를 보았다기보다 전선에 걸린 비닐봉지나 참새를 본 것에 가까웠다. 수개월 전, 늦은 봄날 오후에도 비슷한 경험이 있었다. 대학에서 비공식적으로 마련한 상담을 막 끝낸

뒤였다. 특히 한 남학생에게 우울증을 이유로 수업을 빼먹고 그 때문에 자제력이 부족하다고 자책하지 말고, 강한 남자가 되려고 애쓰고 우울증과 싸우는 법을 하나씩 배우라고 용기를 북돋워주었다. 이유는 정확히 모르지만, 그 이후에 나는 갑자기 외톨이가 된 듯한 언짢은 기분에 사로잡혔다. 그 차가운 불덩이를 끄기 위한 무엇인가가 필요했다. 해가 지고 있었고, 집에 돌아가는 길에 동네 맥줏집에 잠깐 들러야겠다고 생각했다.

나는 운전대를 잡고, 창문에 '버드 라이트'라는 네온사인이 번쩍이는 맥주의 제단을 향해 다가갔다. 그때 무엇인가가 내 마음속을 파고들었고, 나는 충동적으로 자동차의 앞머리를 성 도미니크 성당 쪽으로 돌렸다. 나는 납치당한 것처럼 얼굴을 찌푸렸지만 그래도 곧 맥주잔을 손에 쥐게 될 거라고 확신했다. 그러나 나는 거의 마법에 걸린 것처럼 자동차에서 내려 성당에 들어가 앉았다.

나는 어렸을 때 가톨릭 신자였다. 나에게는 견진성사를 받고 일요일이면 성당에 가라고 독촉했지만, 정작 부모님은 그다지 독실한 신자가 아니었다. 내가 나름대로 성당에 열심히 다닌 것은 우리 가족과 함께 살던 사랑하는 할머니의 영향이었다. 이탈리아에서 태어난 할머니는 작은 성상들을 정성껏 보관했고, 80년 동안 뜨개질을 이어온 주글주글한 손에는 항상 묵주가 쥐어져 있었다. 3학년이 되었을 때 나는 학교에 가기 전에 일찍 일어나 자전거로 아침 미사를 다녀오곤 했다. 벌써 수십 년 전의 일이다. 그런데 성당에 돌아와 있었던 것이다. 아침도 아니었고, 나도 더는 야구 카드를 수집할 방법을 고민하는 어린아이가 아니라 희끗한 수염을 기른 노인이었다. 다른 식으로 말하면, 머릿속에서 유령들과 씨름하느라 믿음이 바닥에 떨어진 길을 잃은 영혼이었다.

성 도미니크 성당 한구석에 자그마한 예배실이 있었다. 병자와 망자를 위해 촛불을 켜둘 수 있는 일종의 벽감이었다. 작은 제단과, 성모가 묘사된 연푸른빛의 스테인드글라스로 꾸며진 그곳은 술집처럼 어둡고 아늑하며 붉은 카펫이 깔린 조용한 오아시스였다. 다행히 아무도 없었다. 나는 비틀거리며 촛대로 다가가 쓰러지듯 꿇어앉았다. 오래전에 세상을 떠난 아버지를 위해 촛불을 밝히고 싶었다. 유리컵 초는 안이 죄다 비워져 있었고, 촛대란 촛대는 전부 금속 심지 홀더까지 타버린 까닭에 아버지를 위해 초를 밝힐 수 없을 것 같았다. 다시 한 번 벽감을 둘러보고는 혼잣말로 중얼거렸다. "빌어먹을, 이게 뭐야?" 내가 아버지를 위해 촛불 하나도 밝힐 수 없다는 사실에 직면하자, 피해망상적 편집증이 엄습했다. 세상에 자애로운 절대자는 없고, 암흑의 힘이 우주를 질주하며 숙명처럼 나를 불효자로 갈아 없앨 것만 같았다. 과거의 잘못을 고려하면 그런 대접은 나에게 적합한 형벌인 듯했다. 나는 성당에 괜히 들렀다고 자책하며 내가 믿음을 잃은 까닭에 이 가혹한 운명을 겪는 것이라 생각했다.

하지만 성당의 묵직한 문을 열어젖히고 밖에 나왔을 때 이상한 의문이 문득 머릿속에 떠올랐다. 신앙은 우리가 잃는 것일까, 아니면 우리가 밀어내는 것일까?

누군가 무지막지하게 휘두른 망치에 맞아, 내가 영적인 호흡을 다시 시작하게 된 듯한 기분이었다. 그와 동시에 희망과 기도의 능력도 다시 생겨난 듯했다. 하지만 그렇지 않았을 수도 있다. 신앙을 잃는 것은 열쇠를 잃는 것과 다른 것일 수 있기 때문이다. 거룩하고 신성한 것에 대한 믿음을 고수하지 못한 이유가 무엇이겠는가? 피할 수 없는 고통의 채찍질을 견뎌내지 못한 때문일 가능성이 크다. 나를 위한 하느님이 '저기에' 있다는 가르침이 여전히 터무니없게 들렸고, 전능하신 하느님이 성모의 몸을 통해 독생자를 보냈다는 개념도 괴기스럽게 여겨졌지만, 여하튼 주중의 늦은 오후 나는 성당에 있었다.

상상력을 동원해도 성경에 언급된 기적들만큼 믿기 어려운 과학적 주장들이 많다는 사실을 되뇌며, 천국의 문을 두드릴 가능성을 높이려고 나름대로 노력한 때도 있었다. 블랙홀이나 평행우주가 그런 사실의 대표적인 예이다. 시간과 공간에는 존재하지만 확정된 위치가 없다는 쿼크는 또 어떤가? 보수적으로 말해도, 이상한 것은 사실이다. 도무지 이해되지 않는 현상들이지만, 이 현상들이 처녀 잉태와 부활만큼 과장된 것은 아닌 듯하다. 여하튼 죽은 지 나흘 만에 예수가 회생시켰다는 나사로의 이야기가 사실이기를 내가 열망하는 이유는 쉽게 이해되지만, 쿼크의 존재에 대한 확신을 더할 만한 증거를 찾으려는 열망은 없다. 더구나 기괴한 과학적 주장들은 실증적 검증을 받아들이고, 필요하면 수정된다. 하지만 부활 같은 종교적인 믿음은 그렇지 않다. 따라서 어떤 철학자들은 신의 존재 여부를 확정할 만한 객관적인 기준은 없으므로 도덕을 기준으로 그 문제를 해결하자고 제안했다. 미국의 철학자이자 심리학자 윌리엄 제임스William James(1842-1910)는 인간의 믿음이 실용주의를 취한다는 걸 알아냈다. 요컨대 당신의 삶이 깊은 골짜기를 뛰어넘어야 할 처지라면, 당신이 그 골짜기를 뛰어넘을 수 있다고 믿는 경우에 성공할 가능성이 더 커진다는 것이 제임스의 추론이다.

개인의 차원을 넘어 이런 믿음을 종교에 적용하면, 종교는 인간의 도덕적 역사에 긍정적인 방향으로 작용했을까? 그 결과를 무엇과 비교하면 좋을까? 정확히는 모르겠다. 다양한 신의 이름으로 행해지는 악마적 행위가 많다는 사실을 고려하면, 신앙이 고상한 힘이라고 확신하기는 쉽지 않다. 그렇다. 그것은 여러 방향으로 해석되는 애매모한 힘이다(어쨌거나 시민권 운동이 교회에서 시작되지 않았는가). 여하튼 전적으로 좋은 힘은 아니다. 똑같은 이유에서, 히틀러와 스탈린, 마오쩌둥과 폴 포트는 모두 근본적으로 무신론자였다. 궁극적으로, 도덕적 기준은 최종적인 양자택일을 결정하는 데 큰 도움이 되지 않는다.

지난 학기의 철학사 강의에서 나는 성聖 안셀무스(1033-1109)의 존재론적 논증ontological argument을 다루었다. 철학자들은 안셀무스의 추론을 귀류법reductio ad absurdum으로 분류한다. 귀류법을 간단히 설명하면 이런 것이다. 우리가 검증하려는 명제의 전제를 따라가다

보면 모순이 발생한다는 것을 증명하여 그 명제가 틀렸음을 밝히는 것이다. 이런 간접적인 증명법이 바로 귀류법이다. 안셀무스의 기발한 논증은 "어리석은 자는 마음속으로 신이 존재하지 않는다고 말한다"라고 시작된다. 어리석은 자라도 만약 신이 존재한다면 그 신은 상상할 수 없을 정도로 위대한 존재라는 점에는 동의할 것이다. 그리고 실제로 존재하는 것은 정신에만 존재하는 것보다 더 위대하다. 그러므로 어리석은 자가 신의 존재를 부인한다고, 정신에만 존재하는 것까지 부인하는 것은 아니다. 상상할 수 없을 정도로 위대한 존재에 대해 생각할 수 있다는 사실이 그런 존재가 실제로 존재한다는 것을 인정하는 셈이기 때문이다. 요컨대 무신론자가 신의 존재를 부인하려면 신에 대한 자신의 생각을 부정해야 한다. 그러므로 신은 존재하는 게 분명하다.

나는 혼란에 빠진 학생들에게 위의 증명에서 잘못된 부분을 찾아보라고 요구한 뒤, 안셀무스 추론의 결함을 다루었고 "신앙이 이성에 근거할 수 있다면 신앙이 필요없을 것"이란 결론을 내놓았다. 그 결론은 내가 기계적으로 암기한 키르케고르의 사상이었다. 계속해서 나는 "신앙은 보이지 않는 것과 증명되지 않는 것을 믿는 마음이다. 누구도 삼단논법의 사다리나, 존재론적 논증과 같은 것으로는 천국에 올라갈 수 없다"라고 덧붙였다. 대부분의 학생이 고개를 끄덕였지만, 한 똑똑한 학생이 나와 키르케고르의 주장을 정중히 반박하며 "교수님, 저는 이해가 되지 않습니다. 왜 창조주가 우리에게 이성을 주고, 정작 자신은 이성을 초월하는 존재가 되었을까요? 전혀 앞뒤가 맞지 않습니다"라고 의문을 제기했다.

아우구스티누스와 토마스 아퀴나스Thomas Aquinas(1225-1274)를 비롯한 많은 변증론자가 이 단순하고 정직한 의문에 무척 복잡하고 세련되게 대답했지만, 내 생각에 그들의 대답은 조금도 설득력이 없다. 신이 우리에게 이성을 부여하고서는 그와 동시에 합리적으로 이해되는 이성의 장막 뒤에 도사리고 있다는 생각 자체는 터무니없어 보이는 것이 사실이다. 물론 '이성을 초월한다'는 설명은 초능력에 가까운 막강한 힘을 지닌 구세주의 보호하에 있다는 믿음에서 평안을 얻는 사람들에게는 설득력 있게 들린다. 내 강의를 듣던, 신을 끝없이 동경하던 학생이 대표적인 예이다.

그 학생의 이름은 카란이고, 19세의 독실한 힌두교 신자였다. 호리호리한 몸매에 피부가 까무잡잡했고, 이마에는 제3의 눈을 뜻하는 붉은 점까지 있었다. 그의 아버지는 인도 출신으로, 시카고에서 주유소를 운영하고 있었다. 가문의 앞날을 밝히는 희망의 횃불이었던 카란의 꿈은 스와미, 즉 종교 지도자가 되는 것이었다. 거의 매일 오후, 카란은 내 연구실을 찾아와 거의 완벽한 영어로 철학과 하느님, 그의 입장에서는 힌두교 신들의 관계에 대해 묻고 또 물었다. 카란은 스와미라는 지위를 끈질기게 추구하고 열망했다. 시험을 앞두고는 몹시 긴장하고 불안에 빠지기도 했다. 심지어 간단한 쪽지시험을 앞두고도 그는 이미 완벽히 이해한 질문들까지 재검토하며 나를 괴롭혔다. 그래서 내가 한번은 "카란, 자네는 불안을 해소하는 법부터 먼저 배워야겠군. 정말 스와미가 되려고 한다면, 냉정을 잃고 두려움에 빠진 사람들이 자네에게 도움을 구할 때 도움을 줄 수 있는 사람이 돼야 하지 않겠나"라고 살짝 꼬집었다. 그러자 카란은 고개를 푹 숙이며 대답했다. "교수님 말씀이 맞습니다. 저는 불안을 해소하는 법부터 배워야 합니다." 그 대답에서 그의 진심이 뚜렷이 느껴졌다.

내가 카란의 사례를 소개하며 과거 시제를 사용한 이유는 비극적인 사실을 분명히 전달하고 싶은 욕심 때문이다. 그렇다, 카란은 과거의 사람이 되었다. 학기가 끝나기 한 달 전, 카란은 감기 때문에 병원을 찾아가 진료를 받고, 항생제를 처방 받았다. 하지만 증상이 호전되지 않자 의사들은 몇몇 검사를 실시했다. 그리고 한 달 후, 힌두교 성직자들은 카란의 몸에 향유와 꽃잎을 뿌리며 다비식을 준비했다. 카란은 힌두교 신들을 신뢰하고 믿었던 까닭에, 그가 열정적이고 꼼꼼하게 계획한 미래가 존재할 수 없게 되었다는 명백한 사실에 직면하고서도 삶에 집착하지 않았다. 카란의 소식을 들었을 때, 신이 정말 존재한다면 카란은 마지막으로 꺾어야 할 꽃이어야 한다는 생각에 나는 분노가 치밀었다. 하지만 카란은 이미 육신을 넘어선 영적인 존재였기 때문에 그를 일찍 데려간 것이 이치에 맞다는 생각도 했다. 카란의 장례를 끝내고 믿음의 주차장에 들어설 때 나는 비슈누와 예수 등 어떤 신이라도 쉽게 믿을 수 있을 것 같았다.

햇살이 강렬하게 내리쬐던 6월의 오후, 카뮈가 그 장례식장에 있었더라면 "마음껏 슬퍼하고 분노하며 땅바닥에 뒹구십시오. 기꺼이 그렇게 하지 못하겠다면, 카란의 죽음에 담긴 의미와 그 밖의 모든 것을 생각하며 머리를 쥐어짜지 마십시오"라고 충고했을 것이다. 카뮈는 객관성과 서정성을 독특하게 결합하며, 우리는 의미가 없는 우주에 의미를 부여하려는 생득적인 강렬한 욕망을 지닌 피조물이라고 주장한다. 카뮈에게, 의미를 추구하려는 우리의 욕망과 무의미한 세계 간의 갈등은 부조리한 것이다. 셰익스피어의 맥베스는 주먹을 휘두르며 삶이 "아무런 의미도 없는 소음과 분노로 가득 찬 백치의 이야기"라고 울부짖었지만, 그 자신이 백치는 아니었다. 카뮈의 실존주의적 처방은 우리에게 내면의 욕망이 헛되다는 걸 인정하고, 그런 부조리를 인정하는 마음을 충실히 유지하라고 말한다.

실존주의 문학계의 거장들은 추상적인 주장을 나열하는 데 만족하지 않고, 거의 언제나 삶이나 픽션에서 끌어낸 구체적인 사례를 제시한다. 예컨대 《시지프의 신화》에서 카뮈는 옛 신화를 새롭게 해석한다. 지금은 코린토스로 알려진 에피라의 왕 시지프는 죽어서 지하세계에 떨어진다. 교활하지만 귀염성이 있는 시지프는 자신을 모욕한 아내를 벌주기 위해서라도 지상으로 돌아가게 해달라며, 신들과 언쟁을 벌인다. 신들은 마지못해 허락하지만 시지프는 복수를 끝낸 후에도 '하곡河谷의 만곡彎曲, 눈부신 바다, 대지의 미소'를 떠나 지하세계로 돌아가지 않는다. 결국 신들은 인내심을 잃고, 시지프를 사로잡아 지하 세계로 다시 데려오려고 헤르메스를 보낸다. 지하 세계에 끌려온 시지프에게 신들은 영원한 형벌을 내린다. 바위를 산꼭대기까지 밀어올려야 하지만, 산꼭대기에 닿자마자 바위가 밑으로 굴러떨어지기 때문에 다시 산꼭대기로 밀어올리기를 끝없이 반복해야하는 형벌이다. 시지프는 오늘도 그 형벌을 어둑한 지하 세계에서 수행하고 있다. 카뮈의 시지프는 그 형벌에 불평하고 항의할까? "그를 괴롭혔던 명철한 정신이 이번에는 그의 승리를 완벽하게 해준다. 모멸로써 극복되지 않는 운명은 없다. …… 나는 시지프를 산기슭에 버려둔다! 사람은 언제나 자신의 무거운 짐을 발견한다. 그러나 시지프는 신을 부정하고 바위를 들어올리는 고차원적인 충실함을 사람들에게 가르친다. 시지프도 모든 것이 좋다고 판단을 내린다."[1]

부조리를 자각하게 되면 부조리에서 독침을 제거해야 한다. 카뮈의 가르침에 따르면, 사형수 감방에 수감된 사람들, 즉 우리 모두는 '최선'의 삶을 생각해내야 한다는 걱정의 족쇄로부터 해방되어야 한다. 우주는 혼돈의 세계이다. 올바로 사는 방법이란 없다. "이런 삶이나 저런 삶이나 똑같다." 똑같이 무의미하다.

카뮈의 뮤즈, 니체는 우리에게 심연을 너무 오랫동안 들여다보면 심연도 우리 안으로 들어와 우리를 들여다본다고 경고했다. 또 니체의 뮤즈, 아르투어 쇼펜하우어는 이렇게 투덜거렸다.

곧 시작될 삶을 앞두고 있는 어린 시절 우리는, 극장에 앉아 커튼이 올라가기를 기다리는 어린아이와 같다. 둘 모두 재밌는 장

면이 눈앞에 펼쳐질 것이란 즐겁고 행복한 기대감으로 똑같이 충만할 것이기 때문이다. 실제로 어떤 일이 벌어질지 모르는 것은 일종의 축복이다. 미래를 아는 사람에게는, 그 어린아이가 사형선고가 아니라 무기징역을 선고 받았지만 그런 선고를 받은 이유를 전혀 이해하지 못하는 무고한 죄수로 보일 때가 간혹 있기 때문이다.[2]

실존의 부조리를 인정하는 순간 용기를 잃고 불안에 사로잡히며 자신의 머리에 올가미를 두르거나, 카뮈의 표현대로 '철학적 자살'을 시도하는 사람이 적지 않을 것이다. 그런 상징적 자살을 행하는 사람들은 초월적인 것이 존재한다고 상상함으로써 부조리한 느낌에서 탈출한다. 그 초월적인 존재는 플라톤의 천상이나 유대·기독교의 하늘나라에 존재하지만, 우리가 이 땅에서 그날그날의 양식을 벌기 위해 땀흘려 일하고 상실과 슬픔과 비통과 힘겹게 싸우지만 결국에는 모든 것이 갑자기 끝나며 죽음을 맞게 된다는 안타까운 사실을 정확히 이해하는 존재이다. 도대체 무엇을 위해서 이렇게 사는가? 최근에 나는 한 친구의 무덤을 찾아갔다. 순간적이었지만, 망자들이 모인 그 작은 도시는 붕괴된 우주의 평원처럼 보였다. 망자들이 한 명씩 우주로 빠져나간 블랙홀들이 모인 공간이 잘 정돈되고, 그 위로 묘비들이 부표처럼 떠 있는 것 같았다.

행복한 방랑자들이 휘파람을 불며 실존의 짧고 긴 통로를 뛰어다닌다. 아우슈비츠의 생존자로 로고테라피logotherapy를 창시한 빅토르 프랑클은 "이유를 찾아낼 수 있다면 방법도 찾아낼 수 있다"라는 니체의 격언을 신조로 삼아 살았다. 카뮈와는 상당히 다른 의견이다. 여하튼 각자 이 땅에 태어난 고유한 목적이 있다고 생각하는 사람들이 있는 반면에, 그런 목적에 연연하지 않고 자식들과 재밌게 지내고 저녁 식사 모임에 참석하고 텃밭에서 토마토를 수확하는 즐거움에서도 삶의 목적을 충분히 찾을 수 있다고 생각하는 사람들이 있다.

너무도 바빠서 차분하게 일상의 삶을 살아가지 못하는 사람이 많은 까닭에, 카뮈에 따르면 키르케고르만큼 실존의 공허함을 철저하게 파악한 사람은 없다. 카뮈는 부조리 덕분에 우리가 신앙을 가질 수 있다고 가르쳤지만, 그 신앙 때문에 우리가 부조리에 대한 자각을 충실히 유지할 수 없다고 불평하듯 고개를 절레절레 저으며 못마땅하게 생각한다. 카뮈는 다음과 같이 결론짓는다. 키르케고르를 비롯한 지식인들이 처음에는 인간의 실존을 정신병원과 똑같은 것이라 인식하고, 다음 단계에서는 모든 것을 반듯이 정돈하고 모두가 삶의 의미를 거의 비슷하게 받아들이도록 신앙과 같은 도구를 정신적으로 구성함으로써 지적인 할복을 행했다는 것이다.

키르케고르의 책에서 카뮈가 유심히 읽었던 부분을 인용해보자. 키르케고르는 '요하네스 데 실렌티오Johannes de Silentio'라는 필명으로 발표한《두려움과 떨림》에서 이렇게 말했다.

만약 인간에게 영원한 의식이 없다면, 만약 음울한 열정에 온몸을 비틀며 중요한 것이든 사소한 것이든 간에 모든 것을 만들어내는 다듬어지지 않은 격동적인 힘만이 모든 것의 저변에 존재한다면, 만약 거대해서 결코 채워지지 않는 공허가 모든 것의 밑바닥에 숨어 있다면, 우리 삶이 절망 이외에 무엇이겠는가? 만약 상황이 그렇다면, 만약 인류를 하나로 묶어주는 어떤 신성한 끈이 없다면, 만약 숲의 나뭇잎처럼 세대가 연이어 출현한다면, 만약 숲에서 지저귀는 새들처럼 세대가 줄지어 계속된다면, 만약 바다를 항해하는 배처럼, 또 사막을 휩쓸고 지나가는 바람처럼 한 세대가 아무런 생각도 없이 아무런 열매도 맺지 않은 채 세상을 살아간다면, 만약 영원한 망각이 항상 굶주린 채 먹잇감을 노리고 있지만 그 먹잇감을 구해낼 충분히 강력한 권능이 존재하지 않는다면, 우리 삶은 지독히 공허하고, 어떤 위안도 없을 것이다![3]

이 뒤로는 카뮈가 철학적 자살로 해석할 만한 구절이 이어진다. 정확히 말하면, 키르케고르는 "그러나 정확히 바로 그런 이유 때문에 전혀 그렇지 않다"라고 덧붙인다. 다시 말하면, 우리를 보호하는 신이 있고, 그러므로 삶은 좋은 것이란 뜻이다.

세속적인 고백이겠지만 나도 고백할 것이 있다. 오래전부터 말했지만, 내가 삶 자체를 그다지 진지하게 생각하지 않았던 때 키르케고르가 나를 구원해주었다. 세상을 떠난 지 150년이 넘었지만 키르케고르는 여전히 나의 심리 치료사였다. 그의 치유에 영향을 받아, 나는 신앙을 더욱 진지하게 받아들이게 되었다. "신앙을 더욱 진지하게 받아들이게 되었다"라는 표현은 내가 어떤 논제를 언급한 것처럼 들릴 수 있다. 하지만 그런 추정은 완전히 잘못된 것이다. 나는 55년 전 이른 아침에 미사에 참석하려고 자전거 페달을 열심히 밟았다. 그때 당시의 막연한 열망을 되살려낸 주역이 키르케고르였다. 하지만 나도 남들과 똑같은 인간이다. 작은 기적이 일어나 격랑에 휩싸인 내 마음의 바다가 잠잠해지자, 내가 마음의 평화를 간절히 바라며 기도했고 얼마간 허락받았다는 사실을 잊어버리곤 했다.

도스토옙스키는 인간을 '감사할 줄 모르는 두발동물'이라고 정의했다. 키르케고르는 이 정의에 동의한다. 《죽음에 이르는 병》에서 키르케고르는 최악의 악몽이 구체화되는 상황을 대략적으로 이렇게 설명한다. 기도하면, 우리는 당장에는 기적으로 여겨지는 것에 의해 구원 받는다. 하지만 며칠, 혹은 몇 주가 지나면 우리는 그 사건을 되돌아보며 "우연의 일치였던 게 분명해"라며 무심히 넘겨버린다.

나도 배은망덕이라는 철칙에서 벗어나지 못했다. 1970년대 초의 어느 날 밤, 나는 맨해튼의 한 구역에서 커다란 덩치에게 쫓겼고, 어떤 이유였는지는 몰라도 그는 묵직한 야구방망이로 내 머리를 완전히 박살내려고 했다. 내가 벽돌을 격파할 정도의 태권도 유단자는 아니었지만, 야구방망이가 내 머리에 닿기 직전에 나는 팔을 들어 방망이를 막았고, 그와 동시에 방망이가 둘로 동강났다. 그러자 그 덩치는 나를 슈퍼맨이라고 생각했던지 뒤도 안 돌아보고 잽싸게 달아났다. 나는 여전히 충격에서 벗어나지 못했지만 감사하는 마음으로 '저 위에서 누군가가 나를 보호해주고 있는 게 분명해!'라고 생각했다. 며칠이 지나고 나는 당시의 상황을 되짚어보며, 방망이가 동강나는 기적은 순전히 우연히 일어난 행운이지 않았을까 의심하기 시작했다.

덴마크 동료들은 키르케고르를 똑똑하지만 지나치게 걱정이 많은 종교적 광신도라 생각했다. 종교색이 뚜렷한 키르케고르의 저작들은 주로 1840년대 말과 1850년대 초에 출간되었다. 《기독교의 실천》과 《기독교계에 대한 공격》 등이 대표적인 예이다. 오늘날에도 덴마크인들은 이런 저작들을 종교적 광신의 산물인 것처럼 업신여기는 경향이 있다. 덴마크인만 그렇게 생각하는 것도 아니다. 그 때문에 키르케고르의 저작들을 자세히 뜯어보며 지적인 삶을 보내는 학자들이, 다 그렇다고 할 수는 없지만 다수가, 종교적인 면을 배제한 상태에서 키르케고르의 심리적 통찰을 연구하는 데 집중하고 있다. 이 책도 키르케고르의 종교적인 부분을 다른 식으로 해석하려는 수법들을 적잖게 받아들였다. 어떤 면에서 그 수법들은 키르케고르의 천재성에 대한 이상한 증언이다. 그렇기 때문에 그리스도의 말을 유치하고 촌스럽다고 생각하는 많은 현대인도 키르케고르를 거부감 없이 읽을 수 있는 것이다. 마치 복음주의자들이 니체나 마르크스로부터 영감을 얻는 것처럼 보일 것이다.

물론 키르케고르는 종교에 의지하지 않고도 우리의 도덕심을 함양해주고, 온갖 잡다한 형태로 나타나는 도덕적 회피를 두고 우리의 잘잘못을 지적하기도 한다. 하지만 그가 가장 화급하게 틀어막으려는 쥐구멍은 신과의 관계에 대한 우리의 태만이다. 심층 심리학자들의 주장이 맞고, 키르케고르가 심층 심리학자에 속한다면, 많은 문제에서 솔직히 우리는 '이것을 믿어라, 저것을 믿어라!'라고 말할 수 없다. 우리는 다면적인 복잡한 피조물이어서, 의식의 차원과 무의식의 차원에서 전혀 다른 것을 생각할 수 있다.

나는 '빈 무덤'(시신이 사라져 예수가 부활한 증거로 간주되는 무덤_옮긴이)이란 개념을 비웃었지만, 거의 목숨을 잃은 뻔한 교통사고, 심장 수술, 가족의 암 진단 등 무엇이 되었든 간에 삶의 참호에서 몸서리쳤을 때마다 의혹은 입을 다물었고, 나도 모르게 주기도문이 입 밖으로 흘러나왔다. 프로이트주의자라면 싱긋 웃으며 "물론 그랬겠지요. 우리 모두가 보호와 안심을 바라니까요"라고 말할 것이다. 하지만 내가 무엇인가가 참이기를 원하기 때문에 그것은 거짓인 게 분명하다고 판단한다면 그 판단은 '발생론적 오류genetic fallacy'가 된다. 예컨대 신에 대한 내 믿음이 신을 원하는 욕망에서 비롯한다는 이유만으로 신이 존재하지 않는다고 결론지어서는 안 된다는 뜻이다. 그렇다고 보호를 바라는 내 욕망이 전능한 보호자가 존재한다는 실증적인 증거가 되지도 않는다. 나는 예수의 의심 많은 제자 못지않게 아무것도 쉽게 믿지 않지만, 신앙에 관련해서는 키르케고르가 항상 내 어깨 위에 따뜻한 손을 얹고 격려하는 기분이다.

어렸을 때 상대의 약점을 찾아내서 상대를 궁지에 몰아넣는 솜씨 때문에 '포크The Fork'라는 별명을 얻었던 키르케고르가 없었다면, 나는 그날 오후에 성당을 들렀을 것 같지 않다. 또 영혼과 신경세포들이 나를 몰아세울 때마다 기도문을 중얼거리지도 않았을 것이다. 키르케고르의 사상들로 이루어진 거대한 구조물에 균열이 생긴다면, 그 균열선은 어떤 식으로든 하느님에 귀결된다. 조롱은 제대로 행해지면 반론보다 훨씬 더 효과적이다. 때때로 키르케고르는 곁눈질만으로도 현대인이 생각하고 존재하는 방법에 내재된 허울과 무력함을 드러내며, 내 마음에 작은 불씨를 댕겼다. 진정한 자아가 되는 과정과 관련된 지속성을 발전시킬 생각도 못 해본 사람들을 겨냥해서 키르케고르가 제시한 우화 하나를 소개한다.

한 켤레의 양말과 구두를 사고 술을 마실 만큼의 돈을 가지고 맨발로 도시에 간 농부에 관한 이야기가 있다. 그는 취한 상태에서 집으로 가는 길을 찾다가 길 한가운데에 쓰러져 잠이 들었다. 마차 한 대가 다가왔다. 마부는 농부에게 길을 비켜주지 않으면 발 위로 지나가겠다고 소리쳤다. 취한 농부는 잠에서 깨어자신의 발을 보았는데 양말과 구두 때문에 자신의 발을 알아보지 못하고 이렇게 말했다. "지나가시오. 이것은 내 발이 아니니까."[4]

키르케고르가 남다른 풍자 솜씨만 과시했더라면, 나는 난생처음으로 성경을 읽고 싶다고 생각하면서도 성경을 '재밌는' 문학 작품 정도로만 생각했을 것이다. 키르케고르의 변화무쌍한 풍자보다 더 중요한 것은, 충실한 신앙인이 되려는 노력이 어떤 의미인지를 그가 완전히 이해하고 있었다는 사실이다.

《두려움과 떨림》에서, 키르케고르는 창세기 22장, 즉 아브라함이 아들 이사악을 묶고 제물로 바치는 이야기를 재해석했다. 1843년에 출간된 이 책은 당시 33세이던 키르케고르가 때때로 '신앙의 원시성primitivity of faith'이라 칭하던 것을 되찾으려는 목적에서 쓴 것이다. 아브라함은 보편적으로 '신앙의 아버지'로 칭송되지만, 가장 극악무도한 범죄라도 기꺼이 범할 사람이었다. 유대교에서는 '아케다'로 알려진 이야기, 이사악의 번제燔祭를 통해 키르케고르는 주일과 축제일의 즐거운 모임을 챙기는 것이 신앙의 전부가 아니라는 사실을 자각하려고 애쓴다. 그가 판단하기에, 신앙은 끌어당기는 힘과 배척하는 힘을 동시에 가진 것이었다.

아브라함은 어떤 목소리를 듣고, 하느님이 그에게 아들 이사악을 모리아산으로 데려가 제물로 바치라고 명령한다고 믿었다. 하느님의 명령이 '윤리적인 것의 목적론적 정지teleological suspension of the ethical'를 이루어내지 못하면, 다시 말해서 하느님의 명령으로 도덕률의 적용이 중단되지 않으면, 키르케고르의 주장대로 우리는 아브라함을 칭송하는 행위를 중단하고 그를 '살인자'로 불러야 한다. 결국 아브라함의 행동은 윤리적으로 정당화되지 않기 때문에,《두려움 과 떨림》은 종교가 윤리로 환원될 수 없다는 걸 간접적으로 주장하 는 책이다. 칼을 높이 치켜들고 어린 아들의 목에 구멍을 내려 한 행 위는 '신앙의 아버지'가 더 큰 공동체를 위해 의도한 행동이 아니었 다. 순전히 사적인 문제였다. 키르케고르의 표현을 빌리면 "아브라함 은 하느님을 위하여, 또 그 자신을 위하여 그렇게 했던 것이다." 아브 라함은 개인인 자신을 전체, 즉 공동체보다 우위에 두었다. 아브라함 은 기꺼이 이사악을 제물로 바치려고 했지만, 아브라함의 자손이 많 은 민족의 아버지가 될 거라는 하느님의 약속이 있었기에 아브라함 이 이사악을 되돌려받을 거라고 굳게 믿었다는 사실이 경이롭기만 하다. 하지만 '어떻게' 되돌려받을 것인가에 대해서는 전혀 알려져 있지 않다.

똑같은 구절을 분석한 이마누엘 칸트는 아브라함이 목소리를 듣 고, 항상 선하고 전능한 하느님이 자신에게 아들을 죽이라고 명령한 것이라 추론했을 가능성보다 격분했을 가능성이 더 크다는 견해를 밝혔다. 키르케고르는 칸트를 무척 존경했지만,《두려움과 떨림》에 서 신앙의 아버지를 확률 계산에 따라 삶을 살아가는 사람으로 묘사 하지 않았다. 욥처럼 아브라함도 하느님의 시험을 받았고, 욥처럼 아 브라함도 만점을 받았다. 물론 합리적인 사람이라면, 가학적인 신이 라도 인간에게 아들을 죽이라고 명령한 후에는 농담이었던 것처럼 그 명령을 철회할 것이라고 합리적으로 추론할 것이다.

아브라함의 '신앙의 움직임movement of faith'은 세상(이사악)을 포기하는 동시에 되돌려받을 것이라 확신한다는 점에서 '역설적'이다. 이 영적인 트리플 악셀은 순전한 모순이다. 키르케고르는 조건문을 유도하는 단어 '…이라면'이 무척 중요하다고 자주 언급한다. 그러나 신앙이 어떤 적법성을 갖는다면, 신앙을 공간적으로 비유할 경우에 신앙은 이성 너머에 있거나 옆에 있는 것이 된다. 신앙의 움직임은 역설적이기 때문에, 궁극적으로는 그 대상도 역설적이므로 신앙은 합리적으로 이해될 수 없다. 달리 말하면, 신앙은 타당성을 갖더라도 이성적으로 분석될 수 없다는 뜻이 된다. 신앙이 교화를 위한 일련의 이야기들이나, 초보자를 위한 철학으로도 이해될 수는 없다는 뜻이다.

'신 따위'라며 신을 경멸하고 고개를 절레절레 젓는 사람이 많지만, '더 깊은 것'을 향한 그들의 열망까지 감추지는 못했다. 요즘 이런 종교적인 회의론자들은 그러한 더 깊은 무언가에 들어가는 좁은 문을 열 수 있는 유일한 계급이 철학자라 생각한다. 그런데 철학자라는 집단이 고집스레 고수하는 케케묵은 원칙이 있다면, 그것은 "그래, 당신이 말하려는 논증은 무엇입니까?"이다.

실망스럽겠지만, 신앙을 변론한 키르케고르의 논증은 없다. 오히려 키르케고르는 신앙을 변증하려는 시도 자체가 신앙을 배신하는 죄라고 경고하며, 우리가 배우자를 사랑한다는 걸 증명하려는 시도와 다를 바가 없다고 나무란다. 상쾌한 바람이 부는 가을날 밤에 열린 창문처럼, 키르케고르의 정직함은 그 자체로 상쾌하다. 또 열 가지 이상의 면에서 키르케고르는 신앙이 이성적 이해와 충돌한다고 인정한다. 또 존재론적 논증을 비롯해 어떤 형태의 논증으로도 불신의 물을 신앙의 포도주로 바꾸지 못할 것이란 견해도 명확히 밝혔다. 뻔한 소리겠지만, 과거에는 신성을 들먹이며 대응하던 수수께끼 같은 현상들이 이제는 과학으로 설명된다. 과학이 발전함에 따라, 신도 일종의 이론인 것처럼 신의 필요성이 줄어들었다. 키르케고르는 과학이 활짝 개화되던 시대에 살았지만, 신앙을 설명되어야 하는 것으로 생각하지 않았다. 우리의 삶을 보이지 않는 신에게 맡겨야 하는 객관적인 이유도 제시하지 않는다. 사도 바울이 예수와 영생에 대해 스토아 철학자들에게 설교하자, 이성의 화신이던 스토아 철학자들은 바울을 비웃으며 술에 취한 것이라 생각했다고 한다. 키르케고르의 관점에서 보면, 스토아 철학자들은 바울을 비웃을 만했다. 기독교 신앙은 이성적 이해에 대한 모욕이었으니까.

신학적으로 말하면, 키르케고르의 귀중한 기여 중 하나는 신앙의 가능성을 모욕의 가능성과 연결시킨 것이었다. 기독교인이라면 기억하겠지만, 예수는 만나는 사람들에게 "나에게 걸려 넘어지지 말라"고 당부했다. 어쨌든 예수는 성직자들과 당시 사람들에게 자신이 하느님의 아들이라고 주장하던 노동자 계급 출신의 노숙자였다. 게다가 자신이 죄를 용서해줄 수 있다는 훨씬 더 급진적인 발언도 서슴지 않았다. 이런 점에서, 이 땅에 존재할 때도 예수는 이성에 대한 모욕이었다. 따라서 키르케고르의 생각에, 걸려 넘어지길 거부하며 예수에게 다가가면 신앙의 필요성과 가능성도 사라진다. 예수는 우리에게 서로 사랑하라는 메시지를 전해준 현인과 같은 존재가 될 뿐이다. '걸려 넘어지는 일'이 없으면 신앙이 굳이 필요하지 않다. 지식이외에 다른 것은 필요하지 않다. 범신론자도 사라진다. 이 때문에 키르케고르가 걸려 넘어지는 일을 하느님이 우리와 적당한 거리를 두는 방식, 하느님이 우리와 함께하지만 그 자신과 우리 사이에는 커다란 차이, 구체적으로 말하면 무죄와 죄의 차이가 있다고 말하는 방식으로 해석하는 것 같다.

오늘날 우리는 자율성을 흠모한다. 얼마 전까지도 순종은 항상 미덕의 하나로 손꼽히던 태도였다. 이제는 그렇지 않다. 오늘날 모욕적인 것이 있다면, 무엇을 하고 어떤 사람이 되어야 한다는 말을 듣는 것이다. 실존주의의 대제사장 키르케고르는 《죽음에 이르는 병》에서, 권위가 없는 곳에는 순종이 없고, 순종이 없는 곳에는 진지함이 없다고 주장했다. 키르케고르는 권위와 순종을 실증적으로 규정하며 위와 같이 말했지만, 위의 메시지는 시기적으로 부적절했던지, 키르케고르의 헌신적인 추종자들도 그 메시지에 주목하지 않았다.

종교와 담을 쌓은 독자들은 키르케고르의 반추를 허튼수작이라 생각할 것이다. 더 좋지 않은 평가도 있다. 자아도취라는 비판이 그것이고, 요즘 그 비판이 너무 가볍게 사람들의 입에 오르내린다. 하지만 자신에 대한 좋은 감정을 지나치게 강조하는 까닭에, 점잖게 건설적인 비판을 하는 것도 때로는 신경이 쓰이는 시대에 우리는 살고 있다. 바로 이 지점에서 키르케고르가 가치를 발휘한다. 키르케고르는 우리가 구원받았다는 걸 깨닫게 해주는 계시보다, 우리가 죄인이라는 걸 삶의 여정에서 깨닫게 해주는 경험이 더욱더 필요하다고 주장하기 때문이다. 달리 말하면, 우리가 죄인이라는 게 무엇을 뜻하는지 이해하게 해주는 계시가 필요하다는 뜻이다. 긍정적으로 생각한다고 이런 깨달음과 계시를 얻는 것은 아니다. 바로 이런 이유에서 우리에게 하느님이 필요하다고 키르케고르는 주장한다. 우리가 얼마나 철저하게 타락한 존재인가를 하느님이 우리에게 가르쳐주기 때문이다. 따라서 신앙은 죄의 반대이다. 역설적이지만, 우리가 죄인이라는 걸 이해하기 위해서 신앙이 필요한 셈이다.

너 자신을 아는가? 혼자 힘으로는 안 된다. 키르케고르가 지나치게 신중했던 것인지 모르지만, 도스토옙스키 못지않게 키르케고르도 신앙이 없으면 자기 투명성self-transparency이 불가능하다고 믿었다. 자기 투명성, 즉 자신에게 정직하기 위해서, 또 소크라테스가 요구한 대로 자신을 알기 위해서도 우리는 적절한 관점에서 자신의 삶에 대해 생각해봐야 한다. 앞에서 말했듯이, 우리가 눈을 안으로 돌려 내면을 들여다보면, 우리가 두개골 안쪽에서 일어나는 현상들을 어떻게 규정하느냐에 따라 내면의 삶이 크게 영향을 받는다.

만약 내가 궁극적으로 선택한 분석의 관점이 정신역학적이라면, 내 내면의 섬뜩한 목소리들은 분노한 권위자들의 내면화된 목소리로 해석될 수 있을 것이다. 한편 신경과학적 관점에서 보면, 그 똑같은 자기희생 과정이 나의 세로토닌 저장고가 거의 바닥난 증거로 읽힐 수 있을 것이다. 마르크스주의 관점에서 보면, 나의 내부 지향적 분노는 착취와 계급의 차이에 대한 반응으로 해석될 수 있을 것이다. 끝으로 키르케고르의 종교적 관점에서 보면, 나 자신에 대한 야만적인 태도는 하느님을 인정하지 않고 용서를 거부하는 오만한 자존심으로 해석될 수 있다.

자기 이해self-understanding는 다양한 차원에서 가능하다. 예컨대 내가 아버지를 위해 촛불을 밝히려고 성당에 들렀을 때 느꼈던 두려움은 과거의 경험과 신경화학이란 차원에서 이해될 수 있다. 자기 이해를 위한 적절한 조건들이 무엇인지 누가 확실히 말할 수 있겠는가? 또 자신을 점검하기 위한 궁극적인 관점에는 어떤 것들이 있는지 누가 자신 있게 말할 수 있겠는가? 이런 의문에 어떻게 대답해야 할지 나는 상상조차 할 수 없다. 여하튼 모든 것이 자아를 어떻게 전제하느냐에 따라 달라진다.

데이비드 흄 이후로 철학자들은 자아라는 개념 자체를 허구에 가까운 것으로 여겼다. 반면에 키르케고르는 자아를 하나의 독립된 실체이자 목표로 삼아야 할 과제라고 믿었다. 자아는 개별적인 것이기 때문에 보편적으로 정의할 수 없다는 키르케고르의 주장은 그래서 조금도 놀랍지 않다. "어떤 학문도 자아가 무엇인지에 대해서는 일반적으로만 언급할 수밖에 없다. 여기에 인생의 경이로움이 있다. 내가 누구인지는 오직 나만이 알기 때문에 자신을 생각하는 사람은 어떤 학문도 모르는 것을 알고 있는 셈이다."[5] 따라서 '진정한 자아가 되는 것'은 우리에게 정해진 신성한 의무이고, 키르케고르는 《죽음에 이르는 병》에서 이 의무를 '진정한 인간', 즉 정신이 되는 것과 동일시했다. 키르케고르가 옳다면, 우리는 자아에 대한 간결하고 정확한 정의를 기다릴 것이 없이 당장 우리 자신이 되려는 과제를 시작해야 한다. 키르케고르의 경고처럼 이때 "첫째로 명심해야 할 것은 모든 인간은 개개의 인간이므로, 개개의 인간이 되겠다고 의식해야 한다는 점이다."[6] 하지만 키르케고르는 우리에게 까다로운 숙제를 남긴다. 당신이 신과의 관계를 배제한다면, 당신의 진정한 자아도 배제될 수밖에 없다는 것이다.

키르케고르에게 신앙과 그 밖의 모든 것에서 중요한 것은 열정과 실천이다. 실제로 《철학적 단편에 부치는 비학문적인 해설문》의 유명한 구절에서 키르케고르는 이런 질문을 제기한다.

항상 기독교인들과 어울려 살아 하느님이란 개념을 정확히 알고 있는 사람이 하느님의 집, 그것도 진정한 하느님의 집에 들어가 기도하지만 거짓으로 기도한다면, 또 우상들로 뒤범벅된 땅에서 사는 사람이 한없는 열정으로 기도하지만 그의 눈은 여전히 우상을 향하고 있다면, 어느 쪽의 진실함이 더 많을까? 후자는 하느님에게 진실로 기도하지만 우상을 섬기는 사람이고,

전자는 진정한 하느님에게 거짓으로 기도하므로 결국 실제로는 우상을 섬기는 사람이다.[7]

체면상 억지로 교회에 다니고, 아무런 생각도 없이 기계적으로 기도를 웅얼거리며 상관이 금요일에 날려보낸 애매모호한 지시를 해석하려고 진땀을 흘리는 기독교인보다, 비기독교인의 신앙심이 더 깊을 수 있다. 또 자신의 종교적 확신을 과학적 진실인 것처럼 이해하는 광신도보다, 비기독교인의 신앙심이 더 깊을 수 있다. 특히 종교적 관습에 융통성 없이 얽매이는 사람에 대해서 키르케고르는 이렇게 썼다.

그는 하느님 보좌 앞의 예배에 대해 이야기하고, 거기에서 절을 몇 번 해야 하는가를 잘 알고 있다. 그는 모든 것을 잘 알고 있지만, ABC라고 쓰인 수학의 명제는 증명할 수 있어도 똑같은 명제를 DEF로 바꿔놓으면 증명하지 못하는 사람과 다를 바가 없다.[8]

《철학적 단편에 부치는 비학문적인 해설문》에서 키르케고르는 "확실성이 있는 곳에는 신앙이 없다"라고 주장한다. 다른 식으로 말하면, 확실성이 있는 곳에는 위험이 없고 "위험이 없는 곳에는 신앙이 없다."

키르케고르에 대해 많이 다루지는 않았지만, 개인적이고 실존적인 의미에서 키르케고르를 진지하게 받아들이기에는 많은 위험이 있다. 키르케고르의 가르침을 귀담아듣고, 그리스도의 추종자가 되겠다는 것은 그리스도를 본보기로 삼겠다는 뜻이다. 또 그리스도의 삶을 모방하려고 노력하겠다는 뜻이고, 이 세상의 월계관과 쾌락에 대한 애착을 버리겠다는 뜻이다. 신앙의 움직임을 시적詩的으로 표현하는 것과, 실제로 그렇게 실천하는 것은 완전히 다르다는 사실을 감추지 않았다는 점에서 키르케고르는 정말 솔직했다. 키르케고르가 우리에게 유혹의 손짓을 보내는 기독교적 삶을 살려면, 우리에게 살아 있다는 느낌을 주는 쾌락과 황홀감을 적잖게 포기해야 한다. 예컨대 키르케고르는 영적인 관점에서 성행위와 성적 취향을 다루었고, 성애eros와 관련해서는 이렇게 썼다.

정신이 그곳에 존재하는 것은 사실이다. …… 하지만 정신은 성적인 욕망에서 자신을 제대로 표현하지 못하고, 이방인이라는 기분에 사로잡힌다. 이를테면 정신은 성적인 욕망에게 "친구, 내가 여기서 제3자처럼 서먹서먹하게 있을 수 없으니 잠시 물러가 있기로 하겠네"라고 말한다.[9]

거듭 말하지만, 기독교는 우리 삶을 살 만한 것으로 만들어주는 듯한 많은 환희와 쾌락에 찬물을 끼얹는다. 니체가 기독교에 공개적으로 퍼부은 많은 비난 중 하나도, 기독교가 쾌락과 관련된 모든 것에 무차별적으로 의혹을 제기한다는 것이었다.

블레즈 파스칼은 유명한 '도박 논증'에서, 신의 존재를 믿느냐 믿지 않느냐 하는 것은 무한정한 이득과 무한정한 손해 간의 내기이기 때문에 신앙은 신의 존재를 믿는 쪽에 돈을 거는 것이라고 추론했다. 파스칼은 믿음 자체가 그런 도박 논증에서 생겨날 것이라고는 생각하지 않았지만, 적어도 사람들에게 신의 존재를 재검토하고 성수聖水를 받아들이고 기도를 읊조리겠다는 확신을 더해줄 수 있으리라 기대했다. 일종의 행동주의 심리학자였던 파스칼은, 그런 확신이 반복되면 신앙이 기계적으로 뒤따라올 수 있다고 믿었다. 키르케고르는 파스칼을 존경한 까닭에 지금도 '북쪽의 파스칼'이라 칭해지지만, 파스칼의 추론에 현혹되지는 않았다.

'믿음의 도약leap of faith'이란 표현은 훗날 키르케고르와 동의어가 되었지만, 그 자신이 정확히 그런 표현을 사용한 적은 없었다. 키르케고르가 말하는 믿음의 도약은 무척 위험한 것이다. 우리에게 허락된 하나뿐인 생명을 부주의하게 내던질 수 있기 때문이다. 믿음의 도약에는 우리가 영원한 무엇인가를 소유하고 있다는 확신이 깔려 있다. 오늘날 많은 기독교인은 기독교인으로 인정받기 위해서 사후 세계의 존재를 믿을 필요도 없고, 믿으려고 노력할 필요도 없다고 설명한다. 그 많은 기독교인들, 거기에 속하는 성직자들도 사도 바울을 인용할 텐데, "만일 그리스도 안에서 우리의 바라는 것이 다만 이 세상뿐이면 모든 사람 가운데 우리가 더욱 불쌍한 자이리라"라고 말한 것도 바로 사도 바울이다.

에스파냐의 철학자이자 소설가 미겔 데 우나무노의 중편 소설 《순교자, 마누엘 부에노 성자》에서, 주인공인 성직자 돈 마누엘은 그리스도처럼 살아가며 산간벽촌의 주민들을 정성껏 보살핀다. 돈 마누엘은 사후 세계가 있다고 믿지 않지만, 그런 의혹을 마을 사람들에게는 드러내지 않는다. 죽음이 종착점이라 확신하는 까닭에 돈 마누엘은 자신을 사기꾼이고 배교자라고 생각한다. 그가 옳았을까?

사후 세계에 대한 믿음은 이성에 위배된다. 키르케고르가 《죽음에 이르는 병》에서 "기독교적으로 이해하면 …… 죽음은 결코 마지막이 아니다. 죽음은 영생이란 차원에서 보면 하나의 작은 사건에 불과하다"라고 말했다. 이 의견을 고수하려면 엄청난 상상력이 필요하다. 기독교적으로 이해하면, 마음챙김mindfulness이라는 수련은 효과가 없을 것이다. 내면의 평화와, 우리에게 영원한 것이 있다는 믿음은 별개의 것이기 때문이다. 달리 말하면, 영생의 믿음은 '이 세상을 버려야 삶의 활력을 얻을 수 있다고 우리에게 속삭이는 것'일 수 있다. 그러니 스토아 철학자들이 사도 바울을 비웃고 조롱했다고 놀라울 것은 없다. 물론 영생의 주장은 비상식적이고 무척 위험한 주장이었을 수 있다. 그러나 키르케고르라면, 위험을 회피하는 것만큼 영적으로 중대한 위험은 없다고 나무랄 것이다.

성당 문을 열어젖히고 밖에 나왔을 때 내 머릿속에 떠오른 의문으로 돌아가보자. 신앙은 우리가 수동적으로 잃는 것일까, 아니면 우리가 무의식적으로나 반#의식적으로 밀어내는 것일까? 물론, 어깨를 으쓱하며 신앙을 불합리한 것이라고 일축하는 사람은 무수히 많다. 신이 필요 없다고 오만하게 주장하다가 결국 중환자실로 들어가는 사람도 무수히 많다. 키르케고르를 평생 연구한 학자 데이비드 캥거스David Kangas의 설명에 따르면, 키르케고르에게 신은 결여된 것을 채우기 위해 필요한 것이 아니라는 점에서 다른 욕구들과 다르다. 신의 필요성은 인간을 최고의 완전 수준에 이르게 해주며, 인간이 신앙이라는 선물을 받는 데 필요한 조건이기도 하다. 이 짤막한 설명으로, 합리적이라 자처하는 많은 사람이 신이라는 명백한 환상에 현혹된다며 안타까워하는 이의 마음이 바뀌지는 않을 것이다.

신앙을 갈망하는 독실한 바보들에게는 느낌과 확신의 성쇠가 반복된다. 얼마 전, 심통이 아주 고약해서 나를 무척 불편하게 만들고 괴롭히는 사람과 여러 시간을 함께 보내야 했다. 그래서 나는 그를 만나기 전에, 한 영혼을 보살펴달라고 두 손 모아 기도했다. 놀랍게도 그와 함께한 그날 오후는 상당히 즐겁게 지나갔다. 집으로 돌아오는 길에 나는 이런저런 생각에 잠겼다. 누군가 손을 뻗어 내 마음을 바꿔놓은 것일까? 나를 에드바르 뭉크의 유명한 그림 〈절규〉 속의 인물로 변하게 만들 수 있었던 그의 고약한 행동을 그처럼 묵인하고 너그럽게 용서한 이유가 무엇일까? 물론 마음속에서 일어나는 기적들을 감지하고 알아내기는 무척 어렵다는 생각도 해보았다. 하기야 우리는 물 위를 걷거나 맹인의 눈을 뜨게 해야 기적이라 생각한다. 하지만 사랑이라는 감정의 문을 활짝 여는 행위는 어떻게 생각하는가? 그런 행동도 기적이라 할 수 있지 않을까?

신앙에 대한 결정적인 질문은 우리가 확신과 느낌을 어떻게 구분해서 언급하느냐는 것이다. 아무런 확신이 없으면, 어떻게 신앙을 추구하고 두 손을 들어 '하느님, 이 모든 미신에서 벗어나게 해주신 것에 정말 감사합니다'라고 말할 수 있겠는가? 하지만 나처럼 그다지 독실하지 않은 바보는 실제로 존재한다고 믿지도 않는 신에게 신앙심으로 얼마든지 기도할 수 있는 듯하다. 도스토옙스키는 신앙에 대한 걱정이 신앙이라고 가르쳤고, 키르케고르는 기도를 신의 목소리를 경청하려는 마음가짐에 비유하며 "기도는 하느님을 바꾸지 않지만, 기도하는 사람을 바꾼다"라고 말했다.

키르케고르를 이렇게 이해하는 게 꺼려져야 마땅하겠지만, 밀림처럼 복잡한 그의 생각들을 샅샅이 조사하고 연구하며 수십 년을 보낸 결과 나는 신앙을 신뢰, 구체적으로 말하면 우리가 친구나 사랑하는 사람에게 갖는 신뢰와 같은 것으로 생각하게 되었다. 확실성이 결여되고 지식이 일반적인 법칙이 된 세계에서는 신뢰가 가장 적절한 조건인 듯하다. 실존이 우리 면전에서 문을 세차게 닫으면, 우리는 움찔하며 신에 대한 신뢰를 계속 유지하려고 애쓰거나, 우리를 배신한 친구처럼 신을 내쳐서 버린다. 그러나 신앙의 상실은 의도가 개입된, 우리가 스스로 선택한 결과이다.

6장

도덕성

어떤 사람이 무엇이 옳은지를 아는 바로 그 순간에
그것을 행하지 않는다면,
앎의 가치는 떨어진다.

_《죽음에 이르는 병》

도덕성은 아무런 예고 없이 덮쳐 우리를 시험한다. 며칠 전, 나는 한 친구로부터 이메일을 받았다. 그날 아침 그가 딸을 학교 앞에 내려주려고 자동차를 멈추었을 때, 옆에 주차된 자동차에서 어떤 남자가 어린 아들을 그야말로 두들겨 패는 걸 보았다는 이메일이었다. 내 친구가 간섭했어야 했을까? 이런 경우에 대비한 연습은 없다. 만약 당신이 그런 상황에 있다면, 당신은 어떻게 해야 할지 즉석에서 결정해야 한다. 누구나 직감하겠지만, 그 결정은 결코 일상적인 결정이 아니다. 당신이 어떤 유형의 사람인지를 보여주는 결정이고, 당신의 됨됨이를 드러내는 결정이다.

언젠가 나는 한 친척을 병문안했다. 그 친척은 오랫동안 내 멘토 역할을 한 까닭에 일반적인 병문안처럼 보였지만 슬픔을 감추기 힘들었다. 정말 오랜만에 만났지만, 나는 그가 제5막의 끝부분에 있다는 걸 금방 파악할 수 있었다. 그는 삶에서 더 이상 즐거움을 느끼지 못했다. 심장병도 심각했지만, 디스크도 완전히 주저앉아 지독한 요통에 끝없이 시달렸다. 통증을 억제할 방법이 없어, 그의 옅은 청록색 눈동자는 눈물로 가득했다. 노란 약병들이 근처 선반에 잔뜩 있었다. 그중 하나는 강력한 진통제였다. 황혼녘이었다. 그의 목에서 나직이 가르랑대는 소리가 병실을 채웠고, 그는 자신의 앞에 펼쳐진 외로운 밤, 혼자 외롭게 고통과 싸워야 하는 기나긴 밤을 앞서 생각하는 듯했다. 그는 꺼질 듯 한숨을 내쉬고는 잠시 깊은 침묵에 빠졌지만, 곧 나에게 말했다. "고든, 저 병 좀 주겠나? 더는 견디기 힘들군."

그 상황에서 나는 어떻게 해야 했을까? 나는 그 친척을 좋아했고, 그의 앞에는 더 큰 고통만이 남아 있다는 것도 알았다. 더구나 끝없이 이어지는 고통에 그분의 좋은 기억이 지워져버리고, 부드러운 성품까지 사라져버리지 않을까 걱정하지 않을 수 없었다. 일시적인 호전의 희망도 없다면, 지루하게 계속되는 극도의 통증은 당사자를 무감각하게 만들고, 항상 마음에 두고 생각하던 것에도 무관심하게 만든다. 당시 내 생각에 그런 고통은 죽음 속의 죽음인 듯했다. 그 알약을 어떻게 해야 했을까? 담당 간호사는 서너 시간 후에야 되돌아올 예정이었다. 그분이 고통의 문을 열고, 고통의 감옥을 빠져나오도록 도와줄 시간은 충분했다. 어떻게 해야 할까?

키르케고르는 요하네스 클리마쿠스라는 필명을 사용한 글에서, 대부분의 작가와 달리 독자의 삶을 더 편하게 해주기보다 더 힘들게 하려고 깃펜을 잡았다고 말했다. 도덕성이란 것도 이와 비슷한 것 같다. 우리가 지적으로 성숙해지고 도덕적인 문제를 분별할 수 있게 되면 삶이 점점 더 까다로워지지 않는가.

실존주의자들은 생각과 행동이 일치해야 한다는 철칙에 사로잡혀 있기 때문에, 그들이라면 우리가 옳고 그름을 구분하는 데 도움이 되는 윤리적 기준을 제시했을 것이란 기대는 상당히 합리적이다. 하지만 우리가 여기에서 다루는 작가 중 누구도 제대로 된 도덕론을 제시하지 않았고, 그와 엇비슷한 것조차 쓰지 않았다. 장폴 사르트르는《존재와 무》를 끝내며, 실존주의 윤리의 형태로 후속편을 쓰겠다고 약속했다. 그 책이 출간된 이후로 거의 40년을 더 살았지만, 사르트르는 실존주의 윤리학을 내놓지 못했다. 사르트르의 평생 연인, 시몬 드 보부아르가《애매함의 도덕에 관하여》를 써서 사르트르의 약속을 대신 이행하려고 시도했다. 보부아르의 윤리는 그 자체로는 독창적이었지만 만족스럽지 않았다. 보부아르 자신도 그렇게 고백했을 정도였다.

사르트르와 보부아르, 둘 모두의 친구이던 카뮈도 도덕적 문제에 대한 자신의 생각은 여러 논문을 읽고 얻은 것이 아니라 축구팀의 골키퍼로 활동하며 깨달은 것이라고 솔직히 털어놓았다. 실제로 카뮈는 한 인터뷰에서 "오랜 시간 동안 많은 것을 보고 느낀 후에 내가 도덕성과 인간의 의무에 대해 가장 확실히 알게 된 것은 모두 스포츠에게 빚진 것이다"라고 말하기도 했다. 훗날 카뮈는 정의에 대한 자신의 깨달음은 축구만이 아니라 연극에서도 얻은 것이라고 덧붙였다.

하지만 윤리와 관련된 논문이나 실존주의 도덕 편람이 부족하다고 해서 실존주의자들에게 도덕적 통찰이 없다는 뜻은 아니다. 거듭 말하지만, 철학에서 말하는 사랑은 지식의 사랑이 아니라 지혜의 사랑이다. 구체적으로 말하면, 도덕적이고 올바른 삶을 살아가는 방법의 깨달음을 사랑하는 것이다. 아리스토텔레스도 《니코마코스 윤리학》이, 미덕이 무엇인가를 배우기 위한 책이 아니라 덕망 있고 도덕적인 사람이 되기 위한 책이라고 역설하지 않았던가. 따라서 이 책에서 언급되는 인물들을 비롯해 실존주의자들이 윤리론을 체계적으로 정리하지는 않았지만, 그들의 글은 도덕적 통찰로 가득하다. 나는 니체와 키르케고르, 사르트르와 카뮈에서 그런 통찰을 끌어내서 소개해보려 한다.

《실존주의는 휴머니즘이다》의 중간쯤에서, 사르트르는 조언을 구하려고 자신을 찾아온 청년의 이야기를 소개한다. 그 청년은 형이 나치에게 살해되었다며, 복수하기 위해서라도 레지스탕스에 가담하려 한다는 비밀을 털어놓았다. 하지만 문제가 있었다. 그 청년은 가족 중 유일한 생존자여서, 어머니에게 반드시 필요한 존재였다. 청년은 레지스탕스가 되느냐 아니면 가족을 부양하는 책임을 떠맡아야 하느냐는 갈림길에서 선택해야 했다. 아리스토텔레스의 가르침에 따르면, 우리 삶은 환경적으로 너무도 다양하고 변화무쌍해서 한 권의 도덕책에 맞추어 살아가기는 어렵다. 사르트르는 아리스토텔레스의 의견에 동의하며 이렇게 말했다.

누가 그 청년의 선택에 도움을 줄 수 있을까? 기독교의 교리? 아니다. 기독교 교리는 "남을 불쌍히 여기라, 이웃을 사랑하라, 남을 위해서 그대를 희생하라, 가장 어려운 길을 택하라" 등등의 것을 가르친다. …… 그 청년은 레지스탕스와 어머니 중에서 누구를 형제처럼 사랑해야 하는가? 무리의 일원으로 투쟁하는 막연한 행동과, 특정한 사람의 생계를 돕는 구체적인 행위 중에서 어느 쪽이 더 고결한 행동일까? 누가 그것을 선험적으로 결정할 수 있을까? 아무도 하지 못한다. 어떤 윤리서도 그에게 정답을 말해줄 수 없다. 칸트 윤리학은 "어떤 사람도 수단으로 여기지 말고 목적으로 대하라"고 가르친다. 좋은 말이다. 만약 내가 어머니 곁에 있다면 나는 어머니를 수단이 아닌 목적으로 대할 것이다. 그러나 바로 그런 이유에서, 내 주변에서 함께 투쟁하는 사람들을 수단으로 취급할 위험이 있다.[1]

사람들은 기분이 개운하지 않고 무엇인가 마음에 걸리는 데가 있으면 '직감에 따르겠어!'라고 한다. 사르트르는 이런 식의 반응을 달갑게 생각하지 않았다. 그는 우리가 밤이 이슥하도록 앉아서 각자의 감정에 대해서, 또 우리가 증오를 증오하고 정의를 사랑한다고 입에 침이 마르도록 이야기하더라도 행동이 더해지지 않으면 대화와 감정은 그저 헛된 것이라고 지적했다. 결국 사르트르의 표현을 빌리면 "어떤 애정의 가치를 결정하는 유일한 방법은 그 애정을 확인해주고 규정해주는 행동을 행하는 것이다." 진부한 말이지만 용서해주기 바란다. 그러나 사르트르의 철학에서, 말한 것을 실천하지 않으면 그 말은 그저 쓸데없는 말에 불과할 뿐이다. 기분이 꺼림칙할 때 사람들이 취하는 또 다른 공통된 전략은 옳고 그름 간의 균형을 이룬 조언을 구하는 것이다. 사르트르는 이 전략마저 부정하며, 조언을 구할 때 우리는 필연적으로, 듣고 싶은 말을 해줄 것 같은 사람에게 의지하기 때문이라고 그 이유를 설명한다.

행동 방향을 결정할 만한 객관적인 규칙들이 없다면, 우리는 스스로 선택해야만 한다. 사르트르는 허무주의자도 아니고 도덕적 상대주의자도 아닌 철학자답게, 우리는 자신의 행동에 책임져야 한다고 단호히 말한다. 또 본연의 의미에서 인간이 되려면 불안과 절망을 참고 견딜 수 있는 역량이 있어야 한다고도 덧붙인다. 하기야 우리는 자유롭고 책임감이 있으며 도덕적 이정표가 없기 때문에 불안과 싸워야 하고, 투쟁의 결과를 담보할 수 없기 때문에 절망한다. 역사책을 펼쳐보라. 수많은 사람이 정의를 위해 싸웠고, 그들의 대의와 몸뚱이는 공동묘지에 묻혔다. 마틴 루터 킹 Martin Luther King(1929-1968) 목사는 정의 구현의 가능성을 믿고 격정적으로 목소리를 높였지만, 사르트르는 그 가능성을 크게 확신하지 않았다.

키르케고르와 사르트르는 자유와 불안과 책임 사이의 관련성을 강조한다. 자유가 있기 때문에 불안이 생기는 것이고, 또 도덕적으로 책임 있는 선택을 해야 한다는 생각에도 불안하다. 두 사상가는 이런 부담스러운 자유에서 벗어나려는 본능적인 충동을 인정한다. 사르트르가 만들어낸 가장 유명한 개념 중 하나이며, 일상적인 표현으로도 흔히 사용되는 개념은 '자기기만mauvaise foi'(일반적으로 철학계에서는 이렇게 번역되지만, 직역하면 '나쁜 믿음'이다._옮긴이)이란 것이다. 자기기만은 우리가 객체인 것처럼 행동함으로써 우리의 자유를 부정하는 것이다. 자기기만은 무척 다양한 형태로 나타나지만, 기본적으로 사르트르는 자기기만이 자신에게 거짓말하려는 헛된 시도라고 주장한다.《존재와 무》에서 사르트르는 "자기기만을 범하는 사람에게 중요한 것은, 불쾌한 진실을 감추거나 유쾌한 거짓말을 진실로 꾸미는 것"이라고 설명한다.

자기기만과 일반적인 거짓말의 다른 점은 "자기기만에서는 내가 나 자신에게도 진실을 감춘다는 것이다." 사르트르는 "자기기만은 외부에서 우리에게 찾아오는 것이 아니다. 우리는 자기기만을 무심코 당하지 않는다. 우리는 자기기만에 우연히 감염되는 것이 아니다. 자기기만은 하나의 '상태' 같은 것이 아니다. 의식적으로 자기기만에 감염되는 것이다"[2]라고 결론지었다. 사르트르는 프로이트에 정통한 철학자답게 정신분석학에 칼날을 겨누며, 정신분석학적 사고는 우리가 자유롭게 행동하는 게 아니라 무의식적인 힘의 명령에 따라 행동한다고 생각하도록 유도한다는 점에서 자기기만의 항시적 초대장이라고 비판했다.

예컨대 나는 형에게 독살스럽게 반발할 의도는 없었고, 아버지를 향한 내 독설은 무의식적인 분노의 표출이라고 나 자신에게 변명할 수 있다. 또 이혼의 고비를 넘긴 친구에게 내가 냉정하게 행동한 이유는 세로토닌 분비가 완전히 엉망진창으로 망가졌기 때문이라고 나 자신에게 변명할 수도 있다. 우리가 우리에게 자유롭게 선택할 능력이 있다는 걸 부정하면 결국 우리 자신에게 거짓말하는 것이라는 게 사르트르의 주장이다.

얼마 전, 나는 1966년 텍사스대학교 오스틴 캠퍼스에서 일어난 비극적인 총기 사건을 다룬 다큐멘터리를 보았다. 지독히 더운 8월의 어느 날, 해병대 예비역 저격병 찰스 휘트먼Charles Whitman은 텍사스대학교 시계탑 건물의 전망대까지 올라갔고, 96분 동안 48명에게 조준 사격을 가했으며, 17명에게 치명상을 입혔다. 특히 그 살인 잔치의 초기에 그는 임산부에게 부상을 입혔고, 그녀의 남편을 죽였다. 그 때문에 임산부는 석쇠처럼 뜨거운 콘크리트 바닥에 쓰러진 채 38도의 고열에 시달려야 했고, 주변에 수십 명이 있었지만 누구도 그녀를 도와주지 못했다. 그녀가 온몸을 비틀며 고통과 싸우는 걸 지켜보면서, 많은 사람이 그녀를 안전한 곳으로 끌고 와야 한다는 당위성과 휘트먼의 총격에 대한 두려움 사이에서 어찌할 바를 몰랐다. 반세기가 지난 후, 한 여인은 당시를 회상하며 "도와주고 싶었어요. 하지만 그때서야 내가 겁쟁이라는 걸 알았어요"라고 말했다.

내가 겁쟁이라는 걸 알게 되었다? 사르트르의 생각은 그렇지 않다. 사르트르는 "실존주의자는 겁쟁이에 대해 언급할 때 겁쟁이는 그 자신이 행한 비겁한 짓에 대해 책임져야 한다고 말한다. 겁쟁이는 심장과 폐와 두뇌가 비겁하기 때문에 겁쟁이인 것이 아니다. …… 겁쟁이는 자신의 행동으로 겁쟁이라는 걸 보여주었기 때문에 겁쟁이인 것이다"[3]라고 말했다. 따라서 당신이 겁쟁이라고 고백하는 짓은, 푸른 눈과 금발로 태어나서 겁쟁이가 될 수밖에 없다고 주장하는 자기기만과 다를 바가 없다는 게 사르트르의 설명이다. 달리 말하면, 당신이 비겁하게 행동할 수밖에 없었다고 당신 자신을 설득하려는 것이다.

누구도 애초부터 겁쟁이로 태어나지 않는다. 또 누구도 처음부터 영웅으로 태어나지도 않는다. 어느 한 쪽을 선택해서 믿고 싶겠지만, 우리는 변할 수 있다. 도덕적인 전환은 가능하다. 사르트르가 성경 이야기에 감동하지는 않겠지만, 내가 신약성경에서 가장 좋아하는 이야기는 베드로가 예수를 세 번 부인했다는 것이다. 베드로가 세 번째로 "나는 그 사람을 모릅니다!"라고 부인했을 때, 당신은 베드로가 가룟 유다의 길을 선택했을 수도 있다고 생각했을 것이다. 하지만 베드로는 용기를 되찾았고, 결국 예수 그리스도를 위해 십자가에 매달려 죽음으로써 교회의 반석이 되었다.

기회가 있을 때마다 니체는 자신을 안티크리스트라고, 더 나아가 비도덕주의자라고 규정했지만, 실제로는 열정적인 도학자였다. 니체는 "신은 죽었다"라는 선언으로 유명해졌지만, 그 때문에 비난도 많이 받았다. 정확히 말하면, 그 선언은 현대에는 신앙이 불가능하다고 선언한 것이다. 하지만 니체의 생각에, 죽은 것은 신만이 아니었다. 현재의 도덕은 과거 가치의 유령이었다. 그의 가장 명료하고 이해하기 쉬운 저작 《도덕의 계보》에서 니체는 마르크스와 프로이트처럼,

우리는 의식을 신성한 것으로 믿도록 배웠지만 그 의식이 신에서 비롯된 것도 아니고 이성에서 파생된 것도 아니라고 주장한다. 그러나 니체가 사용한 분석 방법과 용어는 그들의 것과 달랐다. 의식은 위에서 내려오는 것이 아니기 때문에 니체는 도덕적 원칙을 반드시 역사적 관점에서 살펴봐야 한다고 역설한다. 또한 역사의 '긴 관점'을 채택하기가 쉽지 않을 것이라 경고하며, 그 이유를 우리가 조사하려는 역사라는 과정의 산물이자 부분이 바로 우리 자신이기 때문이라고 설명한다.

윤리에 대한 역사적 관점을 갖추려면, '도덕의 계보genealogy of morals'를 작성할 필요가 있다. 구체적으로 말하면, 도덕적 개념이 수천 년 동안 어떻게 진화하고 퇴화했는지를 해독해야 한다. 문헌학자, 특히 단어의 기원을 연구하던 학자로서 니체는 선과 악 같은 규범적 개념의 의미가 어떻게 변하고 달라졌는지를 추적함과 동시에, 시간이 지남에 따라 새로운 의미가 더해진다는 사실을 강조한다. 그 새로운 의미가 원래의 의미와 전혀 다른 경우가 적지 않지만, 과거의 함축된 의미는 희미한 메아리처럼 계속 존재한다. 예컨대 'suck'이란 단어는 요즘 학생들에게 경멸적인 욕으로 흔히 사용된다. 하지만 그다지 멀지 않은 과거인 1970년에는 그 단어에 성적인 의미가 내포되어 있었다고 알려주면, 학생들은 못 믿겠다는 표정을 지을 것이다.

요즘 우리는 '미덕goodness'을 평화와 친절, 정의와 관련짓는다. 이런 경향은 니체의 관점에 가깝지만, 항상 그렇게 관련지어지는 것은 아니다. 오히려 니체는 이렇게 말한다.

라틴어 보누스bonus(좋은)를 그 이전의 두오누스duonus까지 소급하는 게 옳다면, 보누스를 '전사戰士'로 해석해도 괜찮다고 생각한다. …… 그러므로 보누스는 갈등하고 분쟁하는duo 사람, 즉 전투하는 사람─고대 로마에서 남성의 '미덕'이었던 것─으로 해석된다. 우리 독일어의 gut(좋은)라는 단어도 '신과 같은 사람', '신적인 종족의 사람'을 뜻하는 것이 아닐까? 또 gut 는 고트족Goths이란 부족의 이름(본래는 귀족의 이름)과 동일한 것이 아닐까?[4]

'보누스'의 뜻이 혁신적으로 변한 것은 니체가 도덕에서의 '노예 반란'이라 칭한 것의 결과였다. 역사가 말하듯이, 과거에는 귀족인 기사 계급과 노예 계급이 있었다. 바이킹처럼, 귀족은 행동하는 사람 이었고, 공격과 정복과 모험에 뛰어들었다. 아킬레우스와 아가멤논 에게 '좋은 것'은 귀족 계급이 소중하게 생각하던 것─자존심, 용맹, 개방성─과 똑같은 것이었다. 이런 전사 귀족들은 자신들이 좋아하 는 것을 좋은 것으로 정의했다. 그것이 전부였다.

하지만 상류 계급의 강인한 사람들 중에는 칼과 피를 좋아하지 않 았지만 '권력에의 의지'를 드러내려는 욕망이 결코 적지 않았던 성직 자 계급도 있었다. 성직자 계급은 노골적으로 노동 계급을 인간 이하의 존재, '불행한 인간'으로 보았다. 콜로세움을 짓기 위해 커다란 돌을 수레에 실어 운반해야 했던 그 불운한 사람들은 자신들에게 가해진 고통을 억울하게 생각하며 분노했다. 권력욕으로 가득하던 성직자 계급은 그런 '원한resentment'을 이용했고, 결국에는 고통과 자기 부정—니체가 '금욕주의적 이상ascetic ideal'이라 칭한 것—을 모든 미덕의 시금석으로 바꿔놓았다. 부분적으로 그런 변화는 성직자들이 정화 의식이란 이름으로 행한 마법의 결과였겠지만, 여하튼 니체는 이런 가치의 역전이 일어난 정확한 방법에 대해서는 명확히 설명하지 못했다. 하지만 노예 반란이 있은 후, 영광이나 개인적 이익의 추구는 주위에 실망을 안겨주는 원인이 되었다.

만약 당신이 자신을 위한 무엇인가를 원한다면, 당신 자신만이 아니라 다른 사람들을 위해서도 그 목표가 순전히 공동체를 위한 것인 양 멋지게 꾸밀 필요가 있다. 예컨대 내가 의과 대학에 진학하려는 이유가 의사에게 주어지는 존경과 급여를 원하기 때문이 아니라, 사람들을 돕고 싶은 간절한 바람 때문이라고 미화할 수 있다. 시간이 지나면서 성직자 계급은 심리학을 무기로 교묘하게 활용해서, 전사 신도들이 새로운 관점에서, 예컨대 노예들의 눈과 금욕주의적 이상으로 자신들을 돌이켜보도록 설득할 수 있었다.

"온유한 자는 복이 있나니 그들이 땅을 차지할 것이다"라는 산상수훈으로 눈을 돌려보자. 노예 반란 이전에는 온유함이 악덕으로 여겨졌다. 그런데 노예 반란 이후, 전에는 악덕으로 여겨졌던 성품들이 불가사의하게 축복의 증거로 뒤바뀌었다. 또 그때 이후로, 복수의 기회를 엿보지 못할 정도로 비겁하고 소심하던 사람이 다른 뺨을 내주는 것을 자랑스럽게 여길 수 있게 되었다. 힘과 야망의 과시, 영광을 향한 열망은 수상쩍은 행동이 되었고, 죄악으로 비난받았다.

니체의 계보가 말하듯이, 유대·기독교는 '원한'의 도구이자 전형이었다. 니체의 주장에 따르면, 아브라함에게 요구된 신앙심과 십자가 처형은 부정하게 장악한 권력의 만행이었다. 말하자면, 약한 사람들이 상대를 심판하고 위압적으로 대하며, 애꿎은 사람을 화형에 처하고 지옥이란 영원한 사형장에 보내는 권한을 장악한 사례였다.

위로 4세대가 목사였던 집안의 후손인데다가, 학교 친구들에게 한때 '작은 목사'라는 별명으로 불렸을 정도로 니체는 성경과 교부들의 글에 능통했다. 그래서 니체는 이른바 '사랑의 종교'의 추악한 약점을 폭로하는 것처럼, "기독교인들이 앞다투어 올라가려는 천국, 저 천국의 축복이 도대체 무엇이란 말인가?"라고 묻고는 스스로 이렇게 답했다. "우리는 그 답을 이미 알고 있다. 그러나 그 문제에서 결코 경시할 수 없는 권위자로 위대한 스승이며 성자인 토마스 아퀴나스가 우리에게 분명히 증언해주는 말을 듣는 편이 훨씬 더 낫다. 아퀴나스는 양처럼 온유하게 '천국에 있는 축복받은 사람들은 저주받은 사람들이 벌받는 것을 보고, 그것으로 말미암아 자신들의 축복을 더욱 기쁘게 여기리라'라고 말했다."[5]

게다가 니체는 기독교 교부 테르툴리아누스의 한층 길고 상세한 설명까지 덧붙인다. 선택받은 사람들이 저주받은 사람들의 고통을 주의 깊게 경청하지 않는다면 천국이 천국이 아닐 것이라는 테르툴리아누스의 설명도 우리 가슴을 날카롭게 때린다. 기독교인이 니체로부터 마음을 정화하는 교훈을 얻으려 한다면, 자신의 경건하지 못한 충동에 대해서도 진드기처럼 조금씩이라도 끈질기게 신앙의 완성을 위해 나아갈 수 있는 적극적이고 강력한 동기를 가지고 자신에게 정직하려고 노력해야 할 것이다.

니체의 도덕의 계보의 목표는 '가치의 가치 전환trans-valuation of values'이다. 철학자들은 근본적인 의문들을 제기하는 자신의 능력을 자찬하지만, 그 의문들은 그럴듯하게 꾸민 지적인 수수께끼에 불과한 경우가 많다. 망치를 든 철학자 니체도 매서운 의문을 제기했다. 우리 가치관의 가치는 무엇인가? 또 우리 가치관은 우리 삶에 가치를 더해주는가, 아니면 우리를 병약하게 만드는가? 과거의 회의론자들은 우리에게 참과 거짓을 따져야 하는 의문이 있을 때 가장 필요한 것은 그 문제를 해결하기 위한 기준이라고 가르쳤다. 여기에서 회의론을 더욱더 자극하는 또 다른 의문이 제기된다. 그 기준이라는 것이 어디에서 오는가? 또 우리가 그 기준을 찾아내려면 어떤 기준을 사용해야 하는가? 여기에서 당면한 의문은 '니체가 가치의 가치를 평가할 때 사용한 기준은 무엇인가?'라는 것이다.

니체의 주장이 맞다면, 위대한 철학자들의 거창한 도덕론은 기본적으로 자화상에 해당된다. 소크라테스 이전 시대의 철학자 크세노

파네스는 말에게도 신이 있다면 그 신은 말처럼 생겼을 것이라고 가르쳤다. 철학자를 투영의 달인으로 묘사하는 크세노파네스의 생각은 니체에게 계승되었다. 아리스토텔레스는 묵상의 완벽한 본보기였고, 그에게는 올바른 삶이 무엇인지 명확히 설명하는 것도 묵상의 하나였다. 키르케고르는 열정의 화신이었다. 그의 생각에 열정은 살 만한 가치가 있는 삶의 필수 조건이었다.

한편 병약한 니체에게 이상적인 자아는 잡힐 듯하지만 잡히지 않는 건강과 활력을 바라는 염원에서 추정되는 것이었다. 학계에 혜성처럼 등장한 니체는 학위도 없이 겨우 24세에 바젤대학교의 교수로 임용되었다. 그러나 만성 편두통과 그 밖의 질병으로 니체는 수년 후 사임할 수밖에 없었다. 강의실을 떠난 이후로 니체는 이곳저곳을 떠돌아다니는 방랑자가 되었고, 그에게 활력을 주는 곳을 끝없이 찾아다녔다. 특히 그가 사랑한 이탈리아에서도 자유롭게 숨쉬고 창작할 수 있는 곳을 찾아내려고 애썼다. 건강은 니체에게 신적인 단어였고, 가치의 재평가를 위한 기준이었다.

건강에 대한 니체의 생각은 원만한 소화력과 강력한 폐활량 및 정력에 국한되지 않는다. 건강은 그런 개별적인 부분들보다 훨씬 큰 개념이다. 니체에게 건강하다는 것은 용맹하고 대담하며 창의적이란 뜻이다. 따라서 건강한 사람은 '자유로운 영혼free spirit', 즉 군중과 일정한 거리를 두고 자기만의 가치를 만들어가는 사람이었다. 나폴레옹과 괴테가 표본이었고, 예수도 자기 나름대로 자유로운 영혼이었다. 니체는 그런 사람들에 대하여 "그런 사람들은 각자 자기만의 태양계에서 살아간다. 따라서 그곳에서 그들을 찾아야 한다"라고 묘사했다. 그처럼 자신을 스스로 규정한 사람은 "대기가 없는 별이다. 안쪽을 향해 활활 타오르는 그의 눈동자는 바깥쪽에서는 순전히 겉으로만 차갑고 싸늘하게 보인다. 주변 사람들은 그의 자부심을 등에 업고 어리석고 타락한 파도를 이겨낸다. 그는 그런 상황을 혐오하며 그들로부터 멀어진다"[6]라고 덧붙였다.

대부분 불멸의 지성들이 그렇듯이, 니체도 인지 부조화cognitive dissonance를 용인할 능력이 있었다. 니체는 근본주의적 무신론자였지만, 진실한 신자들이 믿는 신의 존재를 인정했다. 또한 노예 반란이 자체의 결함과 잘못에도 불구하고 내면세계를 만들어냈다는 것을 거리낌없이 인정했다. 모험과 정복을 꺼리는 사람들도 노예 반란 이후로는 자신의 내면세계에서 모험을 추구하고 시도했다. 니체의 표현을 빌리면, "비로소 인간이 흥미로운 피조물이 되었다." 그렇게 내면을 지향하는 흥미로운 피조물들은 훌륭한 예술 작품을 창작해냈다. 도스토옙스키의 《카라마조프가의 형제들》과, 니체가 좋아했고 《도덕의 계보》를 쓰는 데 도움을 받았던 풍자소설 《지하로부터의 수기》가 대표적인 예이다.

하지만 모든 것을 고려할 때, 니체는 민주적 가치와 결부시켜 노예 반란과 노예 도덕slave morality이 우리를 허무주의로 밀어낸다고 판단했다. 니체의 허무주의는 두 극단과 두 관심사, 즉 노동과 쾌락, 일과 오락만이 존재하는 마음 상태를 뜻한다. 19세기 말, 니체는 인간이 권태에 빠져들고, '말종 인간the last man'처럼 '측은한 안락함'에 불과한 것―예컨대 슬리퍼, 평면 텔레비전, 액션 영화―을 갈구한다고 묘사했다. 문화가 더욱 개화되고 관료화되자, 지독한 합리주의자이며 원조 페미니스트인 존 스튜어트 밀John Stuart Mill(1806-1873)도 똑같은 불만을 쏟아냈다.

세련된 계급, 영국의 신사 계급 전체에게 …… 온갖 유형의 투쟁에 대한 피로감이 살금살금 퍼져 나갔다. 이런 무력함은 …… 이 세계에 새롭게 나타난 현상이다. 그러나 …… 문명의 진보에 따른 자연스러운 결과이다.[7]

과거에 우리는 영원한 명성을 꿈꾸었지만, 니체는 당시의 모든 남녀를 부르주아 배빗Babbitt(대세에 순응하는 속물근성을 가진 중산층을 가리키는 표현으로, 미국 소설가 해리 싱클레어 루이스의 동명 소설에서 유래했다_옮긴이)을 닮아가는 나태한 사람으로 보았다. 니체는 이런 배빗을 초인Übermensch에 비교하며 '말종 인간'이라 칭했다. 노예 반란으로 위대함을 성취할 가능성이 무너졌고, 영웅적인 행위에도 의심쩍은 눈길이 가해졌다. 또 인류와 자기 이해를 위한 북극성이 되기에 충분한, 강하고 창의적인 개인의 탄생도 노예 반란으로 저해되었다는 게 니체의 주장이다. 니체는 협력이란 미지근한 이상보다 개인의 위대함과 경쟁력에 더 큰 가치를 두었다는 이유로 비난을 면치 못했다. 그래도 우리의 차라투스트라에게는 배울 것이 있으리라 생각된다.

안경을 쓰고 깔끔한 옷차림에, 예절 바르고 우리의 도덕적 감수성을 뒤집어놓을 수도 있는 학자로부터 우리는 어떤 도덕적 통찰을 얻을 수 있을까? 서정적인 철학자이던 니체는 시인이란 자격을 얻을 것처럼 시적으로 글을 쓰며 거의 자기모순에 빠지는 경향도 보였다. 하지만 니체로부터 끌어낼 수 있는 도덕적 교훈은 간단하다. 용기 있게 행동하고 창의력을 발휘하라!

요즘에는 이렇게 혼이 담긴 교훈을 전해주는 사람의 목소리가 거의 들리지 않는다. 게다가 많은 사람이 그런 교훈을 유약함에 대한 비난으로 해석한다. 개인적인 예를 들어 설명해보자. 불안에 짓눌리고 온갖 자격이 광적으로 요구되는 사회에서, 학생들은 쪽지시험에서 A가 아니라 B⁺를 받았다는 이유로 눈물을 꾹 참고 내 연구실을 찾아온다. 시험 시간에는 절반 정도의 학생이 벌벌 떨고, 적잖은 학생이 해적처럼 무관심한 태도를 취하며 불안을 달래려는 듯하다.

지난봄 학년말 시험일은 노르망디 상륙 기념일을 코앞에 둔 날이었다. 시험을 앞둔 강의에서 나는 예상 문제들을 슬그머니 알려주었다. 심지어 나는 철학과의 패튼 장군처럼 "정신들 바짝 차려!"라고 외치고는, 19세와 20세의 생기발랄한 학생들에게 1944년 디데이 전날 아이젠하워 장군이 사령부에서 나와 침중한 목소리로 부대원들에게 행한 연설을 알려주었다. 그때 아이젠하워는 이튿날 시도하려던 전쟁의 기념비적 중대성에 대해 언급했고, 많은 병사가 되돌아오지 못할 것이라는 사실도 숨김없이 알려주었다. 나도 학생들에게 "바짝 긴장해야 할 거다. 어려운 문제도 있으니까"라고 겁을 주었다. 그런 협박에 몇몇 학생은 마음을 다잡는 듯했지만, 대다수는 못마땅한 표정으로 냉소하며 고개를 절레절레 저었다. 그들에게는 내가 옛 질서, 즉 시험의 불안이 의학적 문제라는 걸 인정하지 않는 세대의 잔재로 보일 뿐이었다.

무수히 많은 방법으로, 니체는 우리에게 두려움을 인정하고 삶의 현장에 뛰어드는 것이 중요하다고 역설한다. 삶을 권투에 비유하자면, 상대에게 타격을 가할 수 없다면, 하물며 타격을 가하는 두려움조차 감당할 수 없다면, 도덕의 도전을 감내할 수밖에 다른 방법이 없다. 또 니체는 우리에게 닥치는 위협과 시련을 피하지 말고, 그런 시련은 진정한 자아가 되는 지름길이므로 그런 시련을 벗어나려는 유혹에 빠지지 말고 오히려 받아들이라고 충고한다.

권투의 세계에서 또 다른 예를 끌어내는 게 망설여지지만, 내가 30년 동안 권투 트레이너로 일한 여러 이유 중 하나는 아리스토텔레스와 니체로부터 얻은 교훈 때문이다. 두 철학자는 우리가 두려움에 어떻게 대처하느냐에 따라 성격이 형성된다고 가르쳤다. 육체적 용기와 도덕적 용기를 동일시하는 것은 실수일 것이다. 궁지에 빠진 상황에서 선택해야 한다면, 나는 스스로를 위험에 빠뜨린 적이 있는 사람과 협력할 것이다.

모든 사람, 거의 모두가 용기 있는 사람으로 인정받기를 바란다. 19세기 유럽의 가장 유명한 철학자, 게오르크 빌헬름 프리드리히 헤겔Georg Wilhelm Friedrich Hegel(1770-1831) 철학이 그 이유를 설명하는 데 도움을 준다. 유명한 '주인과 노예'의 우화에서, 헤겔은 우리가 목숨을 건 전투, 궁극적으로는 목숨도 기꺼이 포기하려는 투쟁을 통해 더 높은 수준의 자유와 의식에 올라간다고 말한다. 헤겔이 옳다면, 전사戰士가 우리 사회에서 차지하는 고결한 이미지는 자신의 목숨을 기꺼이 희생하겠다는 마음 자세로 숨막히는 죽음의 불안을 벗어난다는 사실과 관계가 있다. 권투장은 상상력을 동원한다고 설명되는 전쟁터가 아니다. 주먹을 주고받는 권투라는 경기는 헤겔이 언급한 결투 재판을 문명적으로 가다듬은 것이라 이해할 수 있다. 그 자체로서 권투는 자유와 자아라는 새로운 가능성을 제공하기 때문이다.

요즘 젊은 계층과 특권 계층은 불안과 고뇌를 위해 싸우는 훈련을 거의 하지 않는다. 어쩌면 그들도 권투를 배워야 할지 모르겠다. 엄격한 감독하에 운영되는 권투 체육관에서 선수들은 두려움을 다스리는 훈련을 규칙적으로 실시한다. 나도 니체 철학을 기반으로 '용기 훈련'이란 훈련법을 실시한다. 권투 선수로 성공하려는 야망을 지닌 사람이 습득하기 가장 어려운 기술 중 하나는 포켓 존에 머무는 것이다. 구체적으로 말하면, 상대를 공격할 수 있는 유효 거리를 유지하는 것이다. 상대가 당신에게 강력한 펀치를 날리면, 당신은 본능적으로 뒤로 물러선다. 그 덕분에 당신은 상대의 주먹을 피하지만, 자세가 흐트러져서 반격을 할 수 없게 된다. 따라서 용기 훈련법은 이런 본능적 움직임을 억제하기 위한 것이다. 나는 방어하는 선수의 뒤에 서고, 다른 선수에게 콤비네이션으로 공격하게 한다. 내가 뒤에서 방해하기 때문에 방어하는 선수는 포켓 존에서 벗어나지 못한다. 한 선수라도 물러서면 나는 지체 없이 나무란다. "정신 차려! 용기를 내!" 철학과 학생이 우연히라도 권투를 배운다면, 나는 니체의 매서운 주문을 그에게 덧붙일 것이다. "정신 차려. 위험하게 살라고!"

대부분의 철학자는 우리에게 본능과 싸우라고 가르친다. 일례로 소크라테스는 육신과 육신에서 비롯되는 욕망으로부터 해방되려고 죽음을 학수고대한 것처럼 행동했다. 칸트의 도덕적 가치moral worth 는 성향의 억제와 밀접한 관계가 있다. 또 쇼펜하우어는 살겠다는 맹목적인 의지를 버리는 게 삶의 목적이어야 한다고 믿었다. 반면에 니체는 우리에게 본능을 되돌려주려고 애썼다. 본능이란 것이 아무리 저열하고 지저분하더라도 상관없었다. 니체가 기독교와 과거의 도덕주의자들 및 금욕주의적 이상에 품은 불만 중 하나는, 그것들이 황홀감과 관련된 모든 것, 그의 표현을 빌리면 '디오니소스적인 것'에 대한 불신을 심어준 것이었다. 비유해서 말하면 그것들은 등골을 서늘하게 해주는 얼음덩어리였다. 그러나 우리가 타인의 고통을 지켜보며 순수한 즐거움을 얻던, 더 건강한 시대가 있었다는 게 니체의 주장이다. 이해하기 어려운가? 따지고 보면 그렇지 않다.

삶의 과정에서 우리는 화면에 집중하며, 실감나게 목을 잘라내는 수천 편의 영화를 관람한다. 할리우드는 이런 유혈극을 도덕적인 이야기로 포장해서, 용감무쌍한 영웅이 법을 위반하며 사악한 연쇄 살인범을 죽이는 무용담으로 꾸민다. 우리가 즐기는 잔혹극은 텔레비전 화면에서 그럴듯하게 정당화된다. 주인공이 누군가를 죽이려 한다면, 그 행위는 인류의 행복을 위한 것이다. 하지만 할리우드의 고어gore 영화를 즐기고 나면, 우리는 양손을 비비며, 폭력과 무의미한 고통보다 혐오스러운 것은 없다고 중얼거린다.

니체는《도덕의 계보》초반부에서, 인간이 "개인적인 심정과 고통을 자제할 줄 알고, 진리를 위해 모든 소망을 희생하도록 훈련되었으면 하고 바란다"라고 시작한다. 하지만 곧이어 그는 "단순하고 쓰디쓰고 추하고 불쾌하며 반그리스도적이고 반도덕적인 진리를 위해서도 모든 소망을 희생하도록 훈련되었으면 하고 바란다. 왜냐하면 그런 진리가 존재하기 때문이다"[8]라고 덧붙인다. 역사적으로 추악한 진리는 많지만, 니체가 궁지에 몰아넣었다고 주장한 그런 추악한 진리 중 하나는 바로 이것이다. "어쨌든 사형과 고문, 종교 재판에 의한 화형을 빼놓고는 장엄하고 성대한 제후의 결혼식과 민족의 축제를 생각할 수 없었던 것이 그리 오래전도 아니다."[9] 니체는 문명이란 결국에는 인간이 길들여져서 예측 가능한 존재가 되는 과정이기 때문에 피바다에 기초할 수밖에 없다고 주장한다.

셰익스피어의《베니스의 상인》을 생각해보자. 이 희곡은, 악성 부채와 약속 위반이 있는 경우에는 그런 문제를 일으킨 장본인에게 신체적 고통을 가하는 즐거움을 정신적 피해자에게 허락함으로써 그런 피해를 상쇄하는 시대가 있었다는 증거이다. 니체는 우리가 지하실에 가두어둔 우리 자신의 일부를 인정하라고 충고했다. 또 니체는 우리가 자신에게 솔직해야 한다고 설교한다. 달리 말하면, 우리가 좋다고 생각하고 싶어하는 것이 아니라, 실제로 매력적이고 흥미롭다고 생각하는 것이 무엇인지에 대해 솔직히 말할 수 있어야 한다고 조언한다.

니체에게는 의혹과 질투와 위장된 분노라는 유해한 감정을 판별하는 안목이 있었다. 나는 니체가 어디에서 그런 안목을 얻었는지 알고 있다. 언젠가 나는 약 100만 명의 청취자가 듣는 라디오 프로그램에 방송할 인터뷰를 했다. 그 후로 수주, 수개월이 지났지만 내 인터뷰는 방송되지 않았다. 나는 방송국에 그 이유를 물었고, 몇 번의 시도 끝에 마침내 인터뷰 내용이 전반적인 상황에 들어맞지 않아 방송하지 않기로 결정했다는 프로듀서의 답장을 받을 수 있었다. 당연히 나는 항의했다. 그러자 프로듀서는 부하 직원을 시켜서, 내 인터뷰가 방송되면 오히려 내 평판이 손상될 거라고 은근히 협박했다. 당연히 나는 겉으로는 무관심한 척했지만 속으로는 부글부글 끓었고 조금도 용서할 수 없었다. 3년 전의 일이지만, 지금도 간혹 잠이 오지 않으면 어떻게 해야 멋지게 복수할 수 있을까 상상한다. 인간적이고 너무도 인간적이지 않은가! 니체 선배라면, 그 모욕을 갚아주려는 내 욕망을 이해할 것이다.

요즘은 이른바 용서 전문가의 전성시대이다. 특히 내가 부당하게 괴롭힌 사람에 대해 나 자신을 용서할 권한이 나에게 있는 것처럼, 우리는 자신을 용서할 수 있어야 한다는 생각이 중심을 이룬다. 오히려 내가 제3자로서, 내 친구를 강탈하고 약탈한 악귀 같은 놈을 용서할 수 있다고 말하는 편이 더 나을 것이다. 니체는 자기 용서를 해법으로 제시하지 않았다. 그보다 훨씬 더 급진적인 해법을 내놓았다. 건강한 의식에는 망각이 필요하다는 것이다. 우리가 굳이 용서할 필요가 없고, 누가 우리에게 못된 짓을 했고 우리가 실수했다는 걸 망각할 수 있으면, 그것으로 충분하다는 뜻이다. 《도덕의 계보》 제1권의 10번 글은 다음과 같이 끝난다.

자신의 적과 자신의 재난, 심지어 자신의 악행도 그다지 오랫동안 진지하게 생각할 수 없다는 것, 이것은 무엇인가를 만들고 조립하며 고치고 망각할 수 있는 사람, 즉 인간의 본성에 무척 충실한 사람이라는 증거이다. 현대 세계에서 이에 대한 가장 좋은 본보기가 미라보 백작comte de Mirabeau이다. 그는 자신에게 가해진 모욕과 비열한 행위를 기억하지 못했다. 그렇게 잊어버렸기 때문에 용서할 수도 없었다. 이런 사람은, 다른 인간의 경우에는 몸속으로 파고드는 많은 벌레를, 단 한 번에 흔들어 떨어버린다. 도대체 이 지상에 진정으로 '적에 대한 사랑'이 있다면, 그 사랑은 오직 그런 사람에게만 가능할 것이다.[10]

대부분의 철학자가 기억을 칭송하고 망각을 폄하하지만, 니체는 정반대로 생각한다. 망각은 영적인 행복에 반드시 필요한 영적인 소화spiritual digestion의 한 형태이다. 달리 말하면, 도덕적 낙인을 담아 두고 기억할 필요가 없다. 우리는 그런 실수를 훌훌 털어버릴 정도로 강해질 필요가 있다.

키르케고르와 니체 사이에는 차이점만큼이나 공통점도 많다. 순전히 개인적이고 심리적인 차원에서 보면, 다른 사람이었다면 미쳐버리고도 남았을 만한 강렬하고도 지속적인 지적 자극을 두 철학자는 너끈히 견뎌냈다. 한편 가장 뚜렷한 차이점이라면, 키르케고르의 삶과 저작은 신앙이란 쟁점을 향하고 있다는 것이다. 또 키르케고르는 분투하는 과정을 강조함으로써, 항상 자신을 기독교인이 되려는 사람으로 묘사했다. 신의 존재를 믿는 신앙이 이성으로 주어지는 게 아니므로, 독실한 신자는 부조리의 힘으로 신의 존재를 믿을 수밖에 없다는 니체의 의견에 키르케고르는 동의했을 것이다. 또 니체만큼이나 키르케고르도 자유로운 영혼으로, 부르주아 사회의 냉혹하고 편협한 실용주의를 혐오스럽게 생각했다.

니체가 마지막 10년을 보낸 정신병원에 입원하기 2년 전, 덴마크의 문학평론가 게오르그 브라네스Georg Brandes(1842-1927)가 니체에게 키르케고르의 저작들을 소개했다. 니체가 키르케고르의 이론을 얼마나 받아들였는지는 분명하지 않지만, 철학자 토머스 마일스Thomas Miles는 니체가 키르케고르를 읽었고, 특히 그의 매서운

《기독교계에 대한 공격》에서 큰 영향을 받았다는 걸 입증해냈다. 근본적으로, 두 철학자는 자기 정직과 용기 및 무한한 열정을 설교하는 사도였다.

유사한 점들을 제외하면, 니체는 키르케고르를 노예 반란의 독을 마신 학자로 진단했을 것이다. 노예 반란의 최종적인 산물인 '원한인간man of ressentiment'에 대하여, 니체는 "그의 영혼은 곁눈질을 하고, 그의 정신은 은폐된 곳과 비밀 통로와 뒷문을 좋아하며, 은밀한 모든 것이 그의 세계인 듯 그를 유혹한다"라고 말한다. 키르케고르는 우리 내면세계의 구석구석을 샅샅이 탐색하라고 촉구했기 때문에, 니체의 곁눈질하는 영혼도 틀림없이 포용했을 것이다. 그 증거로, 행복은 절망의 가장 확실한 은신처라던 키르케고르의 주장을 기억해보라. 니체였다면, 우리가 즐겁고 편안함을 느끼는 드문 순간에 대해 다른 관점을 가져야 한다는 의견에 배꼽을 잡고 웃거나 구역질을 했을 것이다.

키르케고르는 니체가 혐오한 '금욕주의적 이상'의 전도사이기도 했다. 금욕주의적 이상은 '마음의 정결함이 하나만을 바라는 것', 즉 하느님이 바라는 것을 지향하는 이상이다. 이 이상의 규정에 따르면, 우리 행동이나 어느 정도의 호혜로부터 어떤 이득을 바라는 본능적 욕구가 있는 곳에서는 마음이 분열되고 야비해진다. 키르케고르는 우리에게 진정한 자아, 즉 하느님의 자녀가 되기 위해서는 '세상을 버려야 한다'라는 교훈을 입술이 닳도록 우리에게 강조한다. 니체가 그 교훈을 알았더라면, 그를 괴롭히던 편두통의 또 다른 원인이 되었을 것이다.

윤리에 대한 키르케고르의 생각은 신앙에 대한 그의 끝없는 사색과 뒤섞이는 경우가 많았다. 무엇인가가 윤리적인가 아닌가에 대한 의문은, 그것이 신앙에 입각한 행동이냐는 문제와 분리되지 않았다. 그래도 키르케고르는 도덕적인 삶에 대한 번뜩이는 생각들을 제시해주었고, 지금도 많은 부분이 도덕적 자기계발로 충분히 해석될 수 있는 글을 써냄으로써, 우리에게 희망을 주는 진정한 윤리적 지침의 보고를 만들어냈다.

앞에서도 간단히 언급했지만, 키르케고르는 선악에 대한 지식은 보편적으로 골고루 분포된다고 생각했다. 도덕심의 향상은 지식이나 분석력을 더 많이 얻는다고 해결되는 문제가 아니라는 뜻이다. 만약 그렇다면 경제적으로나 교육적으로 혜택을 받지 못한 사람은 도덕적으로 열등할 수밖에 없을 것이고, 그래서 세상은 불공평하고 비도덕적이란 거짓말을 만들어낼 것이다. 키르케고르는 윤리와 종교에 관련된 교육이 지식을 전달하는 교육이라고 생각하지 않았다. 그렇기 때문에 그는 윤리-종교적 교육이 무엇을 뜻하는지에 대해, 그리고 중요한 진리, 즉 삶의 방식과 관련된 진리를 효과적으로 전달하는 방법에 대해 고민했다.

윤리와 종교는 주변과 후세에 전달해야 할 지식의 대상이 아니다. 윤리와 종교의 전달 효과는 인간과 윤리-종교적 개념과의 관계를 어떻게 활성화하느냐에 따라 주로 영향을 받는다. 예컨대 우리가 도덕적인 위인, 넬슨 만델라Nelson Mandela(1918-2013)나 디트리히 본회퍼Dietrich Bonhoeffer(1906-1945, 나치 정권에 대항한 독일의 신학자_옮긴이) 같은 사람을 만나더라도 이들은 태생부터 다르다고 생각할 필요가 없다는 뜻이다. 여기에서 키르케고르는 사르트르와 한편이 된다. 도덕적 능력은 운동 능력과 다르다. 운동 천재는 있어도 도덕 천재 같은 것은 없다. 우리는 도덕적 영웅을 수동적으로 동경하는 데 그치지 말고, 그들을 본받으려고 노력해야 한다.

거듭 말하지만 키르케고르는 희망과 행복감을 주는 수천 쪽의 글을 썼고, 그 글들은 충분히 종교심과 도덕심의 향상을 위한 자기계발서로 읽힐 수 있다. 키르케고르는 누군가에게 희망과 용기를 북돋워 준다는 것은, 그를 조금씩 자극해 객관적인 태도에서 벗어나게 하고, 그가 목표로 삼는 유형의 인간에 대해 관심을 갖도록 유도하는 것이라 생각했다. 학생들은 졸업 후에 어떤 직업을 택할 것인지 고민을 품고 나를 찾아와 조언을 구한다. 충분히 이해되는 현상이지만, 그 학생들이 어떤 유형의 인간이 되어야겠다고 고민하는 데는 시간과 에너지를 거의 쓰지 않는다는 게 안타까울 뿐이다.

저작 활동을 시작한 초기에 키르케고르는 '간접 전달indirect communication'에 대한 일련의 강연 원고를 작성했지만, 간접 전달에 대한 의견을 직접 전달한다는 게 모순이라 생각했던지 이 원고들은 공개되거나 발표되지 않았다. 하지만 그 원고들은 작업 일지에 남겨졌고, 그 일지가 후대에 전해졌다. 키르케고르는 이 원고들에서, 도덕 교육은 우리에게 진실을 주입하는 것보다 진실을 끌어내는 것과 더 밀접한 관계가 있다고 주장했다.

과학적 지식은 우리에게 주입될 수 있지만, 미학적 능력은 구체적인 대상이 없기 때문에, 더욱이 윤리라는 단어의 의미를 엄격히 따지면 윤리적 능력도 구체적인 대상이 없기 때문에 두 능력은 개개인으로부터 끌어내야 하는 것이다. 예컨대 하사관이 농장에서 일하는 소년에게서 군인다운 자질을 보면, "저 소년에게서 군인의 용기를 끌어내야 하는 게 내 의무"라고 말하는 경우를 생각해보라.[11]

또 작업 일지에서 키르케고르는 도덕심을 함양하기 위한 방법의 하나로, 우리에게 자기기만을 피하기 위해 서로 돕는 방법을 처방했다. 특히 《죽음에 이르는 병》에서 키르케고르는 절망을 자아에서의 불균형으로 정의한다. 또 같은 책의 다른 곳에서, 절망을 자아가 되려는 다양한 차원의 의식으로 정의한다. 게다가 2부는 "절망은 죄다"라는 간결한 선언으로 시작된다. 키르케고르는 여기에서 멈추지 않고 "죄란 무엇인가?"라고 계속 밀어붙인다.

키르케고르가 사랑한 소크라테스는 무지를 죄라고 주장했다. 그러나 우리의 무지함이 입증된다고 잘못된 행위를 용서받을 수 있는 것은 아니다. 예컨대 파티장에서 당신이 나에게 술잔을 건넸지만, 그 술잔에 비소가 살짝 섞였다는 걸 몰랐다고 해보자. 이런 경우, 당신은 그 사실을 전혀 몰랐기 때문에 비난받지 않을 수 있다. 반면에 우리가 자초한 무지 때문에 우리만이 아니라 다른 사람들도 고통받는다고 해보자. 키르케고르는 우리에게 두 방향의 이해―이론을 통한 이해와 실천을 통한 이해―가 있다는 걸 깨달아야 한다고 틈나는 대로 압력을 가한다. 따라서 키르케고르는 싱긋 웃으면서 다음의 글을 쓰지 않았을까 싶다.

연설가가 진심 어린 목소리와 표정으로, 자신도 깊이 감격하고 또 남들에게도 깊은 감동을 주면서 가슴 절절하게 진리를 묘사할 수 있다면, 그러면서도 담대하고 냉철하며 자신만만한 태도로 모든 사악하고 악랄한 힘에 맞설 수 있다면, 그것이야말로 지극히 희극적이다. …… 거의 동시에 극히 사소한 불편에도 비겁하게 덜덜 떨면서 그 상태에서 도망칠 수 있다면 그것이야말로 지극히 희극적이다.[12]

조금 뒤에서 키르케고르는 도덕적 노력이 실패하고 난관에 부딪히면 어떤 일이 벌어지는지 생생하게 묘사한다. 그 부분은 몽땅 인용해도 괜찮을 정도로 뛰어난 문장이다.

정신의 삶에는 정지 상태가 존재하지 않는다. …… 그러므로 어떤 사람이 무엇이 옳은지를 아는 바로 그 순간에 그것을 행하지 않는다면, 앎의 가치는 떨어진다. 그 후에는 '의지는 이렇게 인식된 것을 어떻게 평가하는가'라는 문제가 뒤따른다. 의지는 변증법적이고, 그 밑에는 인간의 저급한 본성이 깔려 있다. 만약 의지가 인식된 것에 동의하지 않는다고 해도, 반드시 의지가 제멋대로 앞질러 가서 앎이 인식한 것과 반대되는 것을 행하는 결과가 뒤따르지는 않는다(아마도 이처럼 뚜렷이 대조되는 결과는 매우 드물 것이다). 오히려 의지는 약간의 시간이 흐르도록 허용한다. 달리 말하면, "내일 검토해보겠다"라는 중간 상태를 허용한다. 이 모든 것이 진행되는 동안, 앎은 점점 더 흐릿해지고, 저급한 본성이 우위를 차지하게 된다. 안타깝게도 좋은 것은 알려지는 즉시 곧바로 행해져야 하지만 …… 저급한 본성의 힘은 모든 것을 질질 끄는 데 있기 때문이다. 이런 전개에 대한 의지의 반박은 점진적으로 약화되어 거의 공모하는 것처럼 보일 정도가 된다. 앎이 충분히 흐릿해지면, 앎과 의지는 서로를 더 잘 이해할 수 있다. 마침내 앎이 의지의 편에 서서, 의지가 원하는 것이 절대적으로 옳다고 인정하면, 앎과 의지는 완벽하게 일치하게 된다.[13]

키르케고르는 한숨을 쉬며 이렇게 결론을 내린다.

짐작하건대 대다수 사람이 다음과 같은 방식으로 살아간다. 원래 우리는 윤리와 윤리‒종교에 대한 이해력을 바탕으로 결정과 판단을 내리고, 이런 결정에 저급한 본능은 거의 끼어들지 않는다. 그런데 살아가는 과정에서 윤리와 윤리‒종교에 대한 우리의 이해는 점진적으로 퇴색하는 반면에, 윤리적으로는 일탈에 불과한 심미적이고 형이상학적인 이해는 확장된다.[14]

이 구절은 도덕적 결정에 관해서는 직감을 받아들여야 한다는 뜻으로 해석되며, 그런 점에서 상당한 비판을 받았다. 그러나 키르케고르가 몇 번이고 지적하듯이, 도덕적 결정은 충동적으로 행할 문제가 아니다. 오히려 올바른 행동이 무엇인지 '아는' 순간, 지체 없이 행동해야 한다. 그 앎을 위해서 지적인 숙고가 반드시 필요한 것은 아니다.

커다란 고통이 수반되는 도덕적 결정을 예로 들어보자. 당신이 경찰인데 당신의 친구이자 동료가 용의자를 학대하는 걸 목격했다고 해보자. 그 동료는 주변 사람들에게 인기도 좋고 존경도 받는다. 그런 동료를 고발하면 당신은 부서에서 배신자라고 따돌림받을 게 분명하다. 부서장이 당신 옆을 지나가며 당신에게 안부를 묻는다. 그때 당신은 부서장에게 무엇인가를 말하려고 순간적으로 생각하지만, 부양해야 할 가족이 있다는 생각이 당신의 발목을 붙잡는다. 게다가 당신이 목소리를 높인다고 중대한 변화가 생길 가능성은 거의 없고,

2017년 부서에 불리한 증언을 하기로 결정한 볼티모어 경찰관에게 일어난 사건까지 기억에 떠오른다. 법정 증언을 하루 앞두고 그는 불가사의하게 죽임을 당하지 않았던가. 그냥 우연의 일치였을까? 제복을 입은 사람들은 남녀를 불문하고 똘똘 뭉친다. 결국 너무도 중대한 문제여서 당장에 결정할 수 없다고 생각하며, 혼잣말로 중얼거린다. "하룻밤 자면서 고민해봐야겠군." 위에서 인용한 구절은 이렇게 뒤로 미루는 습관이 도덕심과 정신력에 미치는 폐해를 지적한 것이다. 생각과 행동 사이의 시간적 간격이 넓어질수록, 올바른 일은 행하기 쉽다고 확신할 가능성이 커지기 때문이다.

개인적으로는 상상력을 크게 동원하지 않아도 키르케고르의 분석이 쉽게 이해된다. 수년 전, 나는 권투 트레이너 자격시험을 치르고 있었다. 모두가 서로 상대의 답안지를 참조했고, 그 과정을 즐겼다. 역시 트레이너이던 시험 감독관도 참견하지 않았다. 우리 모두가 세상 물정에 통달한 노련한 권투 코치여서, 시험 자체가 쓸데없는 짓이라고 생각하는 듯했다. 대체로 그 생각은 잘못된 것이 아니었다. 하지만 우리는 항상 선수들에게 강직하고 성실한 사람이 되어야 한다고 가르치지 않았던가. 그래서 순간적으로 나는 그 부정행위에 항의해야겠다는 생각이 들었다. 흔히 닥치는 도덕적 딜레마가 그렇듯이, 당시의 불만도 난데없이 불쑥 끓어오른 정의감 같은 것이었다. 나도 그들과 하나가 되고 싶은 욕망이 있었기 때문에 그렇게 항의하려면 커다란 위험을 감수해야 할 것 같았다. 여하튼 생사가 걸린 문제는 아니었다. 더욱이 내가 그들의 동료로 받아들여진 것도 얼마 전이어서, 벌떡 일어나 사각의 링에서 잔뼈가 굵은 전문가들에게 도덕 강의를 하고 싶지는 않았다. 그래서 그들과 내가 서로 알 만큼 아는 헌신적인 트레이너로서, 위험에 빠진 젊은이들의 삶에 약간의 보탬을 주려고 각자의 시간을 자발적으로 투자해 봉사하는 사람들이라 생각하며 거북한 마음을 다독거렸다. 내가 굳이 나서서 정의감을 발휘할 필요는 없었다. 그래서 나는 입을 꼭 다물고, 정답을 교환하며 농담을 주고받았고, 내가 외면한 도덕적 의무를 잊으려고 애썼다.

도덕적으로 말하면, 유혹은 저항이 가장 적은 길을 택하는 동시에 그 길이 옳은 길이라고 확신하는 것이다. 이렇게 우리가 자신의 주체감을 약화시키면, 우리의 도덕적 이해력도 조금씩 떨어진다. 키르케고르였다면 '변증법적'이라고 칭했을 이런 역학 관계 때문에, 우리 기성세대는 젊은이들을 무시하듯이 내려다보며 '너희가 지금은 이상적인 생각으로 가득하겠지만 머잖아 알게 될 거다'라고 생각한다. 무엇을 알게 된다는 것일까? 이상적 생각들을 어떻게 끊어낸다는 것일까? 삶에서 중요한 것이 무엇인지 알게 되면, 당신이 발설하면 냉대를 받거나 승진에서 탈락하게 될지도 모를 진실의 폭로를 늦춤으로써 당신의 도덕적 이해를 은근히 덮어버리게 된다는 말일까? 출세제일주의, 성공으로 보장되는 물리적 안락함과 소속감 등은 희생이 요구될 때 모르는 척해야 한다는 가장 강력한 동기 중 하나이다.

나는 알았어야 했다.

1980년대 나는 덴마크어를 공부하고 키르케고르에 대한 논문을 마무리하기 위해 덴마크에 가야 했다. 그래서 풀브라이트 장학금을 신청했고, 최종 후보자 명단에 올랐다는 걸 알고 몹시 흥분했다. 당시는 니카라과에서 미국이 지원하는 콘트라 반정부 세력과 산디니스타 민족해방전선 간의 내전이 한창이던 때였다. 니카라과에서 간호사로 일하던 절친한 친구 하나에게 은밀히 전해 들은 이야기에 따르면, 산디니스타가 농민들에게 인기를 얻는 걸 콘트라가 못마땅하게 생각하며 의사와 의료 봉사원을 살해하고 있었다. 미국 정부가 내 세금으로 그런 살인자들을 지원하고 있다는 생각에 마음이 혼란스러웠다. 그래서 결심했다. 더 정확히 말하면 '거의' 결심했다. 저항의 표시로 세금을 납부하지 않기로! 어느 날 오후, 세상사에 정통한 친구가 풀브라이트 장학생 명단이 국무부에 도착했다며, 미국 정부는 세금 저항을 부정적으로 판단하니 내 저항 방식을 재고하는 것이 어떠냐고 충고해주었다.

내 저항 방식을 재고하라고? 이 문제를 두고 나는 한 정신분석가와도 상의했는데, 그는 한낱 대학원생에 불과한 내가 세상을 바꿀 수 있다고 생각하는 게 착각이라며 안성맞춤인 조언을 해주었다. 그 후에도 며칠 동안 고민한 끝에 나는 박사학위를 취득하면 더 큰 영향을 미칠 수 있을 거라는 진부한 생각과 타협하고 말았고, 그 자리에서 수표를 끊어 세금을 납부했다. 덕분에 덴마크에 갈 수 있었다. 도덕적으로 생각하면, 나는 다른 식으로 행동할 수 있었고 그렇게 행동했어야 마땅했다. 그러나 그런 선택에 따른 결과가 없기 때문에 이렇게 후회하기는 너무도 쉽다.

이미 몇 번이고 말했듯이 "자아는 자기 자신과 관계하는 관계이다." 또 자아에는 여러 차원이 있으므로, 당연히 여러 차원—예컨대 세속의 차원과 영생의 차원—에서 우리는 서로 관계를 맺어야 한다. 또 우리는 자신을 과거와 미래에 관련시켜야 한다. 과거의 달콤한 날들은 거의 쟁점이 되지 않지만, 자신에 대한 믿음의 상실을 초래할 정도의 큰 실수를 어떻게 해석하느냐가 현재의 우리를 형성하는 주된 원인이다.

후회를 인간적인 감정으로 묘사한 사상가도 적지 않았다. 20세기의 도덕 철학자 버나드 윌리엄스Bernard Williams(1929-2003)의 지적에 따르면, 자신의 잘못이 아닌 것으로 인해 누군가를 해친 경우—윌리엄스가 인용한 예에서는 어린아이를 친 트럭 운전자—에도 사람들은 양심의 가책을 받아 괴로워하고, 일반적인 구경꾼보다 그 사건의 무게를 더욱 무겁게 받아들일 것이라 예상한다. 윌리엄스는 "사람들은 트럭 운전자를 위로하려고 애쓰지만, 그런 위로가 반드시 행해져야 할 행위로 간주된다는 게 중요하다. 하지만 트럭 운전자가 너무쉽게 평소의 상태로 돌아가면, 그에 대한 의혹이 불거지는 게 사실이다"라고 덧붙였다.

대안으로 무엇인가를 할 수 있다면, 이제는 돌이킬 수 없는 과거 사건에 대한 후회는 시간 낭비라고 상식적으로 생각하는 사상가도 적지 않다.

스피노자의 판단에 따르면, 회한과 참회는 우리의 이해력을 저해하는 치명적인 독소이다. 예컨대 우리는 경솔하게 도덕률을 위배하고, 그 위반에 대해 경솔하게 자책한다는 것이다. 우리의 주된 목적은 충동과 감정에 휩싸여 행동하지 않고 이성의 인도를 받는 것이어야 한다는 게 스피노자의 생각이다. 니체도 스피노자의 의견에 동의하며, 회한을 "먼저 행해진 어리석은 짓에 또다시 더해지는 어리석은 짓"이라고 정의했다.

후회는 다양한 형태로 나타난다. 예컨대 예법에 벗어난 실수를 하거나, 얼토당토않게 직업을 바꾼다. 한 친구가 폭포에서 떨어져 행방불명되기 직전에, 나는 그에게 후회하는 일이 있느냐고 물었다. 그는 인상을 찌푸렸고, 나중에는 말하기 힘든 말을 하려는 듯 한숨을 길게 내쉬었다. 그러고는 터무니없이 싼값에 땅을 매각한 걸 깊이 후회한다고 털어놓았다.

또 작년에는 플로리다에서 한 은퇴자와 함께 수영장 옆에 앉아 있었다. 그는 환히 웃는 얼굴로, 벌떡 일어나 수영장에 뛰어들었다. 우리는 이런저런 화제로 환담을 나누었다. 처음에는 그의 고향인 피츠버그가 화제였고, 그 후에는 다리가 많아 '다리의 도시'로 불리는 피츠버그 출신의 유명한 운동선수들이 화제가 되었다. 어쩌다가 우리 대화의 방향은 베트남으로 갑자기 바뀌었고, 그는 징집병으로 베트남에서 지낸 때의 경험을 늘어놓았다. 나는 당시 징집 면제를 받았기 때문에 당혹스러웠지만 그의 말을 열심히 들었다. 처음에는 베트남에 도착한 직후에 겪은 엉뚱한 사건들에 대한 재밌는 이야기를 들려주었지만, 곧바로 그의 생각은 어두운 조류에 휩싸이기 시작했다. 그는 물속에서 두 팔을 움직이며 말했다. "한번은 봉급을 받자마자, 도박을 했지요. 정확히 말하면, 열네 살이던 베트남 꼬마와 포커 게임을 했습니다. 대단한 꼬마였습니다. 성공하겠다는 욕심에 영어도 열심히 공부하던 녀석이었지요. 여하튼 녀석이 깔끔하게 이겼고, 내 봉급을 몽땅 땄습니다. 분한 마음에 술을 잔뜩 마셨고, M16을 쥐고는 녀석을 겨누며 돈을 돌려달라고 협박했습니다. 녀석은 못마땅한 표정을 지으며, 내게 돈을 돌려주었습니다."

나는 온화한 미소를 지어 보이며(사실 그렇게 진심은 아니었다), 나도 못된 실수를 범한 적이 많지만 거의 언제나 술 때문이었다고 그를 위로했다. 하지만 내가 논점을 잘못 이해한 것 같았다. 그는 "그 후로 술을 끊고, 한 모금도 마시지 않았습니다. 지금은 어른이 되었을 그 녀석을 다시 볼 수 있다면 어떤 짓이라도 할 겁니다"라고 말했다. 그리고 감정에 북받친 듯 그의 목소리가 갈라졌다. "무릎을 꿇고 용서를 빌 겁니다. 녀석이 멋진 삶을 살았기를 바랐고, 정말 미안하다고 말할 겁니다." 제대하고 회계사로 변신한 그는 그곳에서 더 고약한 짓도 숱하게 저질렀다고 넌지시 덧붙였다. 나는 고개를 푹 숙인 채, 징집 유예의 조건을 갖추었다고 징집 면제를 거부감 없이 받아들인 걸 그에게 사죄라도 해야겠다고 생각했다.

그로부터 오래지 않아, 나는 한밤중에 완전히 잠에서 깬 후에 다시 잠들지 못했다. 유약하고 이기적인 순간에 대한 기억과 관련된 악령이 침대 밑에서 기어나와 내 가슴 위에 앉아서는, "어이, 도덕 선생, 그 일이 있은 후에도 당신의 도덕심을 어떻게 확신할 수 있는지 궁금하군!"이라고 말하는 듯했다.

일반적으로 도덕적 후회moral regret[15]는 당사자의 마음속에 저장되는데, 우리가 거짓 후회로 뒤덮여 사는 동안에도 도덕적 후회는 으레 잊히기 마련이다. 나는 종종 친구들에게, 대학 미식축구 프리시즌 동안 연습장에서 코치와 대판 싸웠던 때를 즐겁게 이야기해주지만, 그 사건으로 나는 별로 영광스럽지 못했던 선수 경력을 일찍 중단해야 했다. 이런 의미에서 나는 당시의 반항을 후회한다. 그러나 지금은 그 이야기를 할 때마다 자랑이라도 하듯이 빙그레 웃으며 "그렇다고 내가 법을 어긴 것은 아니잖아?"라고 말한다.

프로이트와 키르케고르가 남긴 가르침에 따르면, 어떤 아이디어가 우리에게 갖는 의미를 이해하려면 그 아이디어가 표현되는 분위기, 즉 심리적 정서를 항상 고려해야 한다. 베트남 참전 용사가 수영장에서 꺼낸 기억은 과거를 자랑하려는 허풍이 아니라, 슬픔으로 가득한 후회였다. 그는 지나간 일은 지나간 것이라 단념하며 다시는 생각하지 않을 정도로 냉정하지 않고, 더 깊이 숙고하며 자신의 행동을 뉘우치는 착한 사람이었다.

신앙을 다룬 장에서 언급했듯이, 키르케고르는 기도가 신을 바꾸지는 않지만, 기도하는 사람을 바꾸고 발전시킨다고 했다. 후회도 마찬가지인 듯하다. 내가 과거의 행동을 되돌리고 지울 수는 없지만, 회한으로 현재의 나를 바꿀 수 있다. 헨리 데이비드 소로는 "그대의 후회를 최대한 활용하라. 그대의 슬픔을 억누르지 말고, 소중히 돌보고 보살피라. 슬픔이 독자적으로 필요불가결한 관심사가 될 때까지. 깊이 후회한다는 것은 새롭게 사는 것이다"라고 조언했다.

새롭게 산다는 것은 도덕적으로 다시 태어나는 것이다.

도덕성 발달과 관련해서도 실존주의자 삼총사 사르트르, 니체, 키르케고르는 각각 다른 방식으로 방법론을 제시했다. 사르트르는 우리의 급진적 자유가 불안을 야기하고, 우리는 자유를 부인함으로써 자기기만의 불안에서 벗어나려고 애쓰는 성향이 있다는 걸 인정하라고 촉구한다. 니체는 우리에게 우리의 도덕적 가치관은 신성한 것도 아니고 위에서 내려오는 것도 아님을 인정하라고 충고한다. 니체가 훈계를 하려고 했다면, 자신과 다른 사람을 학대하지 말고 도덕적인 죄를 범하지 않는 방법을 배워야 할 것이며, 우리에게 도덕적 감수성을 은밀히 심어주는 감정과 권력 관계에 주의를 기울여야 한다는 제안을 빠뜨리지 않았을 것이다. 끝으로 키르케고르는 올바른 삶을 방해하는 주된 장애물은 우리의 자기기만적 성향이라고 꼬집는다. 구체적으로 말하면, 우리는 행복과 만족의 감소를 각오해야 하는 희생이 필요할 때 올바른 행동을 하는 것이라 얼버무리며 우리 자신을 기만하는 경향이 있다는 뜻이다.

7장

사랑

우리가 총명함을 자만하며
육신의 눈에 보이지 않는 것은 어떤 것도 믿지 않을 것이므로
어떤 속임수에 넘어가지 않을 거라고 의기양양해 한다면,
무엇보다 먼저 사랑의 존재에 대한 믿음을 포기해야 할 것이다.

_《사랑의 역사》

수년 전, 한 소중한 친구가 아내를 잃었다. 그들은 오랫동안 파란만장한 결혼 생활을 꾸려간 부부였다. 친구의 아내가 충분히 합리적인 이유로 상당 기간 분노에 싸여 친구에게 말조차 건네지 않는 때가 한두 번이 아니었다. 결국 그녀는 말기암 판정을 받은 후에 원기 왕성하던 활력을 잃고 몹시 괴로워했고, 급기야 깊고 깊은 두려움에 빠져들었다. 그녀가 화학요법을 받기 시작하자, 내 친구는 남편으로서 의무와 정성을 다하며 아내에게 먹을 것을 숟가락으로 일일이 떠먹여주었고, 씻겨도 주었다. 또 내 친구는 아내에게 절대 포기하지 말라고 진실한 마음으로 타일렀다. 실험적인 치료법 덕분에 암은 한동안 호전되는 듯했지만, 2년 후에 재발했다. 결국 그녀는 폐렴에 걸렸고, 며칠 동안 죽음과 싸운 끝에 혼수상태에 빠지고 말았다. 내 친구는 병상 옆에 앉아, 인공소생법을 시행하지 말라고 의사들에게 부탁했다.

나는 개인적으로 닥친 비상사태를 처리하느라, 캘리포니아에서 열린 장례식에 참석할 수 없었다. 나는 40년 지기에게 전화를 걸어, 상심이 크겠다고 위로했다. 친구는 한숨을 내쉬고 잠시 망설였지만, "집사람은 나를 알았어…… 또 나를 사랑하기도 했고"라고 말했다.

"집사람은 나를 알았어. 하지만 나를 사랑했어"가 아니라 "집사람은 나를 알았어, 또 나를 사랑하기도 했고"였다. 정말 매력적이고 감동적인 진리가 아닌가!

어떻게 해야 사랑을 주고 발견하고 받아들일 수 있을까? 키르케고르와 도스토옙스키는 이 실존적 질문의 세 기둥에 대해 어떻게 대답하고 있을까?

물론, 우리는 성애와 우애와 가족애 등 다양한 감정을 '사랑'이라 칭한다. 그리스인들은 에로스eros(성애), 아가페agape(이타적이고 희생적인 사랑), 필로스philos(우애와 형제애)를 구분했다. 키르케고르에게 사랑, 더 정확히 말해서 사랑하라는 명령은 기독교에서 중심이 되는 개념이다. 예수가 의도한 '사랑'을 연구한 논문들은 미네소타주 블루밍턴에 위치한 쇼핑몰, 몰 오브 아메리카Mall of America의 바닥을 가득 채우고도 남을 것이다. 그 쇼핑몰을 정신없이 뛰어다니는 사람들은 또 어떤가? 그들은 사랑에 대해 어떻게 생각할까? 우리는 사랑을 어떻게 생각하는가? 우리가 읽는 낭만적인 소설들에서 사랑을 정의할 만한 어떤 실마리를 찾을 수 있을까? 또 당신과 삶을 함께할 사람을 찾는 것은 자동차를 구입하는 것과 거의 비슷하다는 전제에 근거해 운영되는 결혼 중매 웹사이트는 얼마나 많은가? 새로운 자동차 홍보 스티커와 같은 것, 예컨대 외로운 사람 아무개 씨 혹은 아무개 양은 매력적이고 총명하며 상냥하고, 취미는 스키이며 많은 아이를 낳고 싶어한다는 식으로 홍보하면 어떻게 될까? 자동차의 경우에는 시험

주행이 가능한데 그렇다면 …… 하기야 누가 알겠는가? 그렇다고 뭐가 문제인가? 나는 잘 모르겠다. 어쩌면 아무런 문제가 없다고 생각하는 사람도 있을지 모르겠다.

실존주의자들은 사랑에 대해 결코 감상적이지 않다. 그들은 특유의 냉소적이고 풍자적인 성격을 유감없이 발휘하며, 우리가 자신을 버리고 다른 사람을 사랑할 가능성을 노골적으로 부정한다. 마르틴 루터가 사르트르와 카뮈 같은 실존주의자에 포함되지 않더라도, 인간은 태생적으로 자신에게 기울어지는 성향을 띠기 때문에 자기애自己愛라는 울타리에서 벗어나는 것은 무척 어렵다는 게 루터의 생각이다. 루터는 내부 지향적이고 이기적인 자기애가 우리 원죄의 어두운 중심에 있다고 믿었다. 요즘 우리는 자신에게로 기울어지는 성향을 더 이상 '생각'하지 않고, 페이스북에 올리는 자기 홍보적 메시지와 셀카 등으로 흔히 나타나며 전염병처럼 확산되는 나르시시즘을 주로 이야기한다.

실존주의자로 다시 돌아가면, 장폴 사르트르의 희곡으로 나치 점령 시대에 쓰이고 공연된 《닫힌 방》에서, 호텔 급사처럼 보이는 수수께끼 같은 인물이 세 등장인물—가르생, 이네스, 에스텔—을 어떤 방으로 안내한다. 제2제정풍의 가구가 간소하게 갖추어진 방이다. 곧 그들은 죽어서 지옥에 떨어졌다는 걸 깨닫는다. 쇠꼬챙이도 없고 채찍도 없어 어안이 벙벙하지만, 그들이 눕혀질 고문대가 없는 것은 분명하다. 지상에서 지내는 동안 그들은 타인의 반응에서 자아감 혹은 자기 정체성을 얻었지만, 이 새로운 방에는 거울이 없다. 그들이 지상에서 숨을 쉴 때 타인과 관련되었듯이, 이제 그들은 각자 지옥의 동료들을 대상, 즉 자신을 비추는 거울로 삼는다. 그들은 모두 똑같이 자아 확인을 추구하기 때문에 자기 정체성을 확보하는 데 지옥의 동료들이 도움을 주리라 기대하지 않는다. 희곡이 끝날 쯤에야 살인범 가르생은 "지옥은 바로 타인들!"이라고 소리친다. 삶은 똑같이 행동하려는 타인들의 틈에서 주체로서 자리잡으려는 끝없는 투쟁이기 때문이다.

나는 사르트르가 그 희곡을 통해 어떤 세계를 표현했는지 조금은 알 듯하다. 1980년대 중엽, 나는 캠던부터 메인주 포틀랜드까지 리무진으로 백만장자들을 실어나르곤 했다. 로드아일랜드주의 뉴포트처럼 캠던도 요트족을 위한 도시로 부자들에게 인기가 있었다. 내 일은 그곳에서 70킬로미터쯤 떨어진 공항까지 백만장자들을 데려다주는 것이었다. 그들은 그곳에서 비행기를 타고 플로리다주의 팜비치 혹은 다른 곳으로 돌아갔다. 어느 날 저녁 늦게 메인주 한복판을 지날 때, 부자인 고객이 불쑥 내뱉었다. "멕시코 식으로 저녁을 먹으면서 마르가리타를 마시고 싶은데, 찾을 수 있겠나? 걱정 말게. 초과된 시간만큼 자네 보수는 챙겨줄 테니까." 나는 포틀랜드에서 또 다른 손님과 예약이 되어 있었기 때문에 그의 변덕을 채워줄 수 없었다. 그가 원하는 것이면 주변 사람들이 어떻게든 챙겨주었기 때문인지, 그는 목적지까지 가는 내내 못마땅한 표정이었고, 팁도 쥐꼬리만큼

주었다. 공항 리무진 기사로 일하면서 나는 자연스레 반항자가 되었다. 대부분의 고객은 나를 하나의 물건처럼 대했다. 말하자면, 18미터의 길쭉한 리무진형 범선의 방향타였다. 여하튼 내가 시카고대학교에서 박사학위를 막 취득했다는 사실을 어떻게든 알게 될 때까지는 나를 그렇게 취급했고, 그 후에는 항상 그렇지는 않았지만 나를 대하는 말투가 확 달라졌다. 그때부터 나는 더 이상 물건이 아니었다. 실존주의자 랠프 엘리슨의 표현을 빌리면, '보이지 않는 인간'이 아니었다.

사르트르처럼, 카뮈도 많은 여인과 연애를 했지만, 사랑에 대해서는 전혀 낭만적인 남자가 아니었다. 카뮈는 20대에《이방인》을 발표했다. 그 소설은 베스트셀러가 되었고, 카뮈는 곧바로 문학계의 기린아가 되었다. 알제리가 배경인 소설에서 주인공 뫼르소는 거의 감각에 의지해 살아가는 까닭에 파충류와 다를 바가 없다. 자신을 창조해 낸 작가처럼 뫼르소는 태양과 바다, 수영을 즐기고, 마리라는 옛 사무실 동료와 침대에서 뒹구는 것도 좋아한다. 어느 날, 마리는 뫼르소와 함께 밤을 보낸 후 아침에 뫼르소의 잠옷을 입고, 둘은 시끌벅적하게 장난친다. 마리는 낄낄대고 웃는다. 뫼르소는 "마리가 웃는 모습을 보자 다시 그녀와 하고 싶다는 생각이 들었다. 잠시 후, 마리는 내게 자기를 사랑하느냐고 물었다. 나는 그런 건 아무런 의미도 없긴 하지만 아마 아닌 것 같다고 대답했다. 마리는 슬픈 표정을 지었다"라고 회상한다.

소설의 1부에서, 뫼르소는 내적 성찰에 빠지지 않는다. 그는 우리가 그때그때의 기분에 따라 살아가는 존재에 불과하다고 믿는 듯하다. 상대적으로 오랫동안 지속되는 기분과 감정도 있지만, 감정은 오락가락하는 것이고 어떤 감정도 본래 이상의 것을 가리키지 않는다. 이에 대한 그럴듯한 해석 하나를 소개하면, 카뮈가 이상적인 사랑을 서구 부르주아의 신화에 불과한 것으로 고발하고 있다는 것이다. 우리가 정직하다면, 당신에 대한 내 느낌은 5년이나 10년 혹은 20년 후에도 지금과 다르지 않을 것이라 말하는 식으로 우리 감정을 일괄해서 미래에 투영할 수 없다는 걸 인정해야 할 것이다. 또 사랑에 대해 축소된 관점을 제시하면, 헌신에 대한 군소리가 시작될 것이다. 뫼르소라면 어깨를 으쓱해 보이며, 상대가 세상을 떠난 후에 감정을 위장하겠다는 약속이 아니면, 혹은 황홀감이 사라진 후에도 다정하게 대하겠다는 약속이 아니면 헌신이 무엇이겠느냐고 물을 것이다.

카뮈는 개인적인 삶에서는 열정적이고 낭만적인 사람이었지만, 동반자로서는 불성실했다. 첫 결혼은 이혼으로 끝났다. 카뮈는 결혼이 자연스럽지 않은 것이라며 끊임없이 불평을 늘어놓았지만, 1940년 다시 결혼이란 매듭을 맺었다. 이번에는 프랑스의 피아니스트 프랜신 포레가 반려자였고, 그녀는 쌍둥이를 낳았다. 카뮈는 한마디로 바람둥이였고, 가장 유명한 정부情婦는 스페인 태생의 여배우 마리아 카자레스였다. 프랜신은 남편의 불륜에 상심해서 자살까지 시도했다. 카뮈는 소설《전락》에서 죄책감을 간접적으로 고백했다. '내 탓이로소이다!'라는 일종의 고백록이었지만, 얄궂게도 이 소설이 발표되고 이듬해 1957년 카뮈는 노벨 문학상을 받았다. 그로부터 3년 후, 카뮈는 자동차 사고로 숨졌다.

소설가로서 성공한 첫 소설《이방인》과 마찬가지로,《전락》도 일종의 초상화이다. 더 정확히 말하면, 확대된 독백 형식으로 쓰인 불완전한 자화상이다. 주인공은 과거에는 다른 이름을 썼지만, 장바티스트 클라망스라는 이름으로 소개된다. 파리의 괜찮은 변호사인 클라망스의 명함에는 '속죄 판사'라고 쓰여 있다. 소설이 전개됨에 따라, 그 직함은 클라망스의 음탕하고 자기중심적인 행동에 대한 평가라는 게 분명해진다.

어느 날 밤, 장바티스트 클라망스는 다른 여자의 침대에서 몇 시간을 즐긴 후 집으로 돌아가고 있었다. 다리에 올라서자, 검은 옷을 걸친 매혹적인 여인이 눈에 들어왔다. 잠시 후, 그녀는 다리에서 뛰어내렸다. 아래쪽에서 그녀의 비명소리가 들렸지만 그는 아무런 조치도 취하지 않았다. 경찰에 연락하지도 않았다. 소설의 뒤에서, 다리의 사고가 없었다면, 다시 말해서 그의 전락이기도 했던 그 전락이 없었다면, 그는 "나보다 더 자연스러운 사람은 거의 없었을 겁니다. 나와 삶은 완전히 일치하고, 처음부터 끝까지 완벽하게 들어맞았어요. …… 삶의 과정에서 이런저런 사람들을 만났고, 이런저런 능력도 얻었지요. 나는 자랑스럽게, 또 관대하게 그런 보상을 받아들였어요. 솔직히 말하면, 충실하고 소박한 사람의 관점에서 보더라도 나 자신이 초인超人이 된 듯한 기분이었습니다"[1]라고 자랑스레 떠벌렸을 것이다. 실제로 과거에 클라망스는 법정에서 힘없는 피고들을 변호했고, 가난한 사람들을 도왔다. 그는 자각이 있은 후, 표면적으로 자선적인 활동에 열심히 참여했지만 항상 권력에의 의지를 드러냈고, 그 의지가 칭송받기를 바랐다는 사실을 깨달았다. 루터의 표현을 빌리면, 그는 자신에게 기울어지는 성향을 띠었다. 항상 "나는, 나는, 나는" 하고 말하는 버릇이 그 증거였다.

어떤 면에서, 소설《전락》은 용서의 가능성이 완전히 사라진 세계에서 죄책감이 갖는 문제에 대한 사색이라 할 수 있다. 장바티스트 클라망스는 암스테르담의 어두컴컴한 뒷골목에서 범죄자들을 상대로 변론 장사를 한다. 속죄 판사, 즉 클라망스는 심판을 피하고, 더 나아가 그의 이야기를 듣는 당신에게도 당신의 잘못을 밝히도록 유도하려고 자신의 죄를 고백하는 것이라고 고백한다. 그래야 그가 형세를 뒤집고 당신을 심판할 수 있지 않겠는가.

장바티스트의 복음을 니체 철학의 관점에서 해석하면, 우리는 권력을 차지하고 타인의 심판을 피하려는 욕망에 사로잡혀 지내기 때문에 자기애의 순환 고리에서 벗어나지 못한다.《전락》에서 묘사되는 두 등장인물은 사랑할 수 있는 사람으로 보일 수 있지만, 카뮈의 작품에서 인간이 사랑할 가능성은 10억분의 1에 불과하다. 기독교 성경은 잊어라. 우리가 우리 자신에 대해 관심을 갖듯이 사랑이 다른 사람에게 관심을 갖는 것이라면, 얼마나 많은 사람이 사랑을 해낼 수 있을까? 나는 친구들에게 온화한 미소를 지을 때 "너 때문에 정말 행복해"라고 속마음을 토로하지만, 내가 다른 사람의 즐거움을 실제로 공유할 수 있는 경우는 흔하지 않다.

장바티스트 클라망스는 사랑이 불가능하다고 결론짓지 않지만, 거의 그런 의미로 "물론 진정한 사랑은 예외적인 것이라 한 세기에 두서넛 있을까 말까 합니다. 그 밖의 경우에는 허영, 아니면 권태가 있을 뿐입니다"라고 말한다.

카뮈와 사르트르 및 여러 실존주의자들이 인간에 대해 불평하는 만큼이나, 보통 사람이 타인, 심지어 낯선 사람을 위해 자신의 삶을 포기하는 경우가 적지 않다. 물론 냉소적인 사람들은 그렇게 자기희생이 수반되는 행동들은 묵살한다. 또 의심이 많은 사람들은 이타주의는 불가능하고, 우리가 행하는 모든 행동은 이기심에서 동기를 얻는다고도 한다. 예컨대 남수단에서 전쟁 피해자들을 돌보겠다며 메인주의 편안한 의사 생활을 포기한 의사에게도 이기적인 동기가 있을 수 있다. 그 동기는 죄책감에 대한 두려움일 수도 있고, 영웅이 되고 유명해지고 싶은 욕심일 수도 있다. 대부분의 우리 행동은 여러 동기가 복합된 결과에서 비롯된다. 실제로 우리는 고결한 사랑과 자기희생 뒤에 감추어진 이기적인 목적을 폭로하는 듯한 설명을 어떻게든 꾸며낼 수 있다. 사심 없는 행동은 없다는 주장의 긍정적이고 매력적인 면이 있다면, 같은 방식으로 반드시 조치를 취해야 한다는 의무감으로부터 우리를 해방시켜준다는 것이다. "그래, 당신을 돕고 싶습니다. 하지만 당신을 돕는 게 나 자신의 죄의식을 누그러뜨리려는 시도에 불과한 것이 되지 않을까 두렵습니다. 그래서 죄송하지만, 당신도 홀로서기를 해야 합니다."

그런데 진정한 사랑이 정말 존재할까? 그런 사랑을 보지 못한 사람이 많을 것이다. 따라서 충실한 경험주의자라면, 장바티스트 클라망스와 같은 생각일 것이다. 하지만 앞에서 언급했듯이, 키르케고르는 삶의 비전을 기존의 시야 너머로 확대하지 못하는 사람들에게 "우리가 총명함을 자만하며 육신의 눈에 보이지 않는 것은 어떤 것도 믿지 않을 것이므로 어떤 속임수에 넘어가지 않을 거라고 의기양양해 한다면, 무엇보다 먼저 사랑의 존재에 대한 믿음을 포기해야 할 것이다"라고 경고한다.

키르케고르의 관점에서 보면, 실리적이어서 확률을 따지며 사랑을 하지 않겠다고 다짐하는 사람은 삶에서 가장 소중한 것을 포기하겠다는 사람이다. 키르케고르는 "우리가 그런 속임수에 넘어가 사랑을 빼앗긴다면, 그것은 너무도 끔찍한 결과여서 단기적으로나 장기적으로 보상받지 못할 영원한 상실이다"라고 꾸짖었다.

안타깝게도 키르케고르는 잘못된 착각으로 사랑을 잃었다. 키르케고르는 역사적으로 철학자가 겪은 가장 절절한 러브스토리의 주인공이다. 당시 27세이던 철학자, 키르케고르는 13개월 전에 레기네 올센Regine Olsen과 맺은 약혼을 깨뜨렸다. 그의 형을 비롯해 모두가 쇠렌의 결정을 비열하다고 생각했다. 변호사이던 레기네의 아버지는 사랑하는 딸이 충격을 받아 거의 자살하기 직전이라며, 키르케고르에게 파혼을 재고해달라고 개인적으로 간절히 호소했다. 키르케고르는 레기네를 자신의 영원한 영혼의 아내이고 유일하게 사랑하는 여인이라고 일기에는 고백했지만, 파혼 결정을 철회하지는 않았다.

대체 무엇 때문에 키르케고르는 파혼했을까? 그는 우물쭈물했고 횡설수설했다. 자신의 심경을 기록한 일기에서, 키르케고르는 레기네에게 깊은 절망을 안겨주거나 가족 모두에게 상처를 주고 싶지는 않다고 고백했다. 또 일기의 다른 곳에서는 종교에 관련된 책을 쓰는 게 자신의 소명이란 뜻을 밝힌다. 파혼을 결심하고 곧이어 키르케고르는 레기네에게 약혼반지를 돌려주었고, 그들을 옭아매던 끈을 그녀가 끊어내는 데 도움을 주려고 베를린으로 떠났다. 그곳에서 키르케고르는 친구 에밀 뵈센에게 편지를 보내, 키르케고르가 난봉을 피우고 다닌다는 거짓 소문을 조용히 퍼뜨려달라고 부탁했다. 그렇게 터무니없는 소문은 또 없었을 것이다. 베를린에서 키르케고르는 초자연적인 정력을 과시하며 다양한 강의를 들었고, 종교적 담론들로 채워진《이것이냐 저것이냐》를 썼으며, 고전적인 저서《두려움과 떨림》을 쓰기 위한 작업도 시작했다.

파혼하고 2년 후, 레기네는 마음의 상처를 회복하고 새로운 남자와 결혼했다. 학문적으로는 불멸의 존재인 키르케고르도 역시 인간이었던지, 그 소식을 듣고 크게 분노했다. 그래도 옛 약혼녀를 여전히 사랑했던 까닭에, 그때까지 발표한 책들을 정성스레 장정해서 결혼 선물로 보냈다. 키르케고르는 그녀의 남편 프리츠 슐레겔에게도 접촉하며, 이제 슐레겔 부인이 된 레기네와 다시 친구로 지내도 괜찮겠느냐고 물었다. 슐레겔은 키르케고르의 그런 부탁을 단호히 거부했다.

물론 심리 치료사였다면 키르케고르에게 포기하라고 조언했을 것이다. 그러나 키르케고르는 우리가 누군가를 영원한 사랑으로 선포했다면 그 사랑의 불길이 꺼지지 않게 유지하며 '그 상처를 간직하는 것'이 의무라고 믿었다. 이런 생각은 우리에게 신경증 환자의 허튼소리로 들리지만, 어쩌면 우리가 사랑을 잘못 이해하고 있기 때문에 그렇게 생각하는 것일지 모른다.

짧은 삶을 끝낼 무렵, 키르케고르는 유일하게 생존해 있던 형과 대부분의 친구들과도 멀어졌다. 그런데 왜 우리는 진정한 은둔자가 된 사람에게서 사랑의 지혜를 구하려는 것일까? 키르케고르가 누구와도 어울리지 못한 이유가, 친구들과 덴마크 사람들을 진정으로 사랑한 까닭에 그들이 듣고 싶어하지 않았던 말을 거침없이 쏟아낸 때문이 아니었을까?

표면적으로 보면 다음의 사건은 사랑이란 문제와 아무런 관계도 없는 듯하지만 실제로는 그렇지 않다. 내가 대학원생이던 때 어느 날 오후, 나는 리프 교수의 연구실을 찾아가 내 시론이 유수한 학술지에서 출간하기로 결정되었다고 자랑스레 떠벌렸다. 리프 교수는 "잘됐

군"이라고 시큰둥하게 말하고는 매섭게 나무라기 시작했다. 내게서 야심가의 냄새가 풍긴다며, 정말 작가가 되고 싶다면 대학에서 교수 직을 얻으려고 발버둥치지 말고 당장에 작가의 길을 걸으라는 요지 였다. 리프는 대부분의 교수가 자기도취에 빠져 권위 있는 학자가 되지 못하는 거라고 잔소리를 퍼부었다. 또 대부분의 학자가 학생에게 예절과 실력 향상에 대해 진실되게 말하지 않고, 금세 잊힐 논문을 쓰겠다는 욕심에 조용히 지내려고 진실을 말하지 않고 덮어두는 경향이 있다고도 덧붙였다. 하기야 누가 갈등을 원하겠는가?

리프는 언행일치의 대명사답게, 내가 학위 논문 제출을 앞두고 있지만 지적으로는 그가 원하는 수준까지 향상하지 못했다고 명확히 말했다. 그러고는 내 어깨에 손을 얹고 준엄한 표정으로 내 눈을 똑바로 쳐다보며 "고든, 자네가 교수가 되어 정말 제자의 장래를 걱정한다면, 제자를 화나게 하더라도 추저분한 진실이라도 말해야 하지 않겠나?"라고 덧붙였다.

키르케고르는 자신과 덴마크 사회의 관계를 바로 이런 관점에서 비판적으로 보았던 것이 아닐까? 그는 신약성경에 대한 자신의 해석을 자세히 설명하며, 점점 세속화되던 덴마크 사람들에게 서로 사랑하라는 하느님의 '명령'을 다시 상기시켜주었다. 또 인간이라면 '사랑은 의무'라는 이상한 명령을 결코 생각해내지 못했을 것이므로, '사랑은 의무'라는 관념은 인간의 자연스러운 사고방식에는 어울리지 않는다는 것을 키르케고르는 인정한다. 결국 그런 생각을 해낸 주역은 하느님일 수밖에 없다는 뜻이다.

《사랑의 역사》는 사랑에 대한 우리의 일반적인 생각에 의혹을 제기하는 관찰들로 가득하다. 예컨대 키르케고르는 편애적 사랑, 즉 누군가 보유한 특징—육감적인 몸매, 면도날처럼 날카로운 지성 등—이나 혈연적 관계 때문에 사랑하는 편애적 사랑은 근본적으로 자기애의 한 형태에 불과하다는 생각을 가감 없이 드러냈다. 우리는 누군가를 자아의 연장선으로 사랑할 수 있고, 그가 뿌리 깊은 욕망을 성취했기 때문에 사랑할 수 있다. 편애적 사랑은 누구나 베풀 수 있고, 약간의 인간미도 띨 수 있다. 살인을 일삼는 폭력배도 친자식과 친구를 사랑한다. 자신과 동일시되는 사람, 예컨대 자식을 위해 희생하고 자식을 사랑하는 마음에는 특별한 것이 없다.

《사랑의 역사》는 자연스레 표현되는 사랑의 다양한 형태를 재평가하는 수준을 넘어, 사랑의 책무도 집중적으로 다룬다. 키르케고르에 따르면, 다른 사람에게도 사랑하는 능력이 있다고 전제하는 이상한 의무도 사랑의 책무 중 하나이다. 달리 말하면, 사르트르와 카뮈와 니체와 달리 키르케고르는 누구나 사랑하는 기본적인 능력을 지닌다고 전제하는 것이 우리의 의무라고 믿었다. 우리와 취향이 비슷한 사람만이 아니라, 길에서 마주치고 싶지 않은 사람도 우리를 사랑할 수 있다는 뜻이다.

그 의무를 실천할 때 기대할 수 있는 긍정적인 결과를 나는 직접 경험한 적이 있다. 새로운 학기가 시작된 후에 처음 열린 교수 회의

때 일이다. 거의 모든 교수가 참석했다. 나와 열띤 전쟁을 벌이던 교수도 눈에 띄었다. '증오'란 표현은 지나칠 수 있지만, 꼭 그렇지만도 않았다. 우리는 거의 20년 전부터 동료 교수였지만, 고등학생처럼 서로 마주쳐도 인사말조차 나누지 않았다. 그런데 그날, 그 숙적을 보았을 때 따뜻한 온기와 선의가 갑자기 내 온몸을 감싸왔다. 그래서 나는 자동적으로 미소를 짓고, 손을 번쩍 들어 다정하게 흔들어 보였다. 그 친구도 충동적으로 손을 반쯤 들었지만 곧이어 손을 뒤로 빼며 시선을 다른 곳으로 돌렸다. 잠시에 불과했지만, 우리 사이의 반감과 차이가 사라졌다. 우리가 서로 싸우며 갈팡질팡하는 인간에 불과했다는 생각이 문득 떠올랐다.

서로 사랑하라는 명령은, 하느님의 눈에는 우리 모두가 평등하다는 사실과 밀접한 관계가 있다. 이와 관련해서 키르케고르는 이렇게 썼다.

차이는 인간 하나하나를 다르게 표시하는 세속 세계의 혼란스러운 방법이지만, 이웃은 모든 인간에게 찍힌 영원한 표식이다. 종이를 잔뜩 준비하고, 종이마다 다른 것을 써보라. 그럼 어떤 종이도 다른 종이와 비슷하지 않을 것이다. 그러나 이번에는 종이를 하나씩 집어 들고, 거기에 쓰인 것에는 신경쓰지 말고 빛에 비추어보라. 그럼 똑같은 워터마크가 모든 종이에서 확인될 것이다. 이웃도 이런 워터마크라 할 수 있다.[2]

앞에서도 언급했듯이, 이 세상이 타락했다는 하나의 증거는 다음을 추구하는 중독적 현상이다. 장학금을 받고 좋은 연구 프로그램의 연구원으로 선발되는 학생들도 있지만, 그보다 훨씬 많은 학생이 어떤 이유로든 그런 혜택을 누리지 못한다. 얄궂게도, 거부된 학생이 많을수록 선발된 학생들은 더 큰 자부심을 느낀다. 키르케고르는 우리가 지나치게 비교와 차이에 집착하는 까닭에 그런 차이를 공동묘지까지 끌고 간다고 주장했다. 하기야 대단한 인물들은 묘지도 웅장하고, 어중이떠중이가 감히 들어와 영면을 방해하지 않도록 작은 철망 울타리에 둘러싸여 있다. 키르케고르의 주장에 따르면, 영적인 삶과 사랑에 관한 한 우리가 눈을 꼭 감고 우리와 이웃과의 차이를 보지 않을 때 가장 좋은 것을 보게 된다. 유일하게 진정한 평등, 즉 하느님 앞에서의 평등이란 워터마크를 보려면 눈꺼풀을 닫아야 한다.

키르케고르라면 쓴웃음을 지으며, 내가 교수 회의에서 경험한 사건이 일시적인 기분 변화, 즉 '나에게 우연히 일어난 사건'이었다고 말할 것이다. 달리 말하면, 의무감에 기반을 둔 사랑이 아니라는 뜻이다. 환원주의자들도 똑같이, 내가 일종의 신경화학적인 무지개를 경험한 것이라 주장할 것이다. 동류의식이 비정상적으로 용솟음쳤던 까닭에 '뭐가 잘못되었지?'라는 당혹감을 순간적으로 느꼈던 것이 사실이다. 또 불현듯 밀려온 그 이상한 느낌은 연구실의 전등이 꺼지기 직전에 찾아온 통찰과 같았고, '너도 똑같은 인간이 될 수 있었어!'라는 생각으로 자책하는 자기반성일 수 있었다. 그처럼 마음의

문이 열리는 순간은, 우리가 항상 기억하며 되돌아가려고 노력해야 하는 내면의 이정표로 생각하는 것이 최선이다.

사랑에 대한 키르케고르의 계몽적이고 다채로운 해석에 굳이 트집을 잡자면, 그가 사랑의 감정적인 면에 그다지 우호적이지 않았다는 것이다. 키르케고르는 사랑을 의무와 열정, 또 반드시 필요한 것으로 해석하지만 그의 분석에서 온유함tenderness은 크게 중요하지 않다. 사랑을 설명하며 온유함을 배제하는 경우는 극히 드물다. 계몽 시대의 소크라테스인 칸트는 예수가 사랑을 명령할 때 다른 사람에게 공손하고 도움을 주라는 뜻을 크게 넘어서지는 않았을 것이라고 주장했다. 사랑은 일종의 감정이므로 명령될 수 없는 것이라 생각했기 때문이다. 여하튼 우리가 감정을 명령할 수 없는 것은 사실이다. 칸트의 관점에서 보면, 폭설이 내린 날에 장화와 장갑으로 중무장하고 풀풀한 이웃이 눈을 치우는 걸 도울 수 있지만, 우리 아이들이 마당을 조금 침범했다고 매섭게 꾸짖는 쌀쌀맞은 여인을 온유하게 감쌀 수는 없다. 그러나 실존주의자들과 미국 실용주의자들의 의견에 따르면, 우리는 감정을 자극해서 우리가 원하는 방향으로 유도할 수 있다.

삶의 주된 목적이 관광객처럼 재밌고 성취감을 주는 경험을 최대한 많이 즐기는 것보다 다른 사람을 배려하는 자애로운 인간으로 성장하는 것이라면, 사랑하는 능력이 중요한 역할을 하는 게 분명하다. 물론 마음을 부드럽게 해주는 것이 우리의 인간성을 보장하는 것은 아니다. 여하튼 히틀러는 반려견에게 몹쓸 짓을 했고, 칭기즈칸은 말들에게 똑같이 몹쓸 짓을 하지 않았던가. 한편 전쟁터에서 무사히 귀환한 아빠를 환영하는 어린 딸을 뺨에 홍조도 띠지 않고 똑바로 서서 지나갈 수 있는 사람은 뭔가를 놓치고 있는 것이다. 물건을 팔고 싶은 마음에 눈보라에도 양손에 보따리를 쥐고 관광객들을 기다리는, 허리가 굽은 노파를 보고 발길을 멈춘 사람이, 고개를 푹 숙인 채 어떻게 해야 저녁 식사 후에 업무를 끝내고 〈왕좌의 게임〉 다음 편을 시청할 수 있을지 생각하며 걷는 사람보다 정신적으로 더 건강할 수 있다.

대부분의 철학자, 또 철학자를 자처하는 학자들은 정의定義를 찾는 것으로 연구를 시작한다. 그러나 앞에서도 말했듯이, 내면세계의 심리적 동요에 대해서는 선뜻 말하기가 쉽지 않고, 비유를 사용하지 않고는 그 동요들을 구분하는 것도 어렵다. 대체로 온유함이란 개념은 내면의 자아가 부드러워진 것으로 이해된다. 고대 그리스인들은 심리적인 문제도 원소의 관계로 이해한 까닭에, 거칠고 강인한 스파르타인들은 훈련을 통해 영혼을 문자 그대로 건조시켜 단단하고 무감각하게 만들었다고 믿었다. 따라서 고대 그리스인들에게 온유함은 마음을 축축하게 적시고, 외부 세계의 영향을 받아들이는 것으로 해석되었을 것이다. 온유하다는 것은 예민하고 민감하다는 뜻이다. 온유한 순간에는 자존심과 자만 등이 순간적으로 녹아 사라지고, 우리 감정이 고조되어 위안의 손길을 내밀고 싶은 충동에 사로잡히는 듯하다.

수년 전에 겪었지만 아직도 기억에 생생한 사건을 예로 들어 설명해보자. 당시 아내 수전과 나는 미네소타의 얼어붙은 시골 지역에서 끔찍한 자동차 사고를 당했다. 응급 구조대원들이 아내를 들것에 묶고 미네소타 외상치료 전문센터로 옮기려고 헬리콥터에 실었다. 아내의 흔들리는 눈빛을 보고 나는 감정을 억눌렀다. 하지만 당시 20대이던 아들은 아내를 향해 달려갔다. 아들은 내면의 세계를 드러내지 않으려고 애썼지만, 두 뺨에서는 어머니를 향한 사랑과 두려움이 어렴풋이 읽혔다. 그런 아들을 보는 순간, 나도 감정의 둑이 무너지고 말았다. 아내를 향한 사랑의 감정이 쓰나미처럼 밀려와서는 극기와 냉정을 유지하던 내 이성을 물리치고 머리 위에서 맴돌기 시작했다.

사랑에 대한 가장 유명한 철학적 명상록은 플라톤의 《향연》이다. 플라톤의 대화에 여성이 등장하는 경우는 극히 드물다. 그러나 여기에서 소크라테스는 사랑에 대한 교훈을 여사제 디오티마에게 배웠다고 증언한다. 디오티마는 소크라테스에게 사랑이란 아름다운 것을 향한 큐피드 같은 욕망이라 가르친다. 우리는 아름다운 것을 소유하면 행복해질 것이란 직관에 길들여져 있다. 디오티마에 따르면, 우리는 처음에는 물리적 형체의 아름다움에 넋을 잃지만, 성숙해지고 분별력을 갖추면 고결한 영혼의 사랑스러움과, 영혼을 보살피는 법의 아름다움에 차례로 빠져든다.

나의 디오티마인 표도르 도스토옙스키는 사랑을 받아들여야 하는 뜻밖의 문제를 훌륭히 설명해준다. 예수의 충격적인 초상이라 할 수 있는《백치》에서 도스토옙스키는 우리에게 궁극적인 진리를 마주하려면 건강한 정신이 아니라 병적인 정신 상태가 필요하다고 간접적으로 주장한다. 노골적으로 말하면, 진실을 다루려면 미쳐야 한다는 뜻이다.

도스토옙스키는 그런 조건을 쉽게 충족시켰다. 그는 심각한 수준의 신경증 환자였지만, 그가 겪은 모든 고난을 고려하면 조금도 놀랍지 않다. 그는 1821년 모스크바에서 태어났다. 공학도이던 도스토옙스키는 육군에서 복무했다. 그 후에는 황제를 퇴위시키고 러시아 정부를 민주화하는 목표를 추구한 이상주의자 모임에 가담했다. 1849년, 러시아 당국은 도스토옙스키를 비롯해 그 모임의 회원들을 체포했다. 수개월 동안 감옥에 머문 후, 도스토옙스키와 몇몇 동료는 마차에 실려 사형장으로 끌려갔다. 하얀 옷이 입혀지고 말뚝에 묶인 도스토옙스키와 동료들은 처형되기 전에 십자가에 입을 맞추었다. 북소리가 들리기 시작했는데, 처형이 시작되기 직전에 중지되었다. 사형이 시베리아에서의 4년 형으로 감형됐기 때문이다. 하지만 수형을 마친 후에는 다시 4년 동안 의무적으로 군복무를 해야 했다.

모든 형을 마친 후에는 사랑하는 형, 미하일의 죽음을 겪는 아픔을 견뎌야 했고, 상당한 규모의 가족을 부양하는 경제적 책임까지 떠안아야 했다. 표도르 도스토옙스키는 작가로 활동하며 생계비를 벌었지만, 재정적 부담이 상당히 컸던 까닭에 향후 작품의 저작권까지 저렴한 값에 팔아야 했다. 그는 심각한 뇌전증 환자이기도 했다. 출판사 직원이 그의 집 대문을 두드리면, 발작을 일으켜서 기껏 구상해두었던 줄거리를 까맣게 잊어버리기도 했다. 그의 두 번째 부인이자 속기사이던 안나 그리고리예브나 도스토옙스키의 기억에 따르면, 빚을 제대로 갚지 못해 채권자들이 가구를 압류해가기 며칠 전 도스토옙스키는 아파트 바닥을 이리저리 걸으며 역사상 가장 위대한 소설 《카라마조프가의 형제들》로 추정되는 작품을 구술했다.

감옥에서 겪은 끔찍한 경험을 바탕으로 쓴 《죽음의 집의 기록》을 고려하면, 현실과 상상 모두에서 도스토옙스키의 삶을 지배한 것은 모욕과 굴욕, 도덕적 자기 비하였다. 1864년 도스토옙스키는 적나라하기 그지없는 풍자소설 《지하로부터의 수기》를 발표했다. 러시아의 한 평론가는 그 소설을 읽고 나서 〈잔혹한 재능〉이란 딱 떨어지는 제목의 서평을 썼다. 어떤 면에서 이 중편 소설은 니콜라이 체르니셰프스키Nikolay Chernyshevsky(1828-1889)의 《무엇을 할 것인가?》에 대한 반박이다. 낙관주의적 개혁가 체르니셰프스키는 이 소설에서, 올바른 사회정치적 협의가 마련되면 인간은 만인의 만인에 대한 투쟁을 중단하고 평화롭고 조화롭게 살 것이라고 주장했다.

도스토옙스키의 소설 《지하로부터의 수기》는 전기적 형태를 띤 풍자라는 점에서, 앞서 다룬 카뮈의 두 작품과 유사하다. 어떤 면에서, 어떤 정치 · 경제 · 사회 공학도 우리를 우리 자신으로부터 구해내지 못한다는 논증이 담긴 소설이다. 도스토옙스키의 판단에 따르면 인간은 거미와 같다. 달리 말하면, 행복을 포기하면서까지 권력을 탐하는 '감사할 줄 모르는 두발동물'이다. 《지하로부터의 수기》는 창세기 이야기에서 찾아낸 심리적 논제—우리가 에덴동산에 있다면 아담의 선례를 따라, 낙원을 뒤집어 결국 아우슈비츠 같은 곳으로 전락시켰을 것—를 뒷받침하는 소설로도 읽힐 수 있다.

이 소설의 주인공은 하급 관리를 지냈지만, 쥐꼬리만 한 유산으로 일찍 퇴직할 정도의 돈을 벌었다. 소크라테스는 '너 자신을 알라'고 명령했다. 도스토옙스키를 비롯해 실존주의 전통을 승계한 작가들은, 신을 믿는 신앙 없이도 우리가 우리 자신을 알 수 있느냐는 문제에 전념했다. 이 소설은 주인공이 화자의 관점에서 지난 40년을 돌이켜보는 방식을 취한다. 지하 생활자는 자신에게 완전히 정직할 수 있는지를 알고 싶어한다. 이 계획에는 그의 삶에서 결정적인 역할을 했던 선택에 대한 기억이 자연스레 수반된다.

온유함이 그렇듯이, 어색함awkwardness도 철학자들이 망각의 보관함에 처박아버린 논제이다. 그렇지만 삶을 준비하는 누군가에 조언하고 싶다면, 삶은 어색한 상황들로 가득하다는 사실을 미리 알려주는 게 좋을 것이다. 예컨대 깊은 슬픔에 빠진 친구에게 위로의 말을 건네야 하고, 특별히 할 말이 없는데도 친한 척해야 하는 사람을 마주치는 경우를 생각해보라. 그런 상황에서 도스토옙스키는 어색함을 이기지 못하고 입술을 씰룩거릴 사람이다. 소설의 2부에서, 지하 생활자는 즈베르코프라는 옛 동기생이자 부유한 육군 대위를 위한 송별회에 억지로 초대받은 걸 기억해낸다. 도스토옙스키처럼, 지하 생활자는 화를 잘 내고 항상 소동을 피우는 버릇이 있다. 누구도 그를 송별회에 끼워주려 하지 않지만 그는 우여곡절 끝에 송별회에 참석한다. 그런데 한 참석자가 자신도 모르게 실수를 범하여, 지하 생활자에게 송별회가 실제로는 한 시간 일찍 시작할 거라고 알려준다. 모두가 송별회장에 도착하고, 지하 생활자는 크게 격분한다. 그는 빈정대고 거들먹거리는 듯한 욕설로 그들을 짜증나게 하지만, 모두가 그를 무시하는 태도를 취한다. 지하 생활자도 그런 분위기를 눈치채지만, 옹고집과 악의로 끝내 사과하지 않는다. 오히려 그는 가까운 탁자로 옮겨 앉아, 감상에 빠질 정도로 술을 마신다.

마침내 송별회가 끝나고 손님들은 주빈인 즈베르코프에게 칭찬의 말을 늘어놓는다. 이때 지하 생활자는 건배를 제안하고는 즈베르코프를 모욕한다. 하지만 모순덩어리답게 지하 생활자는 관계를 복원하려고 애쓴다. 즈베르코프는 지하 생활자의 말을 중간에 끊고, 지하 생활자에게 벌레—그보다 훨씬 밑에 있는 존재로, 진지한 대접을 받을 가치도 없는 존재—라고 경멸한다. "나를 모욕했다고? 네가? 나를 모욕-했다-고? 이봐요, 형씨, 분명히 말해두지만, 어떤 상황에서도 너는 나를 절대 모욕할 수 없어!"

자정이 한참 지난 시간에 그들은 매춘굴로 몰려간다. 자기 비하의 대명사, 우리 주인공은 즈베르코프의 얼굴에 주먹을 날려주겠다는 복수심에 사로잡혀, 친구의 경멸하는 눈빛에도 돈을 빌려 매춘굴로 향한다. 하지만 그가 도착했을 쯤, 그 난봉꾼들은 이미 떠난 뒤여서 그는 불타는 복수심을 해소하지 못한다. 그렇지만 창녀들이 그를 기다리고 있었고, 그는 리자라는 창녀를 선택한다. 섹스를 나누고 두 시간 뒤, 지하 생활자는 진짜 황홀감을 얻으려고 어린 리자의 마음을 희롱하며 들쑤셔놓는다. 그는 당시를 이렇게 회상한다.

> 머릿속이 탄산가스에 중독된 듯 몽롱했다. 무엇인가가 내 위를 맴돌며 나를 자극하고 흥분과 불안을 불러일으키는 것 같았다. …… 음울한 생각이 나의 뇌 속에서 잉태되어 어떤 징그러운 감각처럼 온몸을 훑고 지나갔다. 곰팡이가 잔뜩 슨 눅눅한 지하로 들어가는 기분이었다.[3]

그리고 대화가 시작된다. 처음에 리자는 창녀에 대한 그의 관심 표명, 예컨대 길거리에서 몸을 팔던 어떤 창녀가 얼마 전에 죽어 매장되었다는 반쯤 꾸민 비극적인 이야기에 시큰둥하게 대꾸한다. 하지만 리자에게는 없는, 가족의 삶에 대한 이야기까지 동원해서 지하 생활자는 조금씩 리자의 마음을 얻는다. 자신도 놀랄 정도로 그들의 대화는 계속되고, 마침내 지하 생활자는 리자의 기억에 아버지와 어머니까지 불러낸다. 게다가 리자가 꿈에도 그릴 만한 모성의 즐거움, 특히 수유의 환희를 감동적일 정도로 자세히 묘사한다. "통통하게 살이 오른 장밋빛 아이가 팔다리를 쭉 뻗으며 응석을 부리고, 포동 포동한 손발이며 깨끗한 손톱 발톱은 너무 작아서, 정말 너무 작아서 바라만 봐도 웃음이 나오고 두 눈을 보면 모든 걸 다 이해하는 것만 같지. 젖을 빨 땐 고사리손으로 너의 젖을 만지작거리며 장난을 치고."[4] 지하 생활자는 이렇게 절절하게 계속 말을 이어간다. 뮤즈 신이 그의 곁에서 그의 말에 생명을 더해주는 듯하다.

그리고 침묵이 뒤따르고, 그는 리자의 대꾸를 기다린다. 지하 생활자는 자신이 소설의 등장인물처럼 살아가는 가식적인 인간이라는 걸 알고 있고, 그런 자신이 두렵기만 하다. 한편 리자는 지하 생활자의 말을 듣고 약간 흠칫하며 말문이 막히지만, 곧바로 그의 장황한 열변이 책을 읽는 것처럼 들린다고 비꼬는 투로 불쑥 내뱉는다. 이미 수십 년이 지난 당시를 회상하며, 지하 생활자는 "그녀의 지적에 나는 바늘에 찔린 듯한 통증을 느꼈다. 내가 기대한 대답이 아니었다. …… '그래 두고 보자.' 나는 이렇게 생각했다"라고 회상한다. 복수는 그의 것이었다.

말은 매섭고 아프지만, 글은 영묘하고 아름답다. 동이 트기 시작하자 지하 생활자는 떠날 준비를 한다. 충동적으로 그는 집주소를 휘갈겨 쓰고, 리자를 자기 집에 초대한다. 하지만 그 초대가 실수라는 걸 곧바로 깨닫는다.

나흘 후, 그는 못된 가정부에게 고함을 지르며 한바탕 싸움을 벌인다. 그 때문에 기분도 언짢고, 옷차림도 엉망이다. 그런데 문을 두드리는 소리가 들린다. 리자이다. 우리의 지하 생활자는 분노에 휩싸이고, 더럽고 노란 목욕용 가운을 서둘러 걸친다. 구원자의 모습은 온데간데없이 그는 자신을 이처럼 위태로운 상태에 몰아넣었다며, 리자에게 분노를 토해낸다. 그러고는 리자의 옆에 앉아 5분 동안 한마디도 내뱉지 않는다. 리자에게는 더없이 불편하고 거북한 상황이다. 하지만 결국 그는 분노를 삭이고 복수심을 해소하려고 그녀를 이용했을 뿐이라는 고백을 봇물처럼 쏟아낸다. "내가 무참하게 깔아뭉개졌으니까 나도 누굴 깔아뭉개고 싶었던 거라고."[5]

지하 생활자는 몸서리치며 계속 말한다. "그때는 내가 네 앞에서 무슨 대단한 영웅인 양 굴었지만, 지금은 너에게 내가 너덜너덜한 실내복이나 걸친 혐오스러운 비렁뱅이처럼 보일 거야. …… 이렇게 실내복을 걸친 나를 불쑥 찾아온 죗값으로, 내가 너를 절대 용서하지 않을 거라는 것쯤은 충분히 짐작했겠지?"

놀랍게도 리자는 그런 장황한 푸념을 불쾌하게 받아들이지 않는다. 그가 징징대고 불평하자, 리자는 그가 항상 분노에 찬 불행한 사람이라는 걸 알아챈다. 게다가 리자는 지하 생활자가 그녀를 갖고 놀았을 뿐이라고 믿지만 내면에는 진실한 감정도 있었다는 걸 알고 있다. 리자는 지하 생활자의 냉소적인 공격에도 불구하고, 두 팔로 그의 목을 감싸 안으며 그를 위해 눈물을 흘린다. 지하 생활자는 흐느끼며 소파에 얼굴을 묻는다. 그리고 감미로우면서도 섬뜩한 느낌을 자아내는 구절이 이어진다.

하지만 내 히스테리가 언젠가 끝난다는 게 문제였다. 그러니까 …… 소파에 엎드려, 그 걸레 같은 가죽 소파 쿠션에 얼굴을 푹 파묻고 있자니, 이제 와서 고개를 들고 리자의 눈을 똑바로 바라보는 것이 어색하고 거북할 거라는 기분이 점점 조금씩 어렴풋이, 내 본의와는 달리 밀려들기 시작하는 걸 억제할 수 없었다. 대체 무엇이 부끄러웠던 것일까? 정확히 말할 수는 없지만 여하튼 부끄러웠다. …… 그녀를 똑바로 보는 게 너무도 부끄러웠던 까닭에 그때 갑자기 내 마음속에서는 또 다른 감정이 불붙어 거세게 타올랐다. 지배욕과 소유욕이란 감정이! 내 눈은 정열로 타올랐고, 나는 그녀의 손을 꽉 쥐었다. 그녀를 지독히 증오하면서도 그녀에게 끌렸던 것이다![6]

인력과 척력의 결합은 불안을 치유하는 키르케고르의 비결이기도 하다. 지하 생활자는 "나도 착하게 살고 싶지만, 세상이 나를 그렇게 살도록 놓아두지 않을 거야!"라고 퉁명스레 소리친다. 그의 일부는 리자의 사랑을 갈구하지만, 그 사랑을 받아들일 수 없다. 그녀의 사랑을 받아들이면 그가 더 낮은 차원으로 떨어진 듯한 느낌에 사로잡힐까 두렵기 때문이다. 그는 방을 뛰쳐나가며, 리자를 혼자 내버려둔다. 당혹스러운 시간이 째깍째깍 흘러가고, 불쌍한 리자는 눈앞이 아찔하고 몽롱해진다. 마침내 지하 생활자가 다시 돌아와 그녀에게 떠나라는 신호를 보낸다. 슬픈 표정으로 리자는 자신의 물건을 주섬주

섬 챙기고 작별 인사를 건넨다. 도덕적 자기 비하의 연구 대상인 지하 생활자는 그녀의 손을 붙잡고, 5루블짜리 지폐를 쥐여주었다.

리자는 문을 열고, 눈발이 흩날리는 늦은 오후 밖으로 뛰쳐나갔고, 영원히 사라졌다. 항상 그랬듯이, 지하 생활자는 생각을 고쳐먹고 리자를 불렀다. 그녀를 뒤쫓아 달려가지만 그녀의 흔적은 어디에도 없다. 그가 진실한 사랑을 얻을 유일한 기회도 그렇게 사라졌다. 아파트로 돌아온 지하 생활자는 꾸깃꾸깃한 5루블짜리 지폐를 본다. 이 모든 것이 40년 동안 그의 뇌리에서 사라지지 않은 기억이다. 하지만 그 오랜 시간이 지난 후에도 지하 생활자는 자존심 때문에 사랑을 받아들이지 못했다는 걸 깨닫지 못한다.

이 장을 시작할 때 언급한 이야기로 돌아가보자. 내 친구는 결국 아내를 잃고 홀아비가 되었다. 그러나 원만하지 못했던 결혼 생활에도 불구하고, 문이 닫히고 막이 내려졌을 때 내 친구는 불완전한 사람으로서 사랑받았다는 걸 인정할 수 있었다. 내 친구가 아내에게 안긴 고통에도 불구하고, 그녀는 내 친구를, 그것도 이상화된 남편이 아니라 불완전한 남편으로서 사랑했던 것이다.

내면의 의혹과 목소리로부터 자신을 지키는 방법의 하나로 우리는 주변의 동경을 갈망한다. 우리는 주변으로부터 존경받는, 가치 있는 존재가 되기를 열망한다. 우리는 지금처럼 실수를 반복하는 인간이 아니라 이상적인 인간으로서 사랑받기를 원한다. 때로는 친절하고 때로는 짜증을 부리더라도 어린아이처럼 사랑받는다면 동정과 용서를 받는 기분이 들 것이다. 물론 리자는 그리스도 같은 여자이다. 이 잔혹한 책에서 전하려는 메시지 중 하나는 우리 자존심이 그리스도의 사랑과 용서를 받아들이는 포용력을 방해한다는 것이다. 니체와 프로이트는 도스토옙스키를 역사상 가장 위대한 심리학자로 여겼다. 도스토옙스키에 따르면, 우리 마음을 어지럽히는 것을 하나만 꼽자면 용서받는 것이다. 경험을 근거로, 나는 이 말이 사실이라는 걸 보증할 수 있다.

내가 어렸을 때 아버지는 술집에서 잔뜩 취해 밤늦게 집에 돌아와서 난동을 부리곤 했다. 아마도 내가 여섯 살이었던 때인 듯하다. 그때까지 나는 아버지의 고함에도 그럭저럭 밤잠을 잤었다. 어느 날 밤잠을 깼는데, 우리집이 난장판으로 변한 끔찍한 현실을 목격했다. 그 전까지 아버지는 내 친구이자 영웅이었다. 부부싸움이 잠시 중단되었을 때 어머니는 위층으로 달려와 내 눈물을 닦아주었고, "모든 아빠가 가끔은 저렇게 취한단다"라고 말하며 나를 위로해주려 애썼다. 어머니는 술을 마시지 않았고, 부부싸움에서 뒷걸음치는 여자가 아니었다. 부부싸움이 소강상태에 들어갔을 때 나는 아래층으로 내려가 아버지의 품에 뛰어들었다. 어두컴컴했지만 아버지의 흐트러진 모습을 분명히 볼 수 있었다. 아버지가 그처럼 엉망진창인 모습을 본 적이 없었다. 아버지는 내 머리에 손을 얹고는 "돌아가서 자거라"라고 말했다. 나는 꼼짝하지 않고 나지막이 말했다. "괜찮아요. 모든 아빠가 가끔은 취하니까요." 또 세상 물정을 모르는 순진한 어린아이답게 덧붙였다. "아빠를 믿어요, 아빠를 사랑해요." 아버지는 나를 밀어냈고, 나는 실망해서 위층으로 올라갔다. 그때의 실망감은 오랫동안 사라지지 않았다.

그러나 나도 때로는 아버지처럼 실수를 범했다. 예컨대 수년 전, 아들의 결혼식 피로연장에서 나는 집사람과 언성을 높이며 다툰 적이 있었다. 그 순간까지, 그날은 한없이 즐겁고 아름다운 날이었다. 정말 완벽한 결혼식이었다. 그러나 맥주의 취기로 머리가 약간 열을 받자, 수십 년 동안 내 잠재의식에 억눌려 있던 조각이 수면 위로 올라왔다. 의식하지도 못한 사이에 나는 얼굴이 빨개졌고 분노에 찬 고함을 질러댔다. 막내아들이 나를 황급히 한쪽으로 끌고 갔다. 이튿날, 나는 거울 속의 내 모습을 감히 쳐다볼 수 없었다. 아침 식사 중에 막내아들이 난데없이 내 어깨에 손을 얹고는 나지막이 말했다. "아빠, 걱정마세요. 어젯밤 일은." 나는 한동안 침묵했지만 곧 퉁명스레 대꾸했다. "아빠는 걱정하지 않는다. 여하튼 고맙다." "알았어요." 아들 녀석은 그렇게 말하고는 이 지하 생활자의 어깨에서 손을 거두고 멀어져갔다.

내 아들들이 내게서 오래전에 사라졌다고 믿었던 일면을 보게 된 것이다. 처음에는 발가벗겨진 모습을 들킨 것 같아 기분이 좋지 않았다. 내가 여러 얼굴을 지닌 건 사실이지만 결코 지하 생활자 같은 사람은 아니다. 그러나 곧 제정신을 되찾고, 아들을 붙잡고 끌어당겼다. 그러고는 어린아이처럼 아들의 품에 얼굴을 묻고, 눈물을 글썽이며 속삭였다. "정말 미안하구나."

키르케고르는 사랑에 대한 예수의 명령, 즉 네 이웃을 네 몸과 같이 사랑하라는 명령을 실천하려면 무엇보다도 순수한 자기애가 필요하다고 가르쳤다. 예수의 명령에서는 자아를 배려하는 관계가 결코 자아도취적이지 않기 때문에, 우리가 일반적으로 자기애와 동일시하는 자만심이나 자기 집착과는 다르다.

지금까지 살아오는 과정에서 나는 끝없는 자기혐오에 시달렸다. 자기혐오가 극심하던 때도 나는 그럭저럭 올바른 방향으로 움직였고, 변함없이 내 곁에서 나를 지지해준 사람들에게 적절한 감사와 따뜻한 인사를 건넸다. 그렇지만 나는 그들의 사랑에 진실로 고마워하지도 않았고, 진실로 받아들이지도 않았다. 오히려 그들이 어떤 속임수에 넘어간 것이 아닐까 생각하며 '저 사람이 대체 왜 저러는 것일까? 저들이 나와 얽히고 싶어하는 이유가 무엇일까?'라는 의문을 품었다. 순수한 자기애가 없었기 때문에, 우울증이라는 용광로에서 부글부글 끓는 분노가 근본적으로 나는 저열한 지하 생활자이고, 주변 사람들이 그런 사실을 예전에 알았더라면 한 명도 내 곁에 남아 있지 않았을 거라는 확신을 주었다.

설교 냄새를 풍기며 똑같은 말을 반복해서 미안하지만, 다시 한 번 강조해두고 싶다. 모순되게 들리겠지만, 우리 자신을 사랑하기 위해서는 다른 사람의 사랑이 필요하다. 또 다른 사람의 사랑으로 성장하고 그 사랑을 넉넉히 받아들이기 위해서 우리 자신을 사랑해야 한다.

이 장의 범위를 훌쩍 넘어서는 문제이지만, 인종차별과 억압이 그런 사랑을 방해한다. 요컨대 인종차별과 억압은 자신을 사랑하는 우리의 능력을 크게 훼손한다.

이 장의 앞부분에서, 나는 사랑의 의무와 역사役事에는 사랑이 전제되어야 한다는 키르케고르의 통찰―우리는 다른 사람만이 아니라 우리 자신도 사랑할 수 있어야 한다는 통찰―을 심도 있게 파헤쳤다. 도스토옙스키의 지하 생활자가 그런 사랑의 의무를 충실히 수행했더라면 리자가 그를 보듬고 위로하는 걸 허락했을지도 모른다. 더욱이 지하 생활자의 삶을 중단했을지도 모른다.

에필로그

이 책에는 '생존 지침서'라는 제목이 붙었다. 하지만 이 책은 행복한 삶, 혹은 지금보다는 행복한 삶을 영위하는 방법을 다룬 안내서가 아니다. 오히려 여기에서 언급된 주자들의 기저에는 우리가 하루하루 삶에서 감사하는 부분이 있더라도 진실한 삶의 영위는 여전히 시지프의 고행과 다를 바가 없다는 전제가 깔려 있다. 자칭 술꾼이었던 작가 찰스 부코스키Charles Bukowski(1920-1994)는 한 작품에 《가장 중요한 건 불속을 뚫고 얼마나 잘 걷느냐는 것》이란 제목을 붙였다. '뜨거운 여름 햇볕에도 우리가 어린아이들과 해변에서 얼마나 즐겁게 뛰노느냐'라는 제목이 아니라 말이다.

서문에서 이미 언급했듯이, 삶은 낭만적인 여정이 아니라 힘겨운 고행이라는 엄연한 사실을, 어떤 학파보다 실존주의자들이 솔직히 인정하고 다루었기 때문에 나는 그들에게 끌렸다. 쇼펜하우어는, 삶은 "힘들여 갚아야 할 빚"이라고 말했을 정도였다. 하지만 이 책에서 언급된 작가들은 "세상은 지옥일 뿐이다. 지옥에서 인간은 한편으로는 고통받는 영혼이고, 다른 한편으로는 악마이다"라는 쇼펜하우어의 불평에 결코 동의하지 않는다. 카뮈는 근대성을 신랄하게 비판하며 넋두리를 늘어놓지만 "한겨울에야 나는 내 안에 여름이 계속 도사리고 있었음을 깨달았다"라고 속내를 털어놓았다. 키르케고르부터 카뮈에 이르기까지 실존주의자들은 삶이 무엇과도 비교할 수 없는 선물이며, 그 선물이 도전이라는 것도 철저하게 깨달았다.

만약 당신이 어떤 도전을 하기로 마음먹는다면, 그 도전이 외국어를 학습하는 것이든 엄격한 운동 프로그램을 시작하는 것이든 간에 당신의 그런 노력을 방해할 수 있는 장애물들을 찾아내서 기록하는 것은 당연하다. 실존주의자들도 삶의 많은 장애물을 주목하고 중시했다. 예컨대 사랑이 없는 삶은 생명이 없는 죽은 삶이라는 데 대부분이 동의할 것이다. 그러나 우리에게는 무엇이든 할 수 있다는 자신감이 필요하기 때문에, (외형적인 성취나 외모를 이유로 사랑받기를 원하는 게 아니라) 진실한 자신의 모습에 대한 사랑을 받아들이는 것이 진정한 친교를 가로막는 많은 장애물 중 하나라는 도스토옙스키의 통찰을 비슷하게라도 인식할 수 있는 사람이 얼마나 될까? 물론 한계가 있겠지만, 이 생존 지침서는 우리가 이런저런 장애물들을 극복하는 데 도움을 줄 수 있도록 쓰였다.

하지만 플라톤은 《일곱 번째 편지》에서, 책들이 지혜에 정말 유용한 것인지 의문을 제기한다. 여하튼 인류 역사상 가장 위대한 세 현인 예수와 부처와 소크라테스는 우리에게 한 권의 책도 남기지 않았다. 플라톤은 글을 쓰는 게 기억력 향상에 도움을 준다는 것은 인정했지만, 글을 쓰는 능력이 선하고 정의로운 삶의 가능성을 높여준다는 속설은 의심한 듯하다. 플라톤은 진실을 마음에 새기고 기억하는 것으로는 충분하지 않다고 생각했다. 이 책에 가장 자주 인용된 키르케고르도 플라톤과 같은 생각이었다. 더 정확히 말하면, 키르케고르는 어떤 개념이 누군가에게 깊은 인상을 주려면 먼저 그 개념이 그 사람에게 열정적으로 사물화私物化되어야 한다고 주장했다. 간결하지만 함축적인 구절들이 헛간의 참새처럼 우리 머릿속을 들락거린다. 그 구절들을 다르게 풀어쓴 설명도 다를 바가 없다. 내가 이 책에서 제시하려고 시도했던 실존주의적 처방들을 여기서 다시 부분적으로 압축해 더 매력적으로 꾸미고 싶지는 않다.

물론 교수로서 나는 다양한 철학적 개념들을 요약해 설명해야 하는 내 역할을 마다하지 않는다. 특히 윤리학 강의에서는 마지막 강의를 2, 3주쯤 앞두고는 그 학기에 언급된 스무 명 남짓한 사상가들로부터 얻은 통찰, 특히 삶에 영향을 준 통찰들을 목록화하는 작업을 학생들과 함께 시도한다.

예컨대 우리는 아리스토텔레스에 온전히 보름을 투자한다. 아리스토텔레스의 주장을 요약하면 이렇다. 삶은 너무 복잡해서 모든 상황을 포괄하는 보편적인 도덕책은 있을 수 없다. 따라서 적절한 행동 방향이 무엇인지 불확실한 경우에는 도덕적인 사람을 찾아 모방하라는 것이 플라톤의 자랑스러운 제자 아리스토텔레스의 가르침이다.

하지만 곧바로 까다로운 문제들이 발생한다. 일례로, 아직 높은 도덕성을 갖추지 못한 사람은 어떻게 도덕적인 사람을 알아볼 수 있을까? 달리 말하면, 다른 모든 윤리론과 마찬가지로 아리스토텔레스의 '덕 윤리학virtue ethics'에도 문제가 있다는 뜻이다. 하지만 아리스토텔레스는 자신의 책에서 많은 도덕적 통찰을 늘어놓았다. 앞에서도 말했듯이, 선이 무엇인지 아는 것으로는 충분하지 않다. 그 앎에 따라 행동하는 성품을 지녀야 한다. 이런 행동력을 갖추려면 두려움을 이겨내는 용기와 능력이 필요하다. 심리학자로서 아리스토텔레스는 두려움을 안은 채 꾸준히 훈련하고 연습해야 그런 용기가 형성된다고 주장한다. 이런 이유에서도 내 생각에는 권투가 신경과민이나 두려움과 티격태격하며 용기를 키우기에 적합한 운동인 듯하다.

강의에서 효과가 있는 것은 책에서도 효과가 있을 수 있다. 따라서 생존을 위한 지침서로서 실존주의적 처방들을 압축적으로 집약하는 것도 그런대로 가치 있는 시도일 수 있겠다.

이 책에서 중심축으로 삼은 하나의 사상 혹은 전제가 있다면, 우리는 자신의 존재를 의식하며 자신과 관계를 맺는 피조물이라는 것이다. 다시 말하면 우리는 자신과 관계를 맺는 방법에 대해 간접적으로 알려주는 느낌을 항상 자각하지는 못하더라도, 내면의 삶과 관계를 맺는 방법은 그럭저럭 통제하는 존재이다. 뻔한 말이겠지만, 우리는 불편한 생각과 기분과 감정을 병으로 받아들이는 세계에서 살아가고 있다. 이런 상황은 정신 질환에 씌워진 오명을 벗겨내는 데 도움을 주었을 수 있다. 우리는 이런 맥락에서 불안을 다루었고, 불안은 땀에 젖은 손바닥과 맥박수의 증가가 수반되는 파괴적인 정서가 아니라는 이론을 제안했다. 달리 말하면, 불안은 어떤 메시지가 담긴 감정, 즉 인지적으로 중요한 의미가 내포된 감정이라는 뜻이다.

일정한 수준의 불안이 경계심을 높이는 데 도움이 된다는 사실은 많은 사람이 인정하지만, 불안에 대한 우리 생각은 그 정도에서 멈추지 않았다. 적절한 쟁점에 대해 적절한 방법으로 걱정하는 것은 삶에서 가장 필요한 궁극적인 교훈을 배우는 것이라는 키르케고르의 주장을 기억해보라. 또 하이데거가 명시적으로 고마움을 표현하지는 않았지만, 그가 불안의 성격과 의미에 대해 키르케고르로부터 많은 것을 빚진 것은 분명하다. 검은 숲Schwarzwald의 나라, 독일 남서부에서 태어난 철학자 마르틴 하이데거에 따르면 불안은 우리를 군중 밖으로 확 끌어낸다. 무리로부터 유리되었다는 느낌, 하이데거의 표현을 빌리면 이 '향수鄕愁' 때문에 우리는 공동체와 진실한 관계를 다시 맺을 수 있다.

삶의 과정에서 많은 사람이 우울을 맞닥뜨리게 되고, 불안은 불을 토해내는 용처럼 우리를 짓누른다. 말로 설명하기 힘든 슬픔에 대해 살펴본 곳에서, 나는 키르케고르를 인용해서 심리적 문제와 정신적 질환, 즉 불안과 절망을 구분했다. 키르케고르가 '직접성immediacy'이라 칭한 차원에서 우리는 막연히 침울한 기분과 느낌에 빠져 있지만, 마음만 먹으면 언제라도 그런 기분에서 부분적으로 빠져나올 수 있다. 키르케고르의 주장에 따르면, 우리가 깊은 무력감을 느끼며 자신을 돌보기조차 힘들다고 절감하더라도, 그 고통을 이겨내고 다른 사람들을 보살피고 배려하는 책임을 다할 수 있다. 그런 책임을 다하기 위해 노력하지 않는다면 우리 각자에게 주어진 도덕적 책임을 포기하기는 것이며, 이때 우리는 심리적 문제인 우울에서 정신적 질환인 절망으로 추락하게 된다. 우울과 절망을 다룬 2장에서, 우리는 쥘리아 크리스테바Julia Kristeva가 '검은 태양soleil noir'이라 칭한 것의 아래를 어떻게 걷느냐에 따라 우리의 절대적인 취약성을 깨닫고 공감력을 키워갈 수 있다는 것도 살펴보았다.

죽음을 다룬 3장에서는 키르케고르와 톨스토이를 인용하며, 죽음에 대한 추상적인 이해는 모든 것이 끝나고 더는 시간이 없는 때가 온다는 개인적인 이해와는 동떨어진 외침에 불과하다는 사실을 강조했다. 여기에서 "자기 자신과 관계하는 관계로서의 자아"라는 키르케고르의 논지가 다시 부각된다. 필연적인 종말, 즉 죽음에 어떻게 관계해야 하느냐는 문제에 대응하는 방법은 철학자마다, 더 나아가 보통 사람도 저마다 다르다. 많은 사람이 어깨를 으쓱하며 대수롭지 않게 생각한다. 요컨대 누구에게나 살아야 할 삶이 있고, 그런 삶의 종말을 음울하게 생각하며 시간을 낭비할 필요가 없다는 것이다.

한편 시인이자 철학자인 키르케고르는 우리를 기본적으로 '개인individual'이란 관점에서 접근하며, 우리에게 자신을 이미 죽은 사람으로 생각하는 것이 좋은 약이라고 주장한다. 또 피할 수 없는 죽음의 의미에 대해 진지하게 숙고하면 매 순간이 더욱 소중해지고, 한 정된 쟁점들에 새롭고 더 강력한 의미를 부여할 수 있다고도 조언한 다. 죽음이란 개념을 더 깊이 내재화하면, 느슨하고 엉성한 인간관계 를 피하는 데도 도움이 된다. 누군가와 해묵은 원한이 있다면 하루라 도 빨리 해결하고 바로잡으라고 실존주의자들은 애원한다. 삶은 결 국 먼지에서 먼지로 돌아간다는 사실을 알게 되면, 삶에서 우선순위 를 다시 매기게 된다. 책상 위에 놓인 두개골을 보며 가치관의 순서 를 재조정할 수 있다는 키르케고르의 생각에 톨스토이도 동의했지 만, 대가족의 가장이었고 키르케고르보다 훨씬 사교적이었던 작가답 게 톨스토이는, 현대 사회에 팽배한 거짓된 개인적 관계에 대한 부분 적인 책임이 죽음의 흔하디흔한 부정에 있다고 시사했다.

실존주의자는 윤리학 강의에서 거의 언급되지 않는다. 하지만 실 존주의자도 삶의 과정에서 자신과의 관계만이 아니라 타인과의 관 계에도 집중하게 된다. 특히 인간관계는 도덕의 기본이다. 사르트르 는 옳고 그름을 구분하는 객관적인 방법이 없다고 주장하며, 종교적 인 경전과 윤리 이론은 거의 모든 행동 방향의 잘잘못을 판단하는 데 사용될 수 있다고도 덧붙였다. 사르트르의 주장에 따르면, 우리가 어떤 직감에 따라 '행동'하는 경우에만 그 직감은 가치가 있다. 우리 에게 이런저런 결정을 내리는 기준이 없다면, 우리의 도덕적인 삶은 불안으로 가득해진다. 프로이트의 무의식이란 개념을 표적으로 삼 아, 사르트르는 '자기기만'의 유혹, 즉 우리의 자율성을 부정하며, 우리를 주체인 동시에 객체인 것처럼 다루려는 유혹을 우리에게 다시 떠올려주었다.

칸트처럼, 키르케고르도 도덕적인 삶의 영위를 목표로 하는 사람이라면 올바르게 행동하겠다는 일념으로 행복의 가능성을 포기하고 시대의 시련을 각오해야 한다고 생각했다. 만약 키르케고르가 요즘 유행하는 '윤리 워크숍'을 고안한다면, 또는 〈뉴욕타임스 매거진〉의 장수 기획물 '도덕군자'의 편집자로 임명된다면, 난처한 상황에서 빠져나오려고 거짓말해서는 안 된다는 걸 깨닫는 데 더 깊은 지식이나 새로운 분석 능력이 필요하지는 않다고 조언할 것이다. 오히려 키르케고르는 이미 알고 있는 윤리적이고 종교적인 지식을 고수하는 것으로 충분하며, 그렇게 할 때 쉬운 길이 옳은 길이라고 믿고 싶은 유혹에서 벗어날 수 있을 것이라고 권고했다. 정말이다! 키르케고르는 자기기만에 따른 자발적 무지가 도덕적 삶을 방해하는 주된 장애물이라고 주장했다.

마르크스와 프로이트가 그랬듯이, 니체는 이른바 신성한 양심sacred conscience의 파괴를 주기적으로 시도했다. 니체의 철학관에서 도덕과 양심은 위에서 주어지는 게 아니었고, 이성에서 잉태되는 것도 아니었다. 요즘의 윤리학자, 특히 철학자 필립 키처Philip Kitcher는 윤리도 다른 모든 것과 마찬가지로 진화론적으로 접근할 때 가장 잘 이해된다고 믿는다. 과거와 현재의 사건을 고려하면 모순된 주장이 분명한 듯하지만, 키처와 그 동류의 주장에 따르면 윤리는 협력의 범위가 확대되는 방향으로 진화하고 있다. 니체도 동의하겠지만, 우리의 도덕적 이상은 다양하고 때로는 상반되는 의미를 지닌 이끼가 끼는 구르는 돌에 비유된다. 물론 니체의 관점에서 보면, 그 돌들은 권력에의 의지 같은 힘의 작용으로 덜거덕거리며 굴러간다.

니체는 언어학적 조사 방법을 주로 사용했다. 달리 말하면, 도덕과 관련된 표현들의 의미 변화를 상세히 분석함으로써 가치관의 변화를 추적했다. 예컨대 요즘 '선한 것good'이란 단어에는 평화와 관련된 함축이 있지만, 과거에는 전쟁과 관련된 의미가 함축되어 있었다. 니체는 "가치의 가치는 무엇인가?"라는 시기적으로 시기상조였던 의문을 제기했다. 니체는 공리주의자를 일관되게 혐오했지만, 우리가 만든 도덕이 문화를 고양할 수도 있고 해칠 수도 있다고 믿었다는 점에서는 공리주의자와 다를 바가 없었다. 또 인류의 역사에서 이른바 '노예 반란'을 통해 금욕주의적 이상이 도덕의 기준으로 세워졌다는 믿음도 니체는 받아들였다.

이런 기준을 고려하면, '선한 것'이라 일컬어지는 것에는 무엇에나, 적어도 겉으로는 자기희생적인 부분이 포함되어야 한다. 예컨대 앞으로 돌격하고, 내가 최고이기를 바란다는 주장으로는 충분하지 않다. 내 야망을 이타적인 동기로 꾸며야 한다. 구체적으로 말하면, 누구나 의사나 변호사가 되기로 결심할 수 있다. 하지만 도전을 좋아하고 부자가 되기를 바라며 사회적 지위를 갈망하기 때문이 아니라, 사람들을 돕겠다는 헌신적인 마음을 가식적으로라도 먼저 보여줘야 한다.

니체의 흥미진진한 글솜씨는 우리를 자극하며, 우리에게 이른바 '더 선한 천사better angel'의 뒤에 은밀히 도사린 역학 관계에 관심을 기울이게 만든다. 얄궂게도 니체는 내면을 바라보는 의혹의 눈과 싸웠다. 하지만 니체를 읽으면, 우리는 자신의 동기에 대해 추적하는 탐정이 될 수밖에 없다. 니체는 우리에게 용서를 넘어 망각을 허락할 정도로 강해지라고 자극한다. 이처럼 정신을 고양하는 의심, 혹은 적어도 마음을 깨끗하게 해주는 의심은 충분히 도덕적인 교훈이다.

그럼 실존주의자들이 신앙에 대해 우리에게 가르쳐줄 수 있는 것은 무엇일까?

니체는 안티크리스트를 자처하며, 신은 죽었다고, 적어도 신의 존재에 대한 믿음은 빈사 상태에 빠졌다고 주장했다. 이런 점에서, 키르케고르의 생각도 크게 다르지 않았다. 키르케고르는 당시 대중적으로 인기 있던 잡지와 공개적인 논쟁을 벌인 후, 코펜하겐의 거리를 산책하던 중에 못된 시민들을 마주치게 되었고, 그들은 키르케고르를 향해 "이것이냐 저것이냐"라고 소리치며 빈정거렸다. '믿느냐 믿지 않느냐'라고 묻는 것이었다. 키르케고르의 의견에 따르면, 성聖과 속俗은 이성으로 선택할 수 있는 것이 아니다. 달리 말해서, 당신이 당신의 모든 신앙을 이성의 울타리 안에 놓는다면 이미 이성적으로 선택한 것이다. 반대로 신앙이 관련되면 상당한 충돌이 있게 된다. 키르케고르가 반복해서 사용하며 강조한 비유처럼, 신앙은 길에 쓰러진 나무와도 같은 것이다. 여하튼 과학적 지식이 급증함으로써 신앙이 썰물처럼 줄어들었다는 사실에 놀라울 게 있는가?

영국 시인 매슈 아널드Matthew Arnold(1822-1888)의 구슬픈 서정시 〈도버 해변〉은 신앙과 이성이 충돌한 후의 여파를 노래했다. 특히 제 4연이 주목된다.

> 신앙의 바다도
>
> 한때 만조를 맞아 지구 해변 주변에
>
> 접어놓은 찬란한 허리띠처럼 누워 있었다.
>
> 그러나 지금 내 귀에 들리는 것은
>
> 밤바람 숨결에 몰려
>
> 광막하고 삭막한 끝자락으로
>
> 세상의 벌거벗은 조약돌에게로 물러가는
>
> 우울하고 긴 파도 소리뿐.

신앙의 바다가 계속 넘치듯 찰랑거리기를 염원하는 사람들을 위해서, 키르케고르는 심원한 신학적 통찰력을 발휘하며 신앙과 그에 대한 공격의 가능성을 하나로 묶으려고 시도했다. 키르케고르의 시대에도 그랬지만, 지금 우리 시대에도 종교는 불분명한 형태의 영성, 혹은 초보자를 위한 철학과 유사한 것으로 축약되는 경향이 있다. 대부분의 종교가 도덕적이고 희망을 주지만, 과학과 논증으로는 뒷받침되지 않는 이야기들로 구성된 때문이다. 키르케고르에게 신앙은 세상을 포기함과 동시에 되돌려받기를 바라는 모순된 운동이었다. 그는 신앙의 대상에 대하여, 영원한 것이 유한한 시간에 들어와 죽었다고 말했다. 모순되는 주장이다. 합리적인 머리로는 좀처럼 쉽게 이해되지 않는 주장이다.

키르케고르에 따르면, 우리는 신앙과 이성의 충돌에 두 방법 중 하나로 대응할 수 있다. 하나는 성을 내며 지성의 결론을 일축하는 것이다. 다른 하나는 기꺼운 마음으로 이성을 한쪽에 제쳐두고, 신앙이 이성적 이해를 능가한다는 걸 인정하는 것이다. 키르케고르는 말년의 일기에서 이렇게 말했다.

모든 세대에서 대부분이 …… 우리는 꾸준히 전진하므로 우리에게 좀 더 오랜 삶이 허락된다면 더 멀리 전진하고 더 많은 것을 이해하고 더 높이 올라갈 수 있을 것이라는 착각에서 살아가고 죽는다. 그런 상황이 뒤바뀌고, 그때부터는 이해할 수 없는 것이 있다는 걸 알게 되는 임계점에 부딪친다는 사실을 깨닫는 성숙의 경지에 이르는 사람이 얼마나 될까?[1]

이해할 수 없는 것의 중요성을 이해하면, 이성과 기독교 신앙 간의 모순에서 행복한 관계를 기대할 수 있다.

신앙과 관련해서 키르케고르의 글에서 끌어낼 수 있는 또 하나의 지혜가 있다면, 신앙이 믿음의 문제가 아니라 우리가 우리의 불신앙과 어떻게 관계하고 있느냐는 문제라는 것이다. 키르케고르는 요하네스 클리마쿠스라는 필명으로 발표한 비교적 짧은 논문 〈데 옴니부스 두비탄둠 에스트De Omnibus Dubitandum Est〉('모든 것은 의심되어야 한다'라는 뜻의 라틴어)에서, 신앙과 의심은 둘 모두 뜨거운 관심의 표명이기 때문에 상반된 것이 아니라고 말했다. 이 논문에서 다룬 핵심적인 쟁점은 "모든 것을 사랑하는 전지전능한 창조자의 언급에 당신이 회의적인 표정을 짓고 고개를 젓는다면, 또 신앙이라는 것은 경우에 따라 생겼다가 사라지는 감정이라고 확신한다면, 그런 신앙을 이유로 그 존재를 믿지도 않는 하느님에게 기도하고 손을 흔들며 맞이하겠는가?"라는 것이다. 우리는 흔히 "난 신앙을 잃었어"라고 말하지만, 키르케고르의 기준에 따르면, 이때 우리가 잃은 것은 신앙이 아니다. 오히려 우리가 스스로 신앙을 밀어냈지만, 시간이 좀 흐른 후에는 우리가 신앙을 어쩔 수 없이 잃은 것으로 생각할 가능성이 있다.

이 책은 거짓된 세계에서 진실하게 살아가는 법을 다룬 책이기도 하다. 우리가 건강한 심장을 정의하는 방식으로 진정성을 정의할 수 있다고 주장한다면, 그런 주장은 부정직한 것이다. 평론가 라이오넬 트릴링Lionel Trilling(1905-1975)은 고전적인 저서 《성실성과 진정성Sincerity and Authenticity》에서, 제목으로 사용된 두 단어의 '계보'를 추적하는 수고를 마다하지 않았다.

트릴링에 따르면, 진정성은 성실성이란 개념의 자손이다. 성실성은 정직함에 더하여, 오래전부터 자신의 신분에 따른 과제와 의무에 대한 완전한 헌신으로 이해되었기 때문이다. 또한 트릴링은 "진정성은 문명의 원칙 자체였고, 그 원칙은 영국인들이 가장 자랑스럽게 여겼던 특성, 즉 그들의 성실성을 보장하는 것"이었다며 "영국인에게 성실성은 자신과 상대에 대한 일편단심의 관계를 뜻하는 것"이었다고 덧붙였다. 트릴링 이후로 진정성이란 개념의 의미는 부침을 겪었지만, 결국에는 기계와 과학기술과 전능한 달러의 패권주의가 은밀히 파고드는 세계에 적대적이고 유기적인 것과 관계를 맺었다. 그리하여 진정성은 '소유having'가 아니라 '존재being'의 문제로 여겨지게 되었다.

당연한 생각이겠지만, 진정성의 정반대에는 가식假飾이 있다. 그러나 트릴링이 우리에게 다시 상기시켰듯이, 니체는 우리에게 "너 자신이 되어라!"고 명령하면서도 "모든 위대한 것은 인류의 가슴에 자신의 존재를 영원히 새겨놓을 목적에서 무시무시하고 괴기스러운 가면을 쓰고 지구 위에 군림하기 때문에 …… 모든 심원한 영혼에는 가면이 필요하다"라고 주장하기도 했다.

니체뿐 아니라, 실존주의자들은 진정성을 진정한 자아가 되는 것과 관련지었다. 그런데 '진정한 자아'는 창조되는 것일까, 아니면 발견되는 것일까? 요컨대 우리가 발견해서 드러내야 할 자아가 더 깊은 내면에 있는 것일까, 아니면 자아가 된다는 것은 예술품을 창작하듯이 우리의 교양과 재능과 감정을 재료로 삼아 무엇인가를 창조해내는 작업과 비슷한 것일까? 물론 키르케고르가 진실하다고 평가할 만한 자신과의 관계를 이루어내기 위해서는 믿음의 크고 작은 도약, 결국에는 어떤 경우에나 그렇듯이 믿음의 거대한 도약이 필요하다.

감사의 글

배은망덕은 우리 자신에게 아버지 같은 존재가 되기를 바라는 자만심, 우리가 자력으로 모든 것을 이루어냈다고 생각하고 싶은 욕망에서 비롯되는 듯하다. 앞에서 자주 언급되었고, 내 멘토로서 내가 그 은혜를 영원히 잊지 못할 필립 리프는 '배은망덕이란 철칙'이라 칭한 것에 대한 불평을 하곤 했다. 그래서 나는 약간은 두려운 마음으로, 이 책이 결실하는 데 도움을 주었던 사람들에게 받은 은혜를 기꺼이 인정하며 그분에게 고마움을 표현하려 한다.

나는 권투를 가르치는 코치이다. 권투 코치의 역할은 무척 치열하면서도 개인적인 성격을 띤다. 글을 쓰는 작업도 다를 바가 없다. 다행히 나는 그 작업에 정통한 사람들의 도움을 받았다. 저작권 대리인, 질 니어림은 처음부터 끝까지 감성적인 도움만이 아니라 글쓰기의 방향에도 많은 조언을 주었다. 내가 내면에서 부딪치는 장애물에 대해서는 비어트리스 비비 박사가 나보다 더 정확히 알았다. 내가 글을 쓰는 과정에서 자신감을 잃을 때마다 비비 박사는 굳건히 내 곁을

278

지키며 유용한 조언을 주었다. 편집이라는 고된 작업은 아들 필립 마리노가 맡아주었다. 내가 미식축구 경기장에서 필립의 코치 역할을 했듯이, 필립은 글쓰기에서 나에게 자상한 코치 역할을 해주었다. 지금이라도 필립의 조언과 명철한 비전에는 물론이고, 아버지의 칭얼거리는 불만을 용납하지 않는 직업 정신에도 고마운 마음을 전하고 싶다. 또 나의 끝없는 불평을 끈기 있게 들어주며 내 등을 조용히 밀어주었던 또 다른 아들 폴과 형 토머스, 그리고 정신적인 형제 네드 로저스에게도 감사한다. 나는 이 책을 아내 수전에게 헌정했다. 수전은 내가 쓴 글을 처음부터 끝까지 빠짐없이 읽어주었다. 이런 의미에서도 내가 수전에게 진 빚은 한이 없다.

하퍼원 출판사의 발행인 마크 타우버는 이 책을 출간하려는 계획의 견인차였다. 그의 상상력과 나에 대한 신뢰 덕분에 이 계획이 실행에 옮겨졌다. 그 때문에라도 나는 그에게 감사하지 않을 수 없다. 빈틈없는 편집자 마일스 도일에게도 많은 빚을 졌다. 항상 융통성을 발휘하며, 현명한 제안으로 마일스는 내가 알지 못하지만 관련된 것들을 찾아냈다. 내가 이 책에서 전하려는 지혜들을 새롭게 꾸미는 작업을 능수능란하게 해낸 에바 에이버리와 수잔 퀴스트에게도 감사의 말을 전하고 싶다. 노라 그린버그의 안목과 너그러움에도 많은 신세를 졌다.

나는 세인트 올라프 칼리지의 철학 교수 겸 부설 홍 키르케고르 도서관the Hong Kierkegaard Library 관장으로 상당히 바빴지만, 도서관의 동료 아일린 시모타가 여러 상황을 도맡아 처리해준 덕분에 이 책을 쓸 여유로운 시간을 확보할 수 있었다. 이 기회에 시모타의 적극적인 간섭과 뜨거운 격려에 깊이 감사하고 싶다.

자기계발서를 혐오하는 독자를 위한 자기계발서

인문학을 사랑한다며 자기계발서를 혐오까지는 아니어도 폄하하는 사람들을 나는 곧잘 만난다. 그들이 말하는 자기계발서는 어떤 책일까? 이때의 자기계발서는 지극히 협소한 의미에서의 자기계발서일 것이다. 그러나 자기계발서를 넓은 의미에서 해석하면 픽션과 논픽션을 불문하고 세상에 발간된 거의 모든 책이 된다. 올바른 출판사라면, 어떤 출판사나 독자의 향상을 위해 책을 발간할 것이기 때문이다. 물론 독자도 대부분의 경우에는 자기 향상을 위해 책을 읽는다. 이런 관점에서 보면, 거의 모든 책이 자기계발서이다.

이 책은 권투 코치이자 실존주의를 전공한 철학자가 쓴 자기계발서이다. 이 책을 읽다 보면, 요즘 우리나라에서 흔히 들리는 위안의 소리가 '가식'에 불과하다는 걸 실감하게 된다. 저자는 실존주의자답게, 우리가 하루하루 삶에서 감사하는 부분이 있더라도 진실한 삶의 영위는 고행과 다를 바 없다고 전제한다. 물론 이 전제를 부정하며, 주변의 위안을 진실한 소리로 받아들이고 싶은 독자도 있겠지만, 그래도 19세기 이후로 지금까지 존속하는 실존주의의 가르침이 옳다는 전제하에 이 책을 읽어보기 바란다. 그럼 당신은 독립적 존재로서의 개인으로 다시 우뚝 설 수 있을 것이다.

실존주의 철학자들이 인간을 심리적인 장애, 신앙의 위기, 허황된 상상에 쉽게 빠지고 감정의 기복과 기분의 변화가 심한 동물이라고 생각했다는 점에서, 자칫하면 이 책은 비관적인 '생존 지침서'로 읽힐 염려가 있다. 그러나 실존주의가 강조하듯이, 우리는 자유롭고 자주적인 존재로서 스스로 행동하고 사고하며 사회를 바꿔갈 수 있다고 생각한다면, 그런 부정적인 감정에 쉽게 빠지더라도 크게 문제될 게 없다. 오히려 그런 감정들은, 진실한 삶을 영위하는 데 필요한 교훈들을 우리에게 간접적으로 알려주고, 또 그런 감정들을 통해 우리는 정신적인 성장과 개인적인 변화를 촉구하는 내면의 자극을 포착할 수 있다. 요컨대 자유롭고 자주적인 존재로서, 그런 감정들을 어떻게 다루느냐에 따라 우리가 살아가는 방향이 달라질 수 있다.

'실존주의'라는 말에서도 예상되듯이, 이 책에 담긴 교훈을 어떻게 받아들이느냐는 각자의 몫이다. 또 하나! 실천하지 않는 실존주의는 무의미하다는 걸 기억하기 바란다. 모두가 이 책을 제대로 읽어낸다면, 점점 전체주의화되는 듯한 우리 사회를 해독하는 역할을 해낼 것이다.

강주헌

주

서문

1   David E. Cooper, *Existentialism* (Cambridge: Blackwell, 1993), 9.

2   *Existentialism Basic Writings: Kierkegaard, Nietzsche, Heidegger, Sartre,* eds. Charles Guignon and Derk Pereboom (Indianapolis: Hackett Publishing Co., 1995)을 참조할 것.

3   Søren Kierkegaard, *The Sickness unto Death: A Christian Psychological Exposition for Upbuilding and Awakening,* ed. and trans. Howard V. Hong and Edna H. Hong (Princeton: Princeton Univ. Press, 1983), 13. 이 구절은 자아의 능동적이고 관계적인 특성을 강조하며 "자아는 관계가 아니라, 관계가 그 자신에게 관계되는 것이다"라고 이어진다.

4   Friedrich Nietzsche, *Ecce Homo,* trans. Duncan Large (Oxford: Oxford Univ. Press, 2007), 88.

5   Jean-Paul Sartre, *Nausea,* trans. Lloyd Alexander (New York: New Directions Publishing, 1964), 129.

6   Jean-Paul Sartre, *Being and Nothingness: A Phenomenological Essay on Ontology,* trans. Hazel E. Barnes (New York: Washington Square Press, 1984), 34.

7   Albert Camus, *The Myth of Sisyphus,* trans. J. O'Brien (New York: Vintage Books, 1955), 3.

8   Søren Kierkegaard, *Two Ages: The Age of Revolution and the Present Age,* ed. and trans. Howard V. Hong and Edna H. Hong (Princeton: Princeton Univ. Press, 1978), 68-69를 참조할 것.

9   Søren Kierkegaard, *Works of Love,* ed. and trans. Howard V. Hong and Edna H. Hong (Princeton: Princeton Univ. Press, 1995), 5.

1장 불안

1   E. M. Cioran, *The Trouble with Being Born*, trans. R. Howard (New York: Seaver Books, 1986), 84.

2   Søren Kierkegaard, *Kierkegaard's Journals and Papers*, ed. and trans. Howard V. Hong and Edna H. Hong (Bloomington: Indiana Univ. Press, 1978), 5:258 entry 5743 (V A 71, n.d., 1844).

3   Søren Kierkegaard, *Kierkegaard's Journals and Papers*, 6:72 entry 6274 (IX A 411, n.d., 1848).

4   Søren Kierkegaard, *Either/Or, Part I*, ed. and trans. Howard V. Hong and Edna H. Hong (Princeton: Princeton Univ. Press, 1987), 34.

5   Søren Kierkegaard, *Kierkegaard's Journals and Notebooks*, ed. Bruce H. Kirmmse (Princeton: Princeton Univ. Press, 2011), 4:230, Journal NB: 239.

6   Søren Kierkegaard, *The Concept of Anxiety: A Simple Psychologically Orienting Deliberation on the Dogmatic Issue of Hereditary Sin*, ed. & trans. R. Thomte (Princeton: Princeton Univ. Press, 1980), 160–61.

7   Kierkegaard, *The Concept of Anxiety*, 42.

8   Kierkegaard, *Kierkegaard's Journals and Papers*, 1:39 entry 94.

9   Kierkegaard, *The Concept of Anxiety*, 42.

10   Kierkegaard, *The Concept of Anxiety*, 161.

11   Kierkegaard, *The Concept of Anxiety*, 155.

12   Kierkegaard, *The Concept of Anxiety*, 155.

13   Kierkegaard, *The Concept of Anxiety*, 159.

14   Kierkegaard, *The Concept of Anxiety*, 159.

2장 우울과 절망

1   Julia Kristeva, *Black Sun: Depression and Melancholia*, trans. Leon S. Roudiez (New York: Columbia Univ. Press, 1989).

2   Kierkegaard, *Either/Or, Part I*, 19.

3   Kierkegaard, *Kierkegaard's Journals and Papers*, 5:69 entry 5141 (1 A 161, n.d., 1836).

4   Kierkegaard, *Kierkegaard's Journals and Papers*, 6:306 entry 6603 (X^2 A 619, n.d., 1850).

5   Søren Kierkegaard, *Either/Or, Part II*, ed. and trans. Howard V. Hong and Edna H. Hong (Princeton: Princeton Univ. Press, 1990), 189.

6   Kierkegaard, *The Sickness unto Death*, 25.

7   Vincent A. McCarthy, *The Phenomenology of Moods in Kierkegaard* (Boston: Martinus Nijhoff, 1978), 86 – 87.

8   Kierkegaard, *The Sickness unto Death*, 13.

9   Kierkegaard, *The Sickness unto Death*, 19.

10   Kierkegaard, *Kierkegaard's Journals and Papers*, 5:334 entry 5913 (VII1 A 126, n.d., 1846).

11   Søren Kierkegaard, "At a Graveside," in *Three Discourses on Imagined Occasions*, ed. and trans. Howard V. Hong and Edna H. Hong (Princeton: Princeton Univ. Press, 1993), 84.

12   Kierkegaard, "At a Graveside," 87.

13   Tim Farrington, *A Hell of Mercy: A Meditation on Depression and the Dark Night of the Soul* (San Francisco: HarperOne, 2009), 99.

14   Farrington, *A Hell of Mercy*, 99.

15   Linden Smith, "People Need to Grieve When Grieving Is in Order," *Star Tribune*, 2017년 9월 24일.

3장 죽음

1   Arthur Schopenhauer, *Parerga and Paralipomena: A Collection of Philosophical Essays*, trans. T. Bailey Saunders (New York: Cosimo Classics), 105.

2   Søren Kierkegaard, *Concluding Unscientific Postscript to Philosophical Fragments*, ed. and trans. Howard V. Hong and Edna H. Hong (Princeton: Princeton Univ. Press, 1992), 165.

3   Kierkegaard, "At a Graveside," 81.

4   William Barrett, *The Illusion of Technique* (Garden City, NY: Anchor Books, 1979), 258.

4장 진정성

1   Gail Sheehy, *Passages: Predictable Crises of Adult Life* (New York: Bantam Books, 1976), 364, 513 다음에서 재인용. Charles Taylor, *The Ethics of Authenticity* (Cambridge: Harvard Univ. Press, 1991), 44.

2   B. G. Yacobi, "The Limits of Authenticity," *Philosophy Now* 92 (September – October 2012).

3   Søren Kierkegaard, *Works of Love,* ed. and trans. Howard V. Hong and Edna H. Hong (Princeton: Princeton Univ. Press, 1995), 209.

4   Friedrich Nietzsche, *The Gay Science,* trans. Walter Kaufmann (New York: Vintage Books, 1974), 218.

5   Mike W. Martin, *Self-Deception and Morality* (Lawrence, Kansas: Univ. Press of Kansas, 1986), 75.

6   Taylor, *The Ethics of Authenticity,* 91.

5장 신앙

1   Camus, *The Myth of Sisyphus,* 121, 123.

2   Arthur Schopenhauer, *Parerga and Paralipomena,* trans. E. F. J. Payne (Oxford: Clarendon Press, 1974), 2:298 – 99.

3   Søren Kierkegaard, *Fear and Trembling/Repetition,* ed. and trans. Howard V. Hong and Edna H. Hong (Princeton: Princeton Univ. Press, 1983), 15.

4   Kierkegaard, *The Sickness unto Death,* 53.

5   Kierkegaard, *The Concept of Anxiety,* 78 – 79.

6   Kierkegaard, *The Sickness unto Death,* 117 – 18.

7   Kierkegaard, *Concluding Unscientific Postscript,* 201.

8   Kierkegaard, *The Concept of Anxiety,* 139 – 40.

9   Kierkegaard, *The Concept of Anxiety,* 71.

6장 도덕성

1   Jean-Paul Sartre, *Existentialism Is a Humanism*, ed. John Kulka, trans. Carol Macomber (New Haven: Yale Univ. Press, 2007).

2   Sartre, *Being and Nothingness*, 89.

3   Jean-Paul Sartre, "Existentialism," in *Existentialism and Human Emotions*, trans. Bernard Frechtman (New York: Citadel Press, 1985), 34.

4   Friedrich Nietzsche, *On the Genealogy of Morals*, trans. Walter Kaufmann and R. J. Hollingdale, ed. Walter Kaufmann (New York: Vintage Books, 1989), 31.

5   Nietzsche, *On the Genealogy of Morals*, 49.

6   Friedrich Nietzsche, *Writings of Nietzsche, Volume II*, ed. Anthony Uyl (Ontario: Devoted Publishing, 2016), 101.

7   J. S. Mill, "On Civilization," in *Dissertations and Discussion: Political, Philosophical and Historical* (London: John W. Parker and Son, 1859), vol. I, 180 – 81.

8   Nietzsche, *On the Genealogy of Morals*, 25.

9   Nietzsche, *On the Genealogy of Morals*, 66.

10   Nietzsche, *On the Genealogy of Morals*, 39.

11   Kierkegaard, *Kierkegaard's Journals and Papers*, 1:285, Addition to 85:8.

12   Kierkegaard, *The Sickness unto Death*, 91.

13   Kierkegaard, *The Sickness unto Death*, 94.

14   Kierkegaard, *The Sickness unto Death*, 94.

15   Gordon Marino, "What's the Use of Regret," *New York Times*, 2016년 11월 12일, SR8.

7장 사랑

1   Albert Camus, *The Fall*, trans. Justin O'Brien (New York: Vintage Books, 1984), 28.

2   Kierkegaard, *Works of Love*, 89.

3   Fyodor Dostoevsky, *Notes from Underground*, ed. and trans. Michael R. Katz (New York: W. W. Norton, 1989), 59 – 60.

4   Dostoevsky, *Notes from Underground*, 66 – 67.

5   Dostoevsky, *Notes from Underground*, 82 – 83.

6   Dostoevsky, *Notes from Underground*, 84 – 85.

에필로그

1   Kierkegaard, *Kierkegaard's Journals and Notebooks*, 6:134, 225, Journal NB: 12.

참고문헌

Bakewell, Sarah. *At the Existentialist Cafe: Freedom, Being, and Apricot Cocktails.* New York: Other Press, 2016.

Barrett, William. *The Illusion of Technique.* Garden City, NY: Anchor Books, 1979.

Becker, Ernest. *The Denial of Death.* New York: Free Press, 1973.

Camus, Albert. *The Fall.* Translated by Justin O'Brien. New York: Vintage Books, 1984.

_____. *The Myth of Sisyphus.* Translated by Justin O'Brien. New York: Vintage Books, 1955.

_____. *The Stranger.* Translated by Matthew Ward. New York: Vintage Books, 1989.

Cioran, E. M. *The Trouble with Being Born.* Translated by Richard Howard. New York: Seaver Books, 1986.

Cooper, David E. *Existentialism.* Cambridge: Blackwell, 1993.

DeLillo, Don. *White Noise.* New York: Penguin Books, 1986.

Dostoevsky, Fyodor. *Notes from Underground.* Edited and translated by Michael R. Katz. New York: W. W. Norton, 1989.

Farrington, Tim. A Hell of Mercy: *A Meditation on Depression and the Dark Night of the Soul.* San Francisco: HarperOne, 2009.

Guignon, Charles, and Derk Pereboom, eds. *Existentialism: Basic Writings: Kierkegaard, Nietzsche, Heidegger, Sartre.* Indianapolis: Hackett Publishing, 1995.

Heidegger, Martin. *Being and Time.* Translated by John MacQuarrie and Edward Robinson. New York: Harper Perennial Modern Thought, 1962.

Horwitz, Allan V., and Jerome C. Wakefield. *The Loss of Sadness: How Psychiatry Transformed Normal Sorrow into Depressive Disorder.* Oxford: Oxford University Press, 2007.

Kierkegaard, Søren. *Concluding Unscientific Postscript to "Philosophical Fragments."* Edited and translated by Howard V. Hong and Edna H. Hong. Princeton: Princeton University Press, 1992.

_____. *Either/Or, Part I.* Edited and translated by Howard V. Hong and Edna H. Hong. Princeton: Princeton University Press, 1987.

_____. *Either/Or, Part II.* Edited and translated by Howard V. Hong and Edna H. Hong. Princeton: Princeton University Press, 1990.

_____. *Fear and Trembling/Repetition.* Edited and translated by Howard V. Hong and Edna H. Hong. Princeton: Princeton University Press, 1983.

_____. *Kierkegaard's Journals and Notebooks.* Edited by Bruce H. Kirmmse. Vols. 1 –. Princeton: Princeton University Press, 2007 – 12.

_____. *Søren Kierkegaard's Journals and Papers.* Edited and translated by Howard V. Hong and Edna H. Hong. Vols. 1 – 7. Bloomington: Indiana University Press, 1967 – 8.

_____. *The Concept of Anxiety: A Simple Psychologically Orienting Deliberation on the Dogmatic Issue of Hereditary Sin.* Edited and translated by Reidar Thomte in collaboration with Albert B. Anderson. Princeton: Princeton University Press, 1980.

_____. *The Sickness unto Death: A Christian Psychological Exposition for Upbuilding and Awakening.* Edited and translated by Howard V. Hong and Edna H. Hong. Princeton: Princeton University Press, 1983.

_____. "At a Graveside." In *Three Discourses on Imagined Occasions,* edited and translated by Howard V. Hong and Edna H. Hong. Princeton: Princeton University Press, 1993.

_____. *Works of Love.* Edited and translated by Howard V. Hong and Edna H. Hong. Princeton: Princeton University Press, 1995.

Kristeva, Julia. *Black Sun.* Translated by Leon S. Roudiez. New York: Columbia University Press, 1989.

Marino, Gordon, ed. *Basic Writings of Existentialism.* New York: Modern Library, 2004.

_____. *Kierkegaard in the Present Age.* Marquette: Marquette University Press, 2001.

Martin, Mike W. *Self-Deception and Morality.* Lawrence, Kansas: University Press of Kansas, 1986.

May, Rollo. *The Meaning of Anxiety.* New York: W. W. Norton, 2015.

McCarthy, Vincent A. *The Phenomenology of Moods in Kierkegaard.* Boston: Martinus Nijhoff, 1978.

Nietzsche, Friedrich. *Ecce Homo.* Translated by Duncan Large. Oxford: Oxford University Press, 2007.

_____. *On the Genealogy of Morals.* Edited by Walter Kaufmann. Translated by

Walter Kaufmann and R. J. Hollingdale. New York: Vintage Books, 1989.

_____. *The Gay Science*. Translated by Walter Kaufmann. New York: Vintage Books, 1974.

Norris, Kathleen. *Acedia and Me: A Marriage, Monks, and a Writer's Life*. New York: Riverhead Books, 2010.

Rieff, Philip. *Freud: The Mind of the Moralist*. Chicago: University of Chicago Press, 1959.

_____. *The Triumph of the Therapeutic: Uses of Faith After Freud*. New York: Harper & Row, 1966.

Sartre, Jean-Paul. *Being and Nothingness: A Phenomenological Essay on Ontology*. Translated by Hazel E. Barnes. New York: Washington Square Press, 1984.

_____. *Existentialism Is a Humanism*. Edited by John Kulka. Translated by Carol Macomber. New Haven: Yale University Press, 2007.

_____. *Nausea*. Translated by Lloyd Alexander. New York: New Directions Publishing, 1964.

Schopenhauer, Arthur. *Parerga and Paralipomena*. Translated by E. F. J. Payne. Oxford: Clarendon Press, 1974.

Sheehy, Gail. *Passages: Predictable Crises of Adult Life*. New York: Bantam Books, 1976.

Smith, Emily Esfahani. *The Power of Meaning: Crafting a Life That Matters*. New York: Crown, 2017.

Taylor, Charles. *The Ethics of Authenticity*. Cambridge: Harvard University Press, 1991.

Tillich, Paul. *The Courage to Be*. New Haven: Yale University Press, 1952.

Tolstoy, Leo. *The Death of Ivan Ilych and Other Stories*. Translated by Rosemary Edmonds. New York: Penguin Classics, 1989.

Watts, Alan W. *The Wisdom of Insecurity: A Message for an Age of Anxiety*. New York: Vintage Books, 2011.

Yalom, Irvin D. *Love's Executioner and Other Tales of Psychotherapy*. New York: Basic Books, 2012.